洗钱罪的理论与司法认定研究

王新 著

北京大学出版社

图书在版编目(CIP)数据

洗钱罪的理论与司法认定研究/王新著. —北京:北京大学出版社,2024.1
(北大法学文库)
ISBN 978-7-301-34808-6

Ⅰ. ①洗…　Ⅱ. ①王…　Ⅲ. ①洗钱罪—研究—中国　Ⅳ. ①D924.334

中国国家版本馆 CIP 数据核字(2024)第 029556 号

书　　　名	洗钱罪的理论与司法认定研究 XIQIANZUI DE LILUN YU SIFA RENDING YANJIU
著作责任者	王　新　著
责 任 编 辑	张　宁
标 准 书 号	ISBN 978-7-301-34808-6
出 版 发 行	北京大学出版社
地　　　址	北京市海淀区成府路 205 号　100871
网　　　址	http://www.pup.cn
新 浪 微 博	@北京大学出版社　@北大出版社法律图书
电 子 邮 箱	编辑部 law@pup.cn　总编室 zpup@pup.cn
电　　　话	邮购部 010-62752015　发行部 010-62750672 编辑部 010-62752027
印　刷　者	河北博文科技印务有限公司
经　销　者	新华书店
	965 毫米×1300 毫米　16 开本　14.25 印张　226 千字 2024 年 1 月第 1 版　2025 年 1 月第 2 次印刷
定　　　价	69.00 元

未经许可,不得以任何方式复制或抄袭本书之部分或全部内容。
版权所有,侵权必究
举报电话:010-62752024　电子邮箱:fd@pup.cn
图书如有印装质量问题,请与出版部联系,电话:010-62756370

目录
CONTENTS

第一章　洗钱罪:代际演变与治理策略　/001
　　第一节　产生:毒品交易衍生的怪胎　/003
　　第二节　发展:有组织犯罪和腐败犯罪的必然选择　/006
　　第三节　"9·11"事件后的洗钱演变:恐怖融资　/009
　　第四节　全新升级:非传统的国家安全问题　/012
　　第五节　网络洗钱犯罪:挑战与本质认定　/015

第二章　国际反洗钱的认识发展与法律规制　/019
　　第一节　认识发展:从依附到独立的重大转型　/019
　　第二节　金融合规:预防性反洗钱法律机制　/022
　　第三节　惩治机制:反洗钱的刑事法律规制　/039
　　第四节　借鉴与启示　/044

第三章　我国惩治洗钱罪的刑事立法变迁　/048
　　第一节　《关于禁毒的决定》:从无到有　/048
　　第二节　1997年《刑法》:单独设罪　/050
　　第三节　刑法修正案:三次修订　/052
　　第四节　《刑法修正案(十一)》:立法发展和辐射影响　/056

第四章　新时代我国惩治洗钱罪的国内外背景　/065
　　第一节　双重审视:洗钱罪的侵害法益　/065
　　第二节　顶层设计:反洗钱与总体国家安全观　/070
　　第三节　国际压力:FATF对我国的评估　/075

第四节 我国惩治洗钱罪的司法现状与改进成效 /084

第五章 我国反洗钱罪名体系的解构与完善 /090
第一节 "罪群":反洗钱的罪名体系 /090
第二节 参照系:洗钱罪立法完善的国际标准 /096
第三节 洗钱罪:刑事立法完善的突出问题 /101

第六章 自洗钱入罪的理论与认定问题 /107
第一节 底蕴:自洗钱入罪的背景和意义 /107
第二节 竞合适用:并罚抑或从一重罪处罚 /110
第三节 主观认识与共犯的认定问题 /120
第四节 洗钱罪与赃物犯罪之关系:体系性思考 /125

第七章 我国惩治洗钱罪的司法认定难点 /135
第一节 上游犯罪:打击"半径"的司法认定 /135
第二节 行为对象的界定:以走私罪为切入点 /139
第三节 洗钱客观行为:罪质构造与认定红线 /147
第四节 关于"为掩饰、隐瞒"术语的理解 /155
第五节 案例解析:借用POS机盗刷信用卡并转移犯罪所得 /159

附录一 联合国反洗钱文件 /166

附录二 打击洗钱、恐怖融资与扩散融资的国际标准:FATF建议 /175

附录三 FATF对中国第四轮互评估报告关于技术性
合规评估概要:关键缺陷 /179

附录四 关于洗钱罪司法适用的座谈和调研问题问答集 /206

后 记 /222

第一章 洗钱罪:代际演变与治理策略

"洗钱"属于舶来品。作为法律术语出现,"洗钱"一词最早诞生于美国,是指黑社会(Mafia)将非法收入与合法商业活动的现金收入混合在一起,从而使得"黑钱"看起来合法或者"干净"之过程。① 具体而言,洗钱一词是在20世纪30年代美国财政部特工试图抓捕芝加哥黑社会头子阿尔·卡彭(Al Capone)时发明的。在当时,美国的商业洗衣房兴盛一时,以阿尔·卡彭为首的黑社会组织在芝加哥开设了几百个洗衣房,为顾客清洗衣物,并收取现金,然后将这部分现金收入连同其走私酒所获取的其他犯罪收入一同向税务机关申报,于是偷税漏税与洗钱密切相联,该组织的犯罪所得也被披上了合法收入的外衣。② 直至1973年,洗钱这个英文术语才第一次真正出现在印刷物中。在报道当时沸沸扬扬的"水门事件"时,一些美国报纸开始使用"Money-Laundering"一词,形象地描述时任美国总统理查德·尼克松(Richard Nixon)的竞选班子如何通过"laundering",将带有贿赂性质的政治捐款转变成为合法的竞选资金。③ 20世纪80年代初,随着毒品交易的蔓延,洗钱作为正式法律术语在全世界范围内被广泛地接受和使用。④ 在法律层面,为了将洗钱确立为联邦性的罪名,授权没收洗钱人的所得,激励金融机构在不必担忧承担民事责

---

① Ronald K. Noble and Court E. Golumbic, "A New Anti-Crime Framework for the World: Merging the Objective and Subjective Models for Fighting Money Laundering", 30 *New York University Journal of International Law and Politics*, 1997-1998, p.79.

② 参见〔加〕克里斯·马泽尔:《洗钱》,赵苏苏译,群众出版社2006年版,第4页。

③ 参见〔美〕杰弗里·罗宾逊:《洗钱,世界第三大产业——洗钱的内幕》,新馨、肃草译,中国物资出版社1998年版,第8页。

④ William C. Gilmore, *Dirty Money: The Evolution of Money Laundering Counter-Measures*, Council of Europe Press, 1995, p.23.

任的情形下分享洗钱的信息,给联邦执法部门提供调查洗钱的额外工具,在当时法律基础上加大处罚力度以便进一步扼制洗钱犯罪的增长[①],美国国会在 1986 年 10 月通过了最为著名的《洗钱控制法》(Money Laundering Control Act)。这是美国具有里程碑意义的反洗钱法案,对世界性的反洗钱法律文件和其他国家反洗钱法律的制定也起到了重要的参考作用。

从洗钱的产生和前期发展的过程来看,洗钱是贩毒集团和传统有组织犯罪的"生命线"。[②] 洗钱作为下游犯罪,在产生初期恰如"寄生虫"般紧密地依附于毒品犯罪、有组织犯罪、腐败犯罪等三类上游犯罪,它们之间存在着天然的密切血缘关系。这是洗钱在初期的 1.0 版本。

自"9·11"事件发生后,在国际社会通力打击恐怖主义的大形势下,恐怖融资被公认为恐怖组织生存、发展和从事恐怖活动的资金基础和关键来源,洗钱不仅被用于清洗主要来自非法毒品交易的犯罪收益,而且被认为是恐怖分子隐藏其收入和获取资金的渠道,由此改变了洗钱的面目。[③] 据此,国际社会和许多国家均将打击洗钱的重心从毒品交易转移到恐怖融资。这是洗钱在中期的 2.0 版本。

随着时间的推移,面对洗钱的严峻态势和危害性,洗钱已经被国际社会公认为典型的"非传统性安全问题"(Non-Traditional Security Issues)之一,它已经威胁到社会政治、经济、法律、公共秩序等多个方面。[④] 有鉴于此,国际社会在法律制度、金融机构和非金融行业的预防措施、国际合作等方面作出了快速反应。反洗钱已经被提升到维护国家安全和国际政治稳定的战略高度,是国际合作的重点领域之一,许多重要的国际多边合

---

① The U. S. Department of the Treasury and the U. S. Department of Justice, *The National Money Laundering Strategy for 2000*, March 2000, "Appendix 1: Federal Money Laundering Laws and Enforcement", p. 83.

② 参见 Edwin Meese(时任美国司法部部长)在 1985 年 6 月 13 日给 Thomas P. O'Neill 爵士的信。转引自 Federick J. Knecht, "Extraterritorial Jurisdiction and the Federal Money Laundering Offense", 22 *Stanford Journal of International Law*, 1986, p. 390。

③ Alison S. Bachus, "From Drugs to Terrorism: The Focus Shifts in the International Fight against Money Laundering after September 11, 2001", 21 *Arizona Journal of International and Comparative Law*, 2004, p. 835.

④ 参见欧阳卫民:《反腐败、反洗钱与金融情报机构建设》,法律出版社 2006 年版,第 18 页。

作机制均将预防和打击洗钱与恐怖融资作为重要议题。① 由此可见,在新形势下,反洗钱已经上升到维护国家安全和国际政治稳定的整体战略高度,这是洗钱在当前全新升级的 3.0 版本。

第一节 产生:毒品交易衍生的怪胎

在 20 世纪 80 年代,毒品交易在全球日趋猖獗。基于毒品交易所产生的巨大收益,贩毒分子与打击毒品活动的机构均将视野落脚在清洗毒品交易所得的关键环节,从而形成了双边拉锯的博弈关系:一方面,对于贩毒分子来说,毒品交易衍生出洗钱的巨大利益驱动力;另一方面,国家公权力的遏制方针则有针对性地力求"打财断血"。

具体而言,在现实的毒品交易中,每当贩毒集团完成一宗毒品交易,就会在手头积攒一笔涉毒所得。以美国为例,根据不完全的统计,仅来自街头的毒品交易每年就高达 570 亿美元。② 而在早期的毒品活动中,毒品交易所获取的大量收益通常都是以现金的形式出现的,这对贩毒集团是一个巨大的尴尬问题。在国外,有学者估算过:如果以街头买卖毒品所经常兑现的 5 美元、10 美元或者 20 美元面值的纸币为衡量基础,22 磅(约 10 千克)的海洛因就可以换来 256 磅(约 116 千克)的纸币,即"毒品交易所得的纸币重量是毒品本身重量的 10 倍"。③ 以 100 万美元的重量为例:若以 100 美元纸币出现,其重达 12 千克;如果以 20 美元面值的纸币称重,又高达 50 千克;若以 10 美元纸币体现,其竟然重达 120 千克。④ 由上述量化的情形可见,对于贩毒分子来说,其所得的纸币赃款是一个沉重和体积庞大的物体,很不易搬运和携带。因此,持有大量的现金,对贩

---

① 参见中国人民银行:《2006 年中国反洗钱报告》,第一章"反洗钱面临的形势及挑战"。
② David Marshall Nissman, "The Colombia Black Market Peso Exchange", 47 *United States Attorneys' Bulletin*, June 1999, p. 34.
③ *Drug Money Weighs 10 Times More Than Drugs Sold*, 4 Money Laundering Monitor, No. 2 (July-Dec., 1998). 转引自 Rebecca Gregory, "The Lawyer's Role: Will Uncle Sam Want You in the Fight against Money Laundering and Terrorism?", 72 *UMKC Law Review*, 2003, p. 25。
④ Deborah Srour Politis, "Money Laundering, Terrorism Financing and Financial Networks", 1 *IDF Law Review*, 2003, p. 217.

毒集团来说是一件极其危险的事情,易于丢失、被窃、毁损或者被其他犯罪人抢劫。同时,赃款是贩毒集团犯罪的证据,易于被有关执法机构追踪、查获和没收。有鉴于此,为了逃脱缉毒机构的追踪并"合法地"取得、利用贩毒赃款,贩毒集团通过银行等金融机构周转赃款,或者以房地产、企业投资等方式进行国际流转,有的还通过购买珠宝、古玩以及贵重艺术品等转变现金的形态,从而使贩毒所得的赃款披上一件防御的盔甲,得以"漂白"。这就是世界毒品交易所产生的怪胎,并且在毒品交易中起着关键性的作用。[1] 人们形象地将这一过程称为"洗钱"。

从内在机制看,洗钱的目的包括以下三个方面:(1) 给一笔赃款加上"保护壳",使其变得秘密,直至完全匿名。例如,被称为避税"天堂"的国家施行的银行信息保密制度能使这个目的成为可能。(2) 使这笔钱在法律上保密。这可以通过法律身份不透明的实体来实现,还可以通过改变资金的法律属性来实现。(3) 罩上司法"保护壳"。实际上,洗钱行为人倾向于将其转入完全拒绝国际司法合作的国家。有此屏障,即使没有银行信息保密制度或者法律属性变更等防线,人们也无法获得有关这些财产来源的信息。从此时开始,赃款便可被视为"洗过",就无法再追查其来源或者证明犯罪分子与其之间的联系。[2] 由此可见,洗钱是毒品交易所衍生的怪胎,并且在毒品犯罪中起着关键的作用。贩毒分子为了使用贩毒所得的赃款和逃脱缉毒部门的追踪打击,必须通过金融机构或者其他途径转移或者转换毒赃,掩饰或者隐瞒非法的来源和性质。

从毒品犯罪分子的对立方看,鉴于毒品的"非法生产、需求及贩运的巨大规模和上升趋势,构成对人类健康和幸福的严重威胁,并对社会的经济、文化及政治基础带来了不利影响;……非法贩运同其他与之有关的、有组织的犯罪活动结合在一起,损害着正当合法的经济,危及各国的稳定、安全和主权"[3],国际社会和相关国家必须对此予以打击和遏制。通过对长期实践的总结,美国的有关权威职能部门认为:有效地打击毒品活

---

[1] Alison S. Bachus, "From Drugs to Terrorism: The Focus Shifts in the International Fight against Money Laundering after September 11, 2001", 21 Arizona Journal of International and Comparative Law, 2004, p.837.

[2] 参见〔法〕让-弗朗索瓦·托尼:《打击洗钱和恐怖主义融资的斗争》,王鲲译,载《国家检察官学院学报》2009年第4期。

[3] 《联合国禁止非法贩运麻醉药品和精神药物公约》引言。

动的最佳方法就是追踪和查获与毒品交易联系在一起的赃款,从而剥夺其购买有关设施和腐蚀官员的物质能力。① 在遏制和打击毒品犯罪的行动中,国际社会也普遍认为,应当"剥夺从事非法贩运者从其犯罪活动中得到的收益,从而消除其从事此类贩运活动的主要刺激因素"。②

国际社会对反洗钱的认识肇始于长期打击毒品犯罪的实践总结。国际社会在继续沿袭以往多管齐下的高压打击背景下,开始反思和调整打击策略:以反洗钱为切入点,注重对毒品犯罪的"打财断血"和摧毁其经济基础,以切断毒品犯罪分子的利益驱动力,遏制处于上游的毒品犯罪活动,从而将打击毒品与反洗钱有机地结合起来。虽然联合国没有制定专门的反洗钱国际公约,但首次将反洗钱"捆绑"于国际公约是在1988年12月通过的《联合国禁止非法贩运麻醉药品和精神药物公约》(The United Nations Convention against Illicit Traffic in Narcotic Drugs and Psychotropic Substances,以下简称《禁毒公约》)中。其中专门设置了与打击洗钱活动密切相关的条款。这是国际社会第一个惩治跨国洗钱犯罪的国际性法律规范文件,在国际层面提升了反洗钱的重要价值。

从协同打击的视角看,考虑到贩运毒品是一种国际性犯罪活动,根除贩运毒品是所有国家的共同责任,故必须迫切注意和最高限度地重视对此活动的取缔,有必要在国际合作范围内采取协调行动。③ 同时,鉴于贩运毒品与恐怖主义及其他国内和跨国犯罪活动,尤其是与洗钱等行为继续相互关联的情势,联合国将"打击洗钱"列为国际合作对付世界毒品问题的重要步骤之一,敦促各国在联合国框架、世界银行和国际货币基金组织等国际机构以及区域开发银行的支助下,酌情利用反洗钱金融行动特别工作组和类似区域机构提供的支助来加强行动,特别是开展国际合作和提供技术援助,以防止和打击清洗贩运毒品和有关犯罪活动所得收益的行为,并制定和加强全面的国际制度,用以打击洗钱行为及其与有组织犯罪和资助恐怖主义活动的可能联系,并改进金融机构与负责预防和侦

---

① E. Nadelmann, "Unlaundering Dirty Money Abroad: U. S. Foreign Policy and Financial Secrecy Jurisdictions", 18 *The University of Miami Inter-American Law Review*, 1986, pp. 33-34.

② 《联合国禁止非法贩运麻醉药品和精神药物公约》引言。

③ 参见《禁毒公约》引言。

查有关清洗这些收益的活动的机构之间的情报分享。①

第二节 发展:有组织犯罪和腐败犯罪的必然选择

自20世纪80年代以后,现代社会中的有组织犯罪出现了更加严重化的趋势,它们通过贩运毒品、非法贩卖武器、走私、腐败、金融犯罪、侵犯知识产权犯罪、贩卖人口、色情业、逃税等活动,积累了大量的财富。为了逃避法律的追究和制裁,有组织犯罪在发展的过程中必然会面临如何将犯罪收入合法化并流通、增值的问题,他们需要切割犯罪所得("第一桶黑金")与犯罪活动之间的有机联系,并且以此获取新的犯罪收益(第二桶乃至第N桶"黑金")。可以说,任何一种大规模的犯罪活动发展到某一阶段,都将面临一个关键的时刻:除非犯罪集团在自己的活动领域受到了特别好的保护,或者没有长远的目光,经营得很糟糕,否则就有必要进入国内外银行、控股公司的体系。对有组织犯罪而言,就出现了将犯罪收入合法化并自由、合法地流通、增值的问题,洗钱便成为一种必然、普遍的犯罪现象。

正是基于对有组织犯罪发展规律的认识,联合国认为:

> 有组织犯罪和洗钱相互交缠在一起。抑制洗钱的国际能力反映了旨在打击犯罪组织经济实力,进而通过防止其从犯罪所得中受益和阻止犯罪经济对合法经济的不良影响来削弱它们。②

同时,联合国在《与犯罪收益有关的洗钱、没收和国际合作示范法》中指出:

> 洗钱是有组织犯罪的必然扩展和任何获益犯罪活动的基本方面。……同时,洗钱预示结构化的犯罪系统的存在能够为资本的国际流通建立精密的机制。③

---

① 参见《国际合作对付世界毒品问题》(2005年12月16日),U. N. Doc. A/RES/60/178。
② 《与犯罪收益有关的洗钱、没收和国际合作示范法》(1999)引言。
③ 同上。

在上述认识的基础上,为了全方位地预防和打击洗钱活动,制止并且查明各种形式的洗钱,第 55 届联合国大会于 2000 年 12 月通过了《打击跨国有组织犯罪公约》(United Nations Convention against Transnational Organized Crime),专门设置了与打击洗钱活动密切相关的条款,包括第 6 条的"洗钱行为的刑事定罪"(Criminalization of the Laundering of Proceeds of Crime)、第 7 条的"打击洗钱活动的措施"(Measures of Combat Money-Laundering)。其中,第 6 条将洗钱划分为三种类型,共计七种具体清洗方式。第 7 条要求各缔约国建立综合性的国内管理和监督制度;在国家和国际一级开展合作和交换信息,建立作为国家级中心的金融情报机构,以便收集、分析和传播有关潜在的洗钱活动的信息;采取切实可行的措施,调查和监督现金和有关流通票据出入本国国境的情况;努力为打击洗钱而发展和促进司法、执法和金融管理机构之间的全球、区域、分区域和双边合作。

关于洗钱在有组织犯罪领域里的极其重要的地位,第 16 届国际刑法大会决议指出:

> 第一,洗钱是所有有组织犯罪成立所必经的过程;第二,洗钱是严重的有组织犯罪中或有组织犯罪本身非常典型的一种;第三,洗钱行为的定罪,通常是挫败有组织犯罪的唯一方法。由于这些原因,实施禁止洗钱的法律规定、强化没收非法收益的机制是与有组织犯罪作斗争的主要方法。①

在 2001 年,美国的权威职能部门也认为:洗钱是大规模有组织犯罪的不可缺少的组成部分。一旦犯罪人成功地掩盖了其非法的犯罪收益,他们就可以通过投资、扩大经营范围和从事犯罪活动再次获益。② 从这个意义上说,洗钱的本质就在于隐匿犯罪所得,其主要作用在于为进一步的贩毒、恐怖活动、有组织犯罪、内幕交易、逃税等行为以及一切希望隐匿

---

① 第 16 届国际刑法大会决议(1999 年 9 月 5 日至 11 日,布达佩斯),专题二"分则",第 9 段"洗钱"。参见赵秉志、卢建平、王志祥主译:《国际刑法大会决议》(中英文对照本),中国法制出版社 2011 年版,第 133 页。

② The U. S. Department of the Treasury and the U. S. Department of Justice, *2001 National Money Laundering Strategy*, September 2001, "Foreword"。

犯罪所得的人提供条件。①

此外,洗钱是腐败行为的继续和必然延伸。腐败分子在权钱交易获得赃款后,一定会涉及转移、转换和漂白"黑钱"的问题。据此,在认识到腐败与其他形式的犯罪,特别是与有组织犯罪和包括洗钱在内的经济犯罪的联系之基础上②,2003年10月31日,第58届联合国大会审议通过了《联合国反腐败公约》(United Nations Convention against Corruption,以下简称《反腐败公约》)。在该公约的"预防、刑事定罪与执法、国际合作、资产追回、履约监督"五大机制中,有三大机制明确涉及各缔约国反洗钱法律制度和工作机制的各个方面,为防范和打击洗钱提出了相当周密的规范性要求,共有12条95款涉及洗钱问题及其遏制手段和机制,占文本篇幅1/5强。这主要包括以下条款:第二章"预防措施"中的第14条"预防洗钱的措施";第三章"定罪和执法"中的第23条"对犯罪所得的洗钱行为";第五章"资产的追回"中的第52条"预防和监测犯罪所得的转移"和第58条"金融情报机构"。可以说,在总结归纳《禁毒公约》和《打击跨国有组织犯罪公约》等国际公约的基础上,《反腐败公约》对反洗钱工作提出了系统而细致的要求,这对全球反洗钱工作具有重要的指导意义。

在我国,反洗钱是反腐败制度建设的重要体现,其在建立健全惩治和预防腐败体系工作中具有举足轻重的作用。③ 例如,反洗钱中的客户尽职调查制度可有效识别腐败高风险人的身份,大额和可疑交易报告制度可及时发现腐败分子的犯罪交易,客户身份资料和交易记录保存制度为刑事追究腐败分子提供了依据,从而强化了不敢腐的震慑,这无疑是反腐败的重要利器。④ 同时,在我国反腐倡廉的大背景下,积极开展海外追赃是一项重要的工作内容,其中《中国反洗钱战略》将"全力追偿境外犯罪收益"作为八个具体目标之一,提出了充分利用反洗钱国际平台,发挥金融情报作用推动追偿工作。

---

① 参见白建军主编:《金融犯罪研究》,法律出版社2001年版,第527—528页。
② 参见《反腐败公约》序言。
③ 参见杨丹:《我国反洗钱工作在反腐败中的不足及建议》,载《金融经济》2016年第2期。
④ 参见王怡靓:《基于国家治理体系和治理能力现代化的反洗钱机制建设研究》,载《金融发展研究》2018年第9期。

第三节 "9·11"事件后的洗钱演变:恐怖融资

恐怖主义行为危害各地无辜人民的生命、尊严和安全,威胁所有国家的社会和经济发展,破坏全球稳定和繁荣,是对国际和平与安全的最严重的威胁,故国际社会断然谴责一切恐怖主义行为、方法和做法,认为任何恐怖主义行为都是不可开脱的犯罪行为,而不论其动机为何、采取何种形式和表现、发生在何处、由谁干出,强调必须加强反恐怖主义的斗争。[1]

在20世纪70年代,恐怖分子一般使用简易的武器设备进行恐怖活动,而且没有精心的组织,因此当时的恐怖活动并不需要太多的资金支持。但是,发展到后来,恐怖组织在进行恐怖活动时需要花费大量的资金。例如,根据分析,恐怖分子仅策划和具体实施"9·11"事件所花费的费用就超过50万美元。[2] 如今,全球各种恐怖组织维持生存的费用要多于具体实施恐怖袭击的费用。"基地"组织和"东突厥斯坦伊斯兰运动"等恐怖组织,在招募和培训恐怖分子、维持恐怖训练营的运转、购买和改善武器装备、伪造身份证和旅行文件、收集各类情报、购买通信和宣传设施、拉拢或援助那些庇护他们的政府组织时,都需要强有力的资金支持。根据估算,仅"基地"组织维持全球恐怖网络的总费用就高达数十亿美元。[3] 关于"基地"组织获取资金的途径,美国司法部认为有40%的资金是通过毒品交易获得的,20%的资金通过勒索取得,绑架占到10%,剩余的30%资金基本上来自其在美国、欧洲和世界其他各地的资金融资。[4] "基地"组织取得的这些资金,一般都存储在包括美国在内的世界各地的银行之中,并且通过洗钱来转移。

---

[1] 分别参见联合国安理会第1269(1999)号决议,1999年10月19日联合国安理会第4053次会议通过;联合国安理会第1377(2001)号决议,2001年11月12日联合国安理会第4413次会议通过。

[2] Jean-Charles Brisard, *Terrorism Financing—Roots and Trends of Saudi Terrorism Financing*, Report Prepared for the President of the Security Council of the United Nations, New York, December 19, 2002, p.6.

[3] 转引自 Deborah Srour Politis, "Money Laundering, Terrorism Financing and Financial Networks", 1 *IDF Law Review*, 2003, pp.258-259。

[4] Jr. Fletcher N. Baldwin, "Organized Crime, Terrorism, and Money Laundering in the Americas—A. Introduction", 15 *Florida Journal of International Law*, 2002, p.4.

综上可见,洗钱已成为国际恐怖组织获得资金的重要渠道。如果洗钱过程非常顺利,就为恐怖组织的下一次恐怖活动提供了资金支持。这本身已经严重威胁到国家的安全。正是基于上述认识,整个国际社会、许多国家和地区都开始非常注重对恐怖融资活动的打击。

从国际社会的角度看,"9·11"事件发生后,2001年9月28日,联合国安理会一致通过第1373号决议,宣布知情地资助、规划和煽动恐怖主义行为违反联合国的宗旨和原则,要求所有国家防止和制止资助恐怖主义行为,呼吁所有的联合国成员国共同预防恐怖融资和互相交换关于恐怖融资的信息,要求成员国将"以任何手段直接、间接和故意提供或筹集资金,意图将这些资金用于恐怖主义行为或知晓资金将用于此种行为"规定为犯罪,毫不拖延地冻结实施或企图实施恐怖主义行为或参与或协助实施恐怖主义行为的个人、这种人拥有或者直接或间接地控制的实体以及代表这种人和实体或按其指示行事的个人和实体的资金和其他金融资产或经济资源。同时,该决议还关切地注意到国际恐怖主义与跨国有组织犯罪、洗钱之间的密切联系,强调在这方面必须加紧协调国家、分区域、区域和国际各级的努力,以加强对国际安全所受到的这一严重挑战和威胁的全球反应。① 2003年1月20日,联合国安理会又通过了第1456号决议,认为必须紧急地加强措施,以便侦查和遏制为恐怖主义目的而进行的金融和资金流动,还必须防止恐怖分子从事洗钱等其他犯罪活动。②

与此形成鲜明对比的是,在"9·11"事件发生之前,国际社会反洗钱的努力主要集中在毒品交易方面。例如,在金融行动特别工作组(Financial Action Task Force, FATF)以往的议程表上,反恐怖融资并没有占据显著的位置。③ FATF所制定的《打击洗钱恐怖融资与扩散融资的国际标准:FATF建议》(以下简称《40项建议》)最初起草于1990年,"是作为打击非法利用金融系统清洗毒品交易资金的倡议"被提出的。④

---

① 参见联合国安理会第1373(2001)号决议,2001年9月28日联合国安理会第4385次会议通过。
② 参见联合国安理会第1456(2003)号决议,2003年1月20日联合国安理会第4688次会议通过。
③ Michael Levi and William Gilmore, "Terrorist Finance, Money Laundering and the Rise and Rise of Mutual Evaluation: A New Paradigm for Crime Control?", 4 *European Journal of Law Reform*, 2002, p. 343.
④ 《40项建议》引言。

但是,在"9·11事件"之后,国际社会迅速呼吁打击恐怖融资活动。2001年10月29日至30日,FATF在华盛顿召开了一次特别全体会议,鉴于打击恐怖融资活动已经成为一项当务之急,故专门通过了《反恐融资8项特别建议》(以下简称《8项特别建议》),将其"与《40项建议》结合使用,构成侦测、防范和制止恐怖主义和恐怖融资行为的基本纲领"。①

在"9·11"事件发生后,由十几家世界第一流的跨国金融机构所组成的沃尔夫斯堡金融机构集团(The Wolfsberg Group of Financial Institutions)认为:反恐战争面临着新的挑战,用于恐怖融资的资金并不必然来自洗钱罪的上游犯罪活动。如果金融部门要成功地参与反恐斗争,就应要求全球各个政府与金融机构进行空前的合作。通过预防、监视和情报共享等措施,金融机构能够在反恐斗争中协助政府和有关部门。实际上,金融机构也应当努力防止恐怖组织利用其所提供的金融服务,协助政府侦查可疑的恐怖融资活动,并且迅速地回应政府的质询。有鉴于此,该集团认为金融机构应致力于打击恐怖主义的斗争,并且认为有必要制定一个声明,以便阐述金融机构在防止恐怖资金通过全球金融系统进行流动的作用。② 在上述认识的基础之上,该集团于2002年1月通过了《关于遏制恐怖融资的沃尔夫斯堡声明》(The Wolfsberg Statement on the Suppression of the Financing of Terrorism)。在体例架构上,该"声明"共包括以下七个部分的内容:前言、金融机构在打击恐怖融资中的作用、自身的权利、了解客户、高风险的部门和活动、监控、增强全球合作的需求。

在美国,"9·11"事件明显地改变了美国反洗钱的政策走向。在《2002年国家反洗钱战略》之中,美国政府就明确地提出要吸取联邦政府以往反洗钱工作中的经验教训,第一次描述了政府各部门之间协调反恐怖融资的战略,提出:

> 反洗钱是反恐战争的必不可少的组成部分,而且有效的反洗钱政策将会保护无辜者的生命安全。③

---

① 《8项特别建议》。
② See Wolfsberg Group, "Wolfsberg Group Statement on the Suppression of the Financing of Terrorism", "Preamble" and "Role of Financial Institutions in the Fight against Terrorism".
③ The U. S. Department of the Treasury and the U. S. Department of Justice, *2002 National Money Laundering Strategy*, July 2002, "Introduction", pp. 3-4.

在我国,鉴于恐怖活动的严峻态势,考虑到恐怖融资与洗钱的密切交织已经对21世纪人类社会的可持续发展构成严重威胁和严峻挑战,我国政府对洗钱和恐怖融资问题的立场历来是十分鲜明和坚定的,一贯主张坚决打击一切形式的洗钱和恐怖融资活动,认为:恐怖融资是恐怖组织和恐怖分子保障其生存、发展、壮大和从事恐怖活动的资金基础和关键来源。反恐要取得成功,必须遏制和消除恐怖融资行为。①

后来,我国进一步要求"阻截恐怖主义融资的所有来源、技术和渠道"②,将反恐怖融资纳入反恐怖主义的总体国家安全战略。

综上所述,在国际社会打击恐怖主义和恐怖融资的新形势下,对于恐怖组织资金的获取,洗钱是一个重要的渠道,而且恐怖组织在通过各种途径取得资金后,一般都存储在世界各地的金融机构,并且通过洗钱来转移或者转换。如果他们的洗钱得逞,就会为恐怖活动提供资金支持,这是加剧国际恐怖活动的中心点,会严重地威胁国家安全。另外,随着时间的推移,恐怖融资的渠道将包括来源合法的资金,这就背离了传统洗钱的特征。因此,反恐怖融资需要加入追踪合法资金流向地的新内容,并且发现恐怖组织资金的来源和去向,切断恐怖组织的资金来源。③

面对恐怖组织和洗钱活动的复杂变化,国际社会和许多国家的反洗钱理念开始发生急剧的转变,并且快速调整传统的反洗钱策略,在原有的反洗钱机制中附加反恐怖融资内容,并将反洗钱的打击重心从毒品犯罪、跨国有组织犯罪和腐败犯罪等上游犯罪转变为恐怖融资,反洗钱由此提升到2.0版本。

第四节 全新升级:非传统的国家安全问题

从前述洗钱的产生和前期发展历程来看,洗钱与上游犯罪存在紧密的相伴相生关系,是上游犯罪分子掩饰或者隐瞒犯罪所得和犯罪收益的必备途径。在此基础上,洗钱在实质上处于上游犯罪分子与国家监管机构的博

---

① 转引自《人民银行副行长介绍中国反洗钱和反恐怖融资工作》,载中国政府网,https://www.gov.cn/jrzg/2005-09/24/content_69752.htm,最后访问时间:2023年12月28日。
② 《二十国集团领导人杭州峰会公报》。
③ 参见莫洪宪:《略论我国的金融反恐》,载《法学评论》2005年第5期。

弈节点,两者由此形成激烈的拉锯战:对于上游犯罪分子来说,他们面临着掩饰或者隐瞒犯罪所得和产生新的犯罪收益之必然需要,以便支配和享用从上游犯罪中获取的物质利益并逃避打击;与之相反,国家监管机构在打击重大上游犯罪的过程中,考虑到洗钱与上游犯罪之间的天然联系,为了遏制上游犯罪,就需要在打击策略上有针对性地选择切断利益的驱动力,由此也必须进行反洗钱。例如,面对全球日益严峻的洗钱态势,联合国在认识到洗钱与毒品犯罪、跨国有组织犯罪、腐败犯罪的紧密联系之基础上,将反洗钱的制度规范"捆绑"在《禁毒公约》《打击跨国有组织犯罪公约》和《反腐败公约》等三个国际公约上,在国际层面上提升了反洗钱的重要意义。

随着洗钱的日益发展,其危害性开始发生"核裂变",逐渐地从依附于上游犯罪的单一属性中脱离出来,升级为非传统国家安全中的突出问题,具有自己独立的属性。这正如我国学者所述,洗钱是犯罪的放大器,从定罪、量刑和惩治角度来看,洗钱是一个法律问题;如果从后果上讲,洗钱影响金融稳定,波及经济安全,动摇政权基础,危害全社会,因而从金融问题上升到经济问题,乃至政治问题和社会问题。①

具体而言,鉴于反洗钱与非传统国家安全之间的密切联系,西方国家不断调整国家反洗钱战略,已经将反洗钱和反恐融资提高到维护国家安全和国际政治稳定的战略高度。② 例如,随着洗钱活动在欧洲的不断发展,欧洲委员会将洗钱明确地列为危害其宗旨的犯罪类型,认为其致力于保护人权、民主、法律秩序和加强欧洲国家间合作的宗旨日益受到威胁,于是颁布了一系列公约来打击洗钱。③ 欧盟也日益认识到洗钱对成员国构成严重的威胁,为了维护欧洲共同体金融系统的健全、稳定和公众对之的整体信心,通过了若干个指令来预防洗钱。④ 在早期,美国认为洗钱助长了毒品贩运、有组织犯罪、国际恐怖主义和其他犯罪,而且玷污了金融机构的声誉,降低了公众对国际金融制度的信心。但在"9·11"事件后,

---

① 参见高增安:《国家反洗钱的理论与战略探讨》,载《社会科学》2010年第2期。
② 参见李建文:《基于国家安全的反洗钱研究》,载《中国金融》2014年第20期。
③ Kathleen A. Lacey and Barbara Crutchfield George, "Crackdown on Money Laundering: A Comparative Analysis of the Feasibility and Effectiveness of Domestic and Multilateral Policy Reforms", 23 *Northwestern Journal of International Law & Business*, 2003, pp. 324-325.
④ 参见《关于防止利用金融系统洗钱的指令》(91/308/EEC)序言。

美国强调反洗钱和恐怖融资是维护国家安全战略的重要组成部分,遏制恐怖分子和有组织的罪犯滥用金融体系是美国的短期和长期战略任务。①

对于洗钱的危害后果,联合国概括为对金融业、经济发展、政府和法律制度等方面的破坏,强调洗钱不仅严重侵蚀着国家的经济,而且对全球市场的稳定造成了现实危险。②

在国际社会强化反洗钱的重要性和深化国际合作的大形势下,我国对反洗钱重要性的认识,从最初维护金融机构的稳定和声誉,发展到反洗钱与打击法定上游犯罪之间联系的需要,最后以总体国家安全观为指南,认为反洗钱是维护我国总体国家安全的重要内容,特别是通过维护金融安全、反腐倡廉、反恐怖主义、国际合作等方面的独特作用,反洗钱成为国家治理体系和治理能力现代化的重要组成部分。有鉴于此,我国从维护国家安全的高度来认识反洗钱问题,并且在顶层进行制度设计。

2017年4月18日,中央全面深化改革领导小组第三十四次会议经过审议,将"完善反洗钱、反恐怖融资、反逃税监管体制机制"(以下简称"三反"机制)列为深化改革的重点任务。随后,2017年9月13日,国务院办公厅发布《关于完善反洗钱、反恐怖融资、反逃税监管体制机制的意见》(国办函〔2017〕84号,以下简称《三反意见》),明确指出了"三反"机制的三个"重要性":

>是建设中国特色社会主义法治体系和现代金融监管体系的重要内容,是推进国家治理体系和治理能力现代化、维护经济社会安全稳定的重要保障,是参与全球治理、扩大金融业双向开放的重要手段。

该意见还从健全工作机制、完善法律制度、健全预防措施、严惩违法犯罪活动、深化国际合作、创造良好社会氛围等六个方面,提出了27项具体措施。

党的二十大报告明确提出,要"依法将各类金融活动全部纳入监管,守住不发生系统性风险底线"。据此,在目前国际和国内反洗钱的大背景下,我们应从"政治站位"的角度提高对反洗钱重要性的认识。例如,在前期打击洗钱工作的基础上,2022年1月26日,中国人民银行、公安部、国

---

① 参见美国2000年和2003年《国家反洗钱战略》前言。
② 参见《与犯罪收益有关的洗钱、没收和国际合作示范法》(1999)引言。

家监察委员会、最高人民法院、最高人民检察院等 11 个部门联合印发《打击治理洗钱违法犯罪三年行动计划（2022—2024 年）》，为依法打击治理洗钱违法犯罪活动，进一步健全洗钱违法犯罪风险防控体系，要求各部门提高政治站位，加强组织领导，加强宣传培训，从修订反洗钱法和办理洗钱刑事案件相关司法解释、落实"一案双查"工作机制、加强情报线索研判和案件会商、强化洗钱类型分析和反洗钱调查协查、增强反洗钱义务机构洗钱风险防控能力等方面落实工作责任，结合各地实际和部门职能进一步细化各项工作措施，依法打击各类洗钱违法犯罪行为，尤其要加大力度惩治《刑法》第 191 条规定的洗钱犯罪，坚决遏制洗钱及相关犯罪的蔓延势头，推动源头治理、系统治理和综合治理，构建完善国家洗钱风险防控体系，切实维护国家安全、社会稳定、经济发展和人民群众利益。

第五节 网络洗钱犯罪：挑战与本质认定

信息网络等新技术的广泛应用，使得传统的金融业务模式发生了显著的变化，并且必然衍生出对反洗钱传统机制的挑战。这具体表现在：

（1）在金融机构普遍运用信息网络来方便顾客开通或使用银行账户的情形下，尽管金融机构负有识别客户身份的基本义务，但信息网络所带来的面对面的客户服务之减少现象仍对传统反洗钱机制中客户尽职调查业务提出了挑战。

（2）在线支付服务功能的出现，在快速和便捷地实现国际范围内转移资金的同时，也跨越了国与国之间的管辖领域。这些服务也增加了执法或者采取其他法律行动的困难。

（3）依附信息网络活动的发展，第三方支付工具、虚拟货币等新业态随之出现，其所具有的瞬间、远程和匿名的大规模资金快速流动特点经常会被洗钱犯罪分子所滥用，致使信息网络成为洗钱犯罪的重灾区，也对当前的反洗钱监管机制和实务构成了极大的挑战。

（4）网络赌博和跨境赌博在提供高科技的账户服务时，也提供了更多的洗钱渠道和机会，例如赌场的不合法活动通常由客户策划交易来避免记录或者报告义务，或者使用代理人和匿名人进行多重的现金交易，或者提供虚假的文件或信息来隐瞒"赃钱"的来源。

以虚拟货币中的代表比特币为例。从诞生之日起,比特币就具有自己独特的交易特征,即匿名性、去中心化和跨国性。这正是比特币有别于传统货币的重要特点,也是比特币带来洗钱风险的重要渊源。具体而言,传统的资金交易一般都在以实名制认证为基础的银行账号之间流转,彼此之间的资金交易可以直接通过后台的实名认证追溯到实体个人。与此相反,比特币的匿名性则表现在彼此之间的交易确实发生,但却无法连接到现实世界中的实体个人或机构。这种匿名性使得交易双方并不知悉实际的交易人,致使客户身份识别的业务难以实现,也无法落实可疑交易报告制度,这与现代反洗钱机制所要求的透明性和可追踪性形成天然的对立,从而给反洗钱义务措施的履行带来了根本性障碍。另外,世界各国对比特币的态度不一,比特币的跨国性由此造成国际社会对比特币监管的混乱和真空状态,致使当前的反洗钱国际合作和协助机制难以应对,也给当前国际社会跨区域的反洗钱法律协调机制带来了挑战。

随着互联网技术的快速发展,互联网金融在一段时期内成为我国鼓励创新的热点领域。金融机构,特别是支付机构和网络借贷机构,均广泛地依赖新技术来提供金融服务,并且主要应用于客户身份识别、交付渠道和开展交易等方面。虽然我国相关规定要求银行机构和支付机构在推出新金融业务、采用新营销渠道或者运用新技术之前开展风险评估,而且银行机构和部分保险公司在跨境汇款、电子银行、现金等业务领域能够识别容易受到洗钱威胁的产品或服务,但大多数金融机构认为非面对面业务(包括在线业务)是容易受到洗钱威胁的交付渠道。同时,部分保险公司、支付机构、网络借贷机构等非银行金融机构对新产品的洗钱风险管理不当,认为非面对面客户和非居民客户的身份识别存在挑战,尤其是网络借贷机构在建立业务关系时,对由支付机构引荐的客户所采取的客户尽职调查措施尤为薄弱,并且因此受到了中国人民银行的处罚。

正是考虑到我国对支付机构使用新技术缺少反洗钱和反恐怖融资的要求,2019 年 4 月,FATF 对我国进行第四轮互评估时,将我国落实第 15 项建议"新技术"的情况评价为"部分合规"。① 另外,FATF 对全球成员

---

① FATF, *Anti-Money Laundering and Counter-Terrorist Financing Measures—People's Republic of China*, 4th Round Mutual Evaluation Report, April 2019, para. 22, para. 290-300, Criterion 15.1.

进行的第四轮互评估体系设置了11个进行"有效性"评级的直接目标。其中,对于第4个直接目标"预防措施",FATF在对我国实施的"有效性"进行多方面评估后,给予了"低水平"的最差等级。① 根据FATF相关的程序要求,我国必须在互评估的强化后续整改期内,采取措施来改进反洗钱在新技术方面的重大缺陷和薄弱环节,以便在FATF后续评估报告中将上述低分项目的评级上调至达标水平。

值得肯定的是,针对支付机构使用新技术方面的不完善问题,2018年9月29日,中国人民银行印发了《法人金融机构洗钱和恐怖融资风险管理指引(试行)》(银反洗发〔2018〕19号),其中在第36条要求法人金融机构在开发新产品或对现有产品使用新技术时,对全系统或特定领域开展洗钱风险评估;第37条要求法人金融机构根据洗钱风险评估结果制定风险控制措施,并融入相关业务操作流程,有效控制洗钱风险。上述要求均适用于支付机构。对于FATF关于虚拟资产的新要求,从2015年至2017年,中国人民银行成立项目小组,对虚拟货币进行专题风险评估,形成了《虚拟货币洗钱和恐怖融资风险评估报告(2017)》,并且采用风险为本的方法,采取了一系列措施降低虚拟资产风险。与此同时,我国自2017年起决定禁止在境内使用虚拟资产和虚拟资产服务提供商,禁止金融机构和支付机构为虚拟货币交易提供服务,并且进一步采取有效措施防止支付渠道被用于虚拟资产交易。为落实上述政策,我国采取措施发现从事虚拟资产服务提供商活动的自然人和法人,并且予以处罚。② 经过我国各部门的共同努力,2020年10月,FATF公布《中国反洗钱和反恐怖融资第一次后续评估报告》,提升了包括第15项"新技术"在内的3个项目的评级,从"部分合规"上调到达标评级的"大致合规"③,由此体现了我国的后续整改效果。

---

① FATF, *Anti-Money Laundering and Counter-Terrorist Financing Measures—People's Republic of China*, 4th Round Mutual Evaluation Report, April 2019, para. 318.

② 参见曹作义:《中国反洗钱第四轮国际互评估及后续评估报告综述》,载反洗钱工作部际联席会议办公室编:《中国反洗钱实务》(2023年第2期),中国金融出版社2023年版,第14—16页。

③ FATF, *Anti-Money Laundering and Counter-Terrorist Financing Measures—People's Republic of China*, 1st Enhanced Follow-Up Report & Technical Compliance Re-Rating, September 2020.

在我国,除了利用金融机构进行洗钱的传统方式之外,网络洗钱犯罪也在不断增多。特别是随着大数据、人工智能、区块链等前沿科学技术的快速发展和应用,洗钱犯罪的手段也在不断翻新,其隐蔽性和破坏性在不断增强。2021年3月19日,为了以更加生动具体的方式指导反洗钱办案实践,提炼指控证明思路、法律适用等方面的亮点,最高人民检察院、中国人民银行联合发布了6个惩治洗钱犯罪典型案例。其中,第2号"雷某、李某洗钱案"指出,在实践中,行为人除了人为割裂交易链条,利用银行支付结算业务采取多种手段实施洗钱犯罪之外,还有利用汇兑、托收承付、委托收款或者开立票据、信用证以及利用第三方支付、第四方支付等互联网支付业务实施的洗钱犯罪,资金转移方式更专业,洗钱手段更隐蔽。

同时,第3号"陈某枝洗钱案"的典型意义明确指出:

> 利用虚拟货币跨境兑换,将犯罪所得及收益转换成境外法定货币或者财产,是洗钱犯罪新手段,洗钱数额以兑换虚拟货币实际支付的资金数额计算。虽然我国监管机关明确禁止代币发行融资和兑换活动,但由于各个国家和地区对比特币等虚拟货币采取的监管政策存在差异,通过境外虚拟货币服务商、交易所,可实现虚拟货币与法定货币的自由兑换,虚拟货币被利用成为跨境清洗资金的新手段。[①]

综上所述,洗钱在搭上迅猛发展的信息网络"快车"之后,依托金融科技的发展和新出现的金融产品,衍生出翻新变化和日趋复杂化的犯罪手段。这不仅对传统的反洗钱法律机制带来了挑战,而且导致在洗钱犯罪案件的司法实务中出现了许多的新问题。在维护我国国家安全和国际政治稳定的整体战略高度来反洗钱的大形势下,我们应在抓住洗钱本质特征的基础上,结合网络洗钱犯罪的特性,辩证地确立打击网络洗钱犯罪的司法理念,透过信息网络外在的表象来进行"穿透式"的审查和认定。

---

① 孙风娟:《最高检央行联合发布惩治洗钱犯罪典型案例》,载《检察日报》2021年3月20日,第1版。

第二章 国际反洗钱的认识发展与法律规制

面对洗钱的日益发展态势,国际社会对于反洗钱的重要性,逐渐地从服务于打击毒品犯罪等上游犯罪的依附性认识,升级到维护国家安全和国际政治稳定的整体战略高度。随着对洗钱危害性的认识升级,为了有效地预防和打击洗钱活动,国际社会进行了日益丰富的相关立法。目前有代表性的国际反洗钱规范文件包括:联合国《禁毒公约》等三个国际公约、FATF 的《40 项建议》、欧洲的"两个公约、六个指令"以及若干国际金融组织的反洗钱声明、指南等。

经过长期反洗钱的经验总结,国际社会采取预防与惩治的"双剑合璧"法律机制。所谓"预防"机制,就是制定综合性的反洗钱法律规范,体现出"防患于未然"的思路,反洗钱成为金融合规中最重要的内容;"惩治"机制则立足于刑事立法,将洗钱行为犯罪化,表现出"惩治于已然"的立场。我国将反洗钱作为落实总体国家安全观的重要组成部分,在融入国际反洗钱合作框架的大背景下,国际社会反洗钱法律规制对于我国完善反洗钱工作机制,具有重要的借鉴意义。

第一节 认识发展:从依附到独立的重大转型

一、依附性认识:服务于打击毒品犯罪等上游犯罪的策略选择

洗钱作为下游犯罪,是毒品犯罪、有组织犯罪和腐败犯罪等三类上游犯罪的衍生物,它们之间存在着天然的依附关系。

自 20 世纪中叶开始,经过几十年对毒品犯罪的多管齐下之打击,毒品犯罪依然十分猖獗。在长期打击毒品犯罪的经验总结中,基于对毒品

犯罪与涉毒收益之间密切联系的认识,联合国在1988年通过了《禁毒公约》,将打击毒品犯罪与反洗钱有机地结合起来,在继续对毒品犯罪采取高压打击的背景下,开始注重对毒品犯罪的"打财断血",以摧毁毒品犯罪分子的经济基础。从实际成效看,该公约是国际社会第一个惩治洗钱犯罪的国际性法律规范文件。

2000年,联合国通过了《打击跨国有组织犯罪公约》,要求缔约国采取必要的立法和其他措施,通过促进国际合作将洗钱等行为规定为刑事犯罪。

随着腐败犯罪日益猖獗和呈现出跨国、跨地区的特点,联合国在2003年通过了《反腐败公约》。在认识到腐败与洗钱的紧密联系之基础上,该公约认为预防和打击洗钱可以提高腐败代价、遏制腐败动机、追缴腐败所得、甄别腐败证据、没收腐败资产,强调反洗钱是反腐败工作不可或缺的组成部分,将现有反洗钱法律制度和工作机制纳入反腐败框架。[1]

FATF是西方七国在1989年召开的巴黎峰会上成立的,是目前世界上最具影响力和最具权威性的、专门致力于国际反洗钱和反恐怖融资的政府间国际组织。[2] 在巴黎峰会上,与会国认为非法滥用和贩运毒品的问题对西方国家以及毒品的来源国、输送国构成严重的威胁,强调要在国内和国际层面采取紧急的果断行动,急需在追踪、冻结和没收毒品贩运者的收益方面采取额外的国际合作和打击洗钱。虽然联合国在1988年刚通过《禁毒公约》,但西方七国和欧洲共同体认为依托联合国来打击毒品的效率太低,故决定另起炉灶,依据巴黎峰会形成的关于毒品事宜的相关决议,成立了一个专门组织FATF来"单干"。同时,为了打击自然人滥用金融机构进行涉毒洗钱的活动,FATF在1990年制定的《40项建议》逐步发展为反洗钱的国际通行标准。

美国作为世界上最早出现洗钱活动和最大的洗钱犯罪重灾区,从20世纪70年代就开始制定涉及反洗钱的法律。与国际社会一样,美国反洗钱的立法原动力也是遏制毒品交易。美国国会认识到清洗毒品贩运收益的活动,特别是当其与美元紧密联系在一起时,严重威胁着美国的国家安

---

[1] 参见欧阳卫民:《联合国〈反腐败公约〉对反洗钱工作的重要意义》,载《中国金融》2005年第24期。

[2] 参见《40项建议》引言。

全。为了减轻这种威胁和消灭银行成为洗钱分子的避风港之漏洞,美国国会呼吁进行国际协商和多边合作,包括制定国际公约和国内反洗钱政策。[1] 经过发展,美国形成了一系列严密的反洗钱法律,这主要包括:1970年《银行保密法》、1986年《洗钱控制法》、2001年《爱国者法案》、2020年《反洗钱法案》等。随着洗钱形势的发展,美国对洗钱的处罚力度有加大的趋势,并对国外洗钱者行使"长臂管辖权"。

综上所述,在早期,国际社会对于洗钱活动的认识,是在打击毒品、有组织犯罪、腐败犯罪等严重上游犯罪的过程中,为了遏制上游犯罪,在打击策略上有针对性地选择切断利益,由此开始进行反洗钱。可以说,此时的反洗钱是服务于打击毒品犯罪等重大的上游犯罪的,体现出对洗钱的依附性之认识。

二、独立性认识之转型:国家安全与国际政治稳定的重要内容

随着洗钱的日益发展,其危害性开始发生"核裂变",逐渐地从依附于上游犯罪的单一属性中脱离出来,升级为非传统国家安全中的突出问题,具有自己独立的属性。据此,国际社会不断地调整反洗钱的战略和措施。

欧洲委员会是世界上第一个关注洗钱问题的国际性组织。早在1977年,欧洲犯罪问题委员会就成立了"关于当前社会暴力问题的特选专家委员会",以便关注和研究暴力犯罪所引发的一般问题和具体问题。其中一个焦点问题就是关于非法转移来源于犯罪的资金以便经常性地用于实施进一步的犯罪活动的。专家委员会通过针对成员国银行业务问题所收集到的信息和资料,形成了《建议:关于防止转移和保存来源于犯罪的资金之措施》,提出了一些针对银行的特别建议。其中包括银行系统应该辨别客户身份、培训职员、加强银行与有关机构合作等建议,并且最终在1980年6月27日被欧洲理事会部长委员会采纳。尽管这些建议目前已经被广泛地接受,但是在当时太具有超前性,各成员国基于与银行保密法相冲突的认识而予以拒绝,故没有被实际施行。[2] 后来,随着洗钱活动

---

[1] See Anti-Drug Abuse Act of 1988, Pub. L. No. 100-690, § 4702 (a)(b)(c) and § 4701 (a).

[2] William C. Gilmore, *Dirty Money: The Evolution of Money Laundering Counter-Measures*, Council of Europe Press, 1995, pp. 133-136.

在欧洲的不断发展,欧洲委员会将洗钱、腐败、有组织犯罪明确地列为危害其宗旨的犯罪类型,明确地认为其致力于保护人权、民主、法律秩序和加强欧洲国家间合作的宗旨日益受到威胁,于是设计出以下三种战略与之斗争:设定标准、监测成员国实施立法的有效性、对新成员国的努力提供帮助。① 据此,欧洲委员会颁布了一系列的公约来打击和预防洗钱行为,其中包括在1990年和2005年制定了两个专门的反洗钱公约。

与此同时,欧盟也日益认识到洗钱对成员国构成严重的威胁,为了维护欧洲共同体金融系统的健全、稳定和公众对金融体系的信心②,从1991年起陆续通过了六个指令来预防洗钱。如果说欧洲委员会的反洗钱公约是用刑法和刑事合作的镇压手段来对付洗钱问题的,欧盟的反洗钱指令则侧重于以金融防范和行政合作来预防洗钱活动,它们是互为补充的关系。③ 至此,在欧洲层面,就形成了"两个公约、六个指令"的反洗钱法律框架,并且随着洗钱活动的发展变化,与时俱进地修正公约和指令,以推动欧盟成员国反洗钱和反恐怖融资法律体系的完善。

我国在国际社会强化对反洗钱重要性认识的大形势下,也在总体国家安全观的指引下,认为反洗钱是维护我国整体国家安全的重要内容。这在本书的第四章会详细阐述。

第二节　金融合规:预防性反洗钱法律机制

经过长期反洗钱的经验总结,国际社会采取预防和惩治的"双剑合璧"机制,这成为反洗钱法律规制的通行做法。所谓"预防"机制,就是制定综合性的反洗钱法律规范,强化金融机构等义务主体在反洗钱中的预防作用,施以不同层次的法律责任,体现出"防患于未然"的思路,并且根据形势的日益发展进行修订。据此,反洗钱成为金融合规中最重要的内容。

---

① Kathleen A. Lacey and Barbara Crutchfield George, "Crackdown on Money Laundering: A Comparative Analysis of the Feasibility and Effectiveness of Domestic and Multilateral Policy Reforms", 23 *Northwestern Journal of International Law & Business*, 2003, pp. 324-325.

② 参见《关于防止利用金融系统进行洗钱的指令》(91/308/EEC)序言。

③ 参见何萍:《中国洗钱犯罪的立法和司法——兼与欧盟反洗钱制度比较研究》,上海人民出版社2005年版,第94页。

一、联合国：三个国际公约

如前所述,联合国基于洗钱与上游犯罪之间的密切联系,将反洗钱"捆绑"在《禁毒公约》《打击跨国有组织犯罪公约》和《反腐败公约》等三个国际公约上,其中专门设置了与预防洗钱密切相关的条款。

例如,联合国《打击跨国有组织犯罪公约》第 7 条"打击洗钱活动的措施"要求各缔约国建立综合性的国内管理和监督制度,包括验证客户身份、保存记录和报告可疑交易等措施,这涉及银行、非银行金融机构以及其他特别易被用于洗钱的机构。

《反腐败公约》第 14 条专门规定了"预防洗钱的措施",对缔约国赋予反腐败预防机制各条款中最具强制性的义务,要求各缔约国建立全面的国内管理和监督制度,包括验证客户身份和视情况验证实际受益人身份、保存记录和报告可疑交易等措施,这涉及银行、非银行金融机构、办理资金或者价值转移的正规或非正规业务之自然人或者法人、特别易于涉及洗钱的其他机构;采取可行的措施,监测和跟踪现金和有关流通票据跨境转移的情况;要求本国金融机构保留电子资金划拨交易的信息并加强审查等。

二、FATF：《40 项建议》

经过发展,FATF 的《40 项建议》成为国际社会反洗钱的最具权威性的文件,奠定了全球反洗钱的基本框架和国际标准,包括一个国家在刑事法律和管理制度、金融机构以及其他行业应采取的预防措施、国际合作等方面应具备的反洗钱措施,形成了反洗钱的强大而协调的综合措施体系。①

FATF 于 1990 年颁布了最初的《40 项建议》,考虑到金融机构是易受涉毒洗钱攻击的受害地,也是监测犯罪资金流动的核心领域,将核心内容放在第三部分"增强金融制度的作用",动用了很大篇幅来规定金融机构和监管者在预防洗钱中应采取的措施,其中包括:金融机构对客户应有

---

① 《40 项建议》引言。

的身份识别义务;交易记录保存;金融机构的谨慎义务;可疑交易报告;制定和实施可行的反洗钱内部控制措施;在与反洗钱措施不具备或不完善的国家的人员、公司或金融机构进行商业联系和交易时,应予以特别的注意;避免现金洗钱的措施等。

后来,为了应对层出不穷的洗钱手法和适应反洗钱在新形势下的发展,FATF 在 1996 年和 2003 年分别对《40 项建议》进行了修订,其中与预防性反洗钱合规相关的内容包括:客户识别制度、可疑交易报告、新科技产生的洗钱技术、对跨境运送现金的监控、空壳公司、政治性敏感人物和代理银行业务、特定非金融行业和职业、法人和法律实体的透明度等。

目前的 FATF《40 项建议》是在 2012 年发布的,包括国家、主管机构以及金融机构、特定非金融行业和职业等三个层面的架构内容,其中对于金融机构、特定非金融行业和职业的合规要求是该建议中板块最大的部分,涵盖了客户尽职调查(CDD)、交易记录保存、针对特定客户和活动的额外措施、依托第三方的尽职调查、可疑交易报告、内控体系等。

另外,FATF 还发布了《证券行业风险为本指引》(2018)、《新冠疫情相关洗钱和恐怖融资风险》(2020)、《贸易洗钱风险指标》(2021)、《风险为本监管指引》(2021)等规范文件,认为通过"风险为本"的方法,监管部门将能更加有效地识别和防范犯罪资金的流动,达到"防患于未然"的良好效果,并且提出从"规则为本"升级为"风险为本"的监管,需要改变监管文化。这均带有现代意义的金融合规管理的基本内涵。

三、欧盟:六个反洗钱指令

在反洗钱的综合措施中,欧盟为了推动成员国完善反洗钱法律体系,根据洗钱活动的发展变化,陆续制定了六个反洗钱指令。纵观欧盟的这些反洗钱指令,基本思路是强调有关义务主体在反洗钱中的预防作用,在逐步扩大指令的适用范围之时,均详尽地规定义务主体所应履行的基本反洗钱义务,包括客户尽职调查、交易记录保存、可疑交易报告、内部控制等。这对欧盟成员国制定国内的反洗钱法律或条例,起到了重要的指导作用。

根据《欧洲联盟条约》第 10 条的有关规定,欧盟成员国有义务采取所有适当的措施,来确保履行欧盟条约所规定的义务和欧盟组织所采取的行动。事实上,成为欧盟成员国的一个必备条件就是:在其国内法律制度中,对欧盟通过的公约和指令给予完全的法律效力。因此,欧盟颁布的反洗钱指令必须在成员国的国内法律体系中实施,即适用国际法意义上的"直接效力主义"(Direct Effect Doctrine)。① 具体而言,欧盟颁行的六个反洗钱指令的框架和主要内容如下:

(一) 第一个反洗钱指令

1991年6月,欧洲共同体理事会通过了《理事会关于防止利用金融系统洗钱的指令》(Council Directive of 10 June 1991 on Prevention of the Use of the Financial System for the Purpose of Money Laundering, 91/308/EEC,第一个反洗钱指令),在肯定反洗钱必须主要通过刑事制裁的方式,以及在司法和执法部门的国际合作框架下予以打击的共识基础上,同时认为:

> 刑罚的方法毕竟不是与洗钱作斗争的唯一途径,因为金融机构能够发挥更为高效的作用。如果离开信用和金融机构以及监管部门的合作,防止金融系统被洗钱利用就是一项负责反洗钱的主管部门不可能完成的任务。②

据此,第一个反洗钱指令立足于考虑建立欧洲经济共同体的公约、反洗钱行动与金融系统的密切相关性、国际性的密切协调和合作之需求,侧重于从预防角度要求成员国禁止洗钱,以及对信用机构和广泛的金融机构如何控制和预防洗钱活动进行义务规制,其中包括识别客户身份、保存适当记录、建立培训雇员和确保反洗钱的内部程序、向有关机关报告洗钱可疑交易等一系列的义务。③

(二) 第二个反洗钱指令

为了反映出打击洗钱活动中最好的国际实践,继续建立一个高标准

---

① Kathleen A. Lacey and Barbara Crutchfield George, "Crackdown on Money Laundering: A Comparative Analysis of the Feasibility and Effectiveness of Domestic and Multilateral Policy Reforms", 23 *Northwestern Journal of International Law & Business*, 2003, pp. 315-316.
② 《关于防止利用金融系统洗钱的指令》(91/308/EEC)序言。
③ 参见《关于防止利用金融系统洗钱和恐怖融资的指令》(2005/60/EC)序言第4段。

来保护金融部门和其他一些易受攻击的领域免受犯罪收益的有害影响，欧洲议会和欧盟理事会在2001年12月通过了《关于修正第91/308/EEC号欧洲共同体理事会〈关于防止利用金融系统洗钱的指令〉的指令》(Directive of the European Parliament and of the Council of 4 December 2001 amending Council Directive 91/308/EEC on prevention of the use of the financial system for the purpose of money laundering, 2001/97/EC, 第二个反洗钱指令)。

鉴于洗钱的趋势之一是洗钱者越来越多地利用非金融业务，故对于识别客户身份、保存适当记录和可疑交易报告的义务，该指令扩展到一些易于受到洗钱攻击的一定数量的活动和职业，并且对公证人和独立的法律专业人员之相关行为和应负义务进行了扩展。[1]

(三) 第三个反洗钱指令

考虑到洗钱和恐怖融资是国际性的问题，欧盟认为反洗钱的努力也应当是全球性的。如果仅在国内或者欧洲共同体层面运用反洗钱的措施，而不考虑国际的协调和合作，则其效果将是非常有限的，因而欧盟所采取的反洗钱措施应当与国际行动保持一致，尤其应当持续和特别关注FATF的建议。[2] 有鉴于此，2005年10月，欧洲议会和欧盟理事会通过了《关于防止利用金融系统洗钱和恐怖融资的指令》(Directive of the European Parliament and of the Council of 26 October 2005 on the prevention of the use of the financial system for the purpose of money laundering and terrorist financing, 2005/60/EC, 第三个反洗钱指令)。

在体例结构上，该指令共有47条，包括以下七章：主题、适用范围和术语(第一章)；客户尽职调查(第二章)；报告义务(第三章)；记录保存和统计数据(第四章)；控制措施(第五章)；执行措施(第六章)；最后规定(第七章)。从总体上看，该指令不仅吸收了第二个反洗钱指令的合理规定，而且增加了FATF于2003年修订的《40项建议》之新规定，在条文内容上更加丰富，同时在整个条文结构上作出了很大的修改，体例结构也更加

---

[1] 参见《关于修正第91/308/EEC号欧洲共同体理事会〈关于防止利用金融系统洗钱的指令〉的指令》(2001/97/EC)序言第1、2、4、6、14、15、16段。

[2] 《关于防止利用金融系统洗钱和恐怖融资的指令》(2005/60/EC)序言第5、35段。

科学合理。

具体而言,关于指令的适用范围,第三个反洗钱指令在第 2 条予以专门的规定,包括以下机构和人员:① 信用机构。② 金融机构。③ 从事下列六类专业活动的法人或者自然人:a. 审计人员、外部会计师和纳税咨询师;b. 公证人和其他独立的法律专业人员,不论他们是代表客户或为客户参加金融或不动产交易,还是帮助客户策划或执行特定的交易,诸如买卖不动产或企业实体,管理客户的货币、有价证券或其他资产,开设或管理银行账户、储蓄账户或有价证券账户,为公司的创立、经营或管理而组织必要的出资,创立、经营或管理信托、公司或其他类似的组织;c. 为信托、公司提供其他服务的人员;d. 房地产经纪人;e. 其他从事商品买卖的自然人或法人,每当以现金支付或者交易数额在 15 000 欧元以上时;f. 赌场。由此可见,与欧盟的前两个反洗钱指令相比较,第三个反洗钱指令进一步地扩大了反洗钱义务主体的范围。

值得一提的是,鉴于客户尽职调查程序应建立在风险为本的基础上(on a risk-sensitive basis)①,为了在预防洗钱机制中建立风险等级的标准,第三个反洗钱指令在第二章"客户尽职调查"(Customer Due Diligence)中,将义务主体对客户进行尽职调查的义务划分为以下三个级别:一般的义务规定(General Provisions)、简化的客户尽职调查(Simplified Customer Due Diligence)和强化的客户尽职调查(Enhanced Customer Due Diligence)。这是欧盟的前两个反洗钱指令所没有规定的内容。具体而言,根据该指令第 7 条和第 8 条的规定,在一般情况下,义务主体在与客户建立业务关系之时,或者在与客户进行数额为 15 000 欧元以上的临时交易时,或者怀疑有洗钱或恐怖融资时,或者对客户的诚信或之前所获取客户的身份数据有所怀疑时,应当按照指令的要求,对客户的身份进行识别和审核。但是,存在高风险的洗钱或恐怖融资时,例如客户没有亲自在场而识别身份时,或者与第三国的有关机构进行跨领域的代理银行关系时,或者与定居在他国的政治敏感人物建立交易或商业联系时,根据该指令第 13 条的规定,成员国应要求义务主体进行"强化的客

---

① 参见《关于防止利用金融系统洗钱和恐怖融资的指令》(2005/60/EC)第 8 条、第 13 条第 1 款。

户尽职调查"。倘若客户是诚信的,或者是指令所界定的金融机构,或者是国内的公共机构,或者是成员国的公证人和其他独立的法律专业人员所控制账户的经济受益人,则义务主体可以根据该指令第 11 条的规定,对客户进行"简化的客户尽职调查"。

关于义务主体所应履行的其他反洗钱措施,第三个反洗钱指令第 22 条要求义务主体在明知或怀疑有洗钱或恐怖融资的迹象时,立即向金融情报中心报告;关于记录保存,第 30 条要求义务主体在与客户的商业联系终止后,将交易记录至少保存 5 年;至于内部控制措施,为了阻止和预防洗钱或恐怖融资,该指令第五章的第 34 条要求义务主体建立充足和适当的政策和程序,包括对客户的尽职调查、报告、记录保存、内部控制、风险评估、服从管理、联络等方面。此外,为了保证指令的充分执行,该指令在第五章的第四节专门规定了"处罚",其中第 39 条要求成员国确保义务主体不违反依据该指令而制定的国内法规定,包括刑罚和行政处罚在内的处罚措施必须是有效、适当和劝诫的。

(四)第四个反洗钱指令

2015 年 5 月,欧洲议会和欧盟理事会通过《关于防止利用金融系统洗钱和恐怖融资,修订欧洲议会和欧盟理事会第 648/2012 号条例,废除欧洲议会和欧盟理事会第 2005/60/EC 号指令和委员会第 2006/70/EC 号指令的指令》[Directive (EU) of the European Parliament and of the Council of 20 May 2015 on the prevention of the use of the financial system for the purposes of money laundering or terrorist financing, amending Regulation (EU) No 648/2012 of the European Parliament and of the Council, and repealing Directive 2005/60/EC of the European Parliament and of the Council and Commission Directive 2006/70/EC, 2015/849,第四个反洗钱指令]。

在体例结构上,该指令共有 69 条,包括以下七章:总则(第一章);客户尽职调查(第二章);受益所有权信息(第三章);报告义务(第四章);数据保护、记录保存和统计数据(第五章);政策、程序和监督(第六章);最后规定(第七章)。从总体上看,该指令虽然明确废除了第三个反洗钱指令,但保留了第三个反洗钱指令的合理规定,在此基础上增加了 FATF 于

2012年修订的《40项建议》之新规定,在条文内容上更加丰富,同时对条文结构进行了一定修改。

具体而言,关于指令的适用范围,较之于第三个反洗钱指令,第四个反洗钱指令将现金支付或者交易数额的阈值降至10 000欧元(无论是单笔付款还是一系列的关联交易);同时,该指令适用于整个赌博行业,而不仅仅是赌场,由此进一步扩大了反洗钱义务主体的范围。与此同时,该指令重申了"风险为本"的关键性。欧洲议会认为,应根据具体司法管辖区和行业部门的风险水平,适当和恰当地调整措施,并澄清客户尽职调查强度的适用性问题。在评估洗钱和恐怖融资风险时,必须考虑各种风险变量因素,例如建立账户或业务关系的目的、客户的资产水平或交易规模、业务关系的规律性或持续时间等。

此外,第四个反洗钱指令对"政治公众人物"的概念进行了较大修改,这是指目前或曾经被委以重要公职的自然人,包括国家元首、政府首脑、部长、副部长或助理部长,议会或类似立法机构的官员,政党领导机构官员,最高法院、宪法法院或其他高级司法机构的官员,审计法院或中央银行董事会成员,大使、代办和武装部队高级军官,国有企业行政、管理或监督机构的官员,国际组织董事会或同等职能机构的董事、副董事和成员。此外,该指令分别定义了政治公众人物的"家庭成员"和"已知的密切关系者"。

在第二章"客户尽职调查"中,第四个反洗钱指令将"政治公众人物"纳入审查的范围,并且进行了细化的规定。其中,第20条规定,关于与政治公众人物的交易或业务关系,除了第13条规定的客户尽职调查措施外,会员国应要求有义务的实体:① 建立适当的风险管理制度,包括基于风险的程序,以确定客户或客户的实际所有人是否为政治公众人物。② 在与政治公众人物有业务关系的情况下,采取以下措施:a. 在与此类人员建立或继续业务关系时,获得高级管理层的批准;b. 确定与此类人员的业务关系或交易中涉及的财富来源和资金来源;c. 加强对这些业务关系的持续监控。同时,第22条规定,当政治公众人物不再被成员国或第三国委以重要公职,或者不再被国际组织委以重要公职时,有义务的实体应在至少12个月内考虑到该政治公众人物带来的持续风险,并采取适当的风险敏感措施,直至该政治公众人物被认为不再具有政治公众人物特有的风险。

(五)第五个反洗钱指令

2018年7月,欧洲议会和欧盟理事会通过《关于修订第2015/849号〈关于防止利用金融系统洗钱或资助恐怖主义的指令〉,并修订第2009/138/EC号指令和第2013/36/EU号指令的指令》[Directive (EU) of the European Parliament and of the Council of 30 May 2018 amending Directive (EU) 2015/849 on the prevention of the use of the financial system for the purposes of money laundering or terrorist financing, and amending Directives 2009/138/EC and 2013/36/EU,2018/843,第五个反洗钱指令]。

在体例结构上,该指令共有6条内容,分别是:关于第2015/849号指令的修正案;关于第2009/138/EC号指令的修正案;关于第2013/36/EU号指令的修正案;转换(Transposition);生效(Entry into force);收件人(Addressees)。其中值得关注的内容是,该指令对第四个反洗钱指令(第2015/849号指令)进行了重大的修改,主要涉及反洗钱义务主体、客户尽职调查、金融情报机构等方面的内容:

第一,在反洗钱义务主体方面,该指令将从事虚拟货币与法定货币之间兑换服务的主体以及钱包保管服务提供商(custodian wallet providers)纳入欧盟反洗钱被监管机构的范围。应当指出的是,将反洗钱机制扩展到虚拟货币资产,符合欧盟在2018年3月发布的《金融科技行动计划:打造更具竞争力和创新性的欧洲金融业金融科技行动计划》。同时,为了解决匿名性所带来的风险,该指令在第四个反洗钱指令的基础上,新增了禁止继续使用匿名保管箱(anonymous safe-deposit box)的规定。根据该指令,成员国应禁止其信贷机构和金融机构保留匿名账户、匿名存折或匿名保险箱,并要求现有匿名账户、匿名存折或匿名保险箱的所有者和受益人接受客户尽职调查。

第二,在客户尽职调查方面,第五个反洗钱指令降低了第四个反洗钱指令所规定的某些阈值,以此提高对电子货币产品实施客户尽职调查措施的要求。此外,该指令进一步澄清了强化的客户尽职调查概念,明确规定对于涉及高风险第三国的业务关系或交易,成员国应要求义务实体采取以下强化的客户尽职调查措施：① 获取有关客户和受益所有权人的补充信息；② 获取有关业务关系预期性质的补充信息；③ 获取有关客户和受益所有权人的资金来源及财富来源的资料；④ 获取有关拟进行或已进行交易的原因的资料；⑤ 就建立或继续业务关系取得高级管理层的批准；⑥ 加强对业务关系的监控，增加监控的数量和时间，并选择需要进一步审查的交易模式。除此之外，该指令还引入了"缓释措施"（mitigating measures）的规定，明确义务实体必须将其应用于涉及高风险第三国的交易、个人和法人实体，例如采用强化的相关报告机制或系统地报告金融交易。

第三，在金融情报机构方面，第五个反洗钱指令强调应加强金融情报机构的合作。该指令认为，金融情报机构在识别洗钱和恐怖组织的金融活动，特别是跨境交易方面发挥着重要的作用，通过收集和分析信息建立可疑交易与潜在犯罪活动之间的联系，防止和打击洗钱和恐怖主义融资，并在有理由怀疑洗钱、相关上游犯罪或资助恐怖主义的情况下向主管机构传达相关信息。该指令还指出，金融情报机构不应以缺乏对相关上游犯罪的认定、国内刑法的特点以及相关上游犯罪定义之间的差异或未提及特定相关上游犯罪等为由，避免或者拒绝与其他金融情报机构交换信息，而应根据FATF《40项建议》和埃格蒙特集团《金融情报中心间就洗钱案件进行信息交换的原则》，确保与第三国金融情报机构在洗钱、相关上游犯罪和恐怖融资方面开展最广泛的国际合作。

就具体内容来看，为了促使金融情报机构开展有效的国际合作，第五个反洗钱指令在第四个反洗钱指令的基础上，进一步扩大了金融情报机构的调查权力。例如，该指令要求成员国确保主管机构和金融情报机构能够在所有情况下，及时、不受限制地访问中央登记册中保存的受益所有权信息，而无须通知有关实体，并且能够及时、免费地向其他成员国的主管机构和金融情报机构提供相关信息。另外，成员国应确保金融情报机构自发地或根据要求来交换可能与洗钱或恐怖融资有关的自然人或法人的信息，无论相关上游犯罪的类型如何，即使在交换时未识别相关上游犯罪的类型，也应完成交换。

（六）第六个反洗钱指令

2018年10月，欧洲议会和欧盟理事会通过《关于通过刑法反洗钱的指令》[Directive（EU）2018/1673 of 23 October 2018 on Combating Money Laundering by Criminal Law，2018/1673，第六个反洗钱指令]。

值得关注的是，虽然该指令是欧盟通过的六个反洗钱指令之一，但却是第一个刑事方面的反洗钱指令，共有16条内容，规定了洗钱领域的刑事犯罪定义和制裁(the definition of criminal offences and sanctions in the area of money laundering)的最低规则。① 需要提及的是，正是根据该指令的要求，德国立法者于2021年3月9日对《德国刑法典》第261条洗钱罪予以重大修正，相较于历次的修正，此次条文修订可谓自增设罪名以来修正幅度最大的一次。②

具体而言，第六个反洗钱指令的内容主要表现在以下几个方面：

(1) 关于洗钱的上游犯罪：该指令指出，对于所有成员国，构成洗钱的上游犯罪的定义都应充分统一，成员国应确保本指令规定的所有可判处监禁的犯罪行为均被视为洗钱的上游犯罪。如果成员国尚未应用该处罚标准，应在该指令列出的每一类犯罪中纳入一系列犯罪。此外，根据FATF《40项建议》，犯罪活动的定义应涵盖与直接税和间接税有关的税务犯罪。鉴于每个成员国的不同税务犯罪都可能构成本指令所述的犯罪活动并受到本指令所提到的惩罚，各国法律中税务犯罪的定义可能有所不同，该指令并不是要统一各国法律中税务犯罪的定义。③

具体而言，该指令第2条"定义"(Definitions)的第1款规定，"犯罪活动"(criminal activity)是指参与实施任何形式的可受处罚的犯罪活动，根据国家法律，这是指可处以剥夺自由或1年以上拘留的刑罚，或者对于有最低刑罚的成员国而言，是指任何可判处剥夺自由或至少6个月以上拘留的犯罪行为。同时，下列22种犯罪类型可以被视为"犯罪活动"：

> 参加有组织犯罪集团和敲诈活动；恐怖主义；贩卖人口和偷运移民；性剥削；非法贩卖麻醉药品和精神药物；非法贩卖军火；非法贩卖盗窃所得及其他物品；腐败；诈骗；伪造货币；仿造和假冒产品；环境犯罪；谋杀和严重身体伤害；绑架、非法拘禁和劫持人质；抢劫或盗

---

① 《关于通过刑法反洗钱的指令》(2018/1673)第1条。
② Vgl. Ruhmannseder, in: BeckOK-StGB, 2023, § 261 Rn. 3.
③ 参见《关于通过刑法反洗钱的指令》(2018/1673)序言第5、8段。

窃;走私;国家法律规定的与直接税和间接税有关的税务犯罪;敲诈勒索;伪造;海盗;内幕交易和操纵市场;网络犯罪。

由此可见,欧盟在第六个反洗钱指令中已对22种洗钱的上游犯罪之扩展名录达成一致,并首次将"网络犯罪"(cyber crime)纳入在内。与FATF在2012年版《40项建议》中"指定的犯罪类型"所包括的21种犯罪类型相比较,欧盟先走一步,反映了打击网络犯罪的需要。

(2) 关于虚拟货币:该指令指出,从打击洗钱的角度来看,虚拟货币的使用(the use of virtual currencies)带来了新的风险和挑战,成员国应确保这些风险得到适当解决。① 为此,该指令第2条第2款明确规定,"财产"(property)是指任何种类的资产,无论是有形的还是无形的、动产的还是不动产的、物质的还是非物质的,以及任何形式的法律文件或文书,包括电子或数字的、证明此类资产的所有权或权益的法律文件或文书。

(3) 关于洗钱罪的处罚:该指令指出,成员国应确保某些类型的"自洗钱"(self-laundering)行为也要受到刑事惩罚。在这种情况下,洗钱活动不仅涉及单纯占有或者使用财产,而且还涉及财产的转移、转换、隐瞒或者掩饰,并造成比犯罪活动更为严重的损害。例如,将犯罪活动所得的财产投入流通并以此隐瞒其非法来源的洗钱行为应受到惩罚。②

具体而言,该指令第3条"洗钱罪"(Money laundering offences)第1款规定,成员国应采取必要措施,确保故意实施下列行为的,以犯罪论处:a. 明知财产来自犯罪活动,为隐瞒或掩饰财产的非法来源,或为协助任何参与犯罪活动的人逃避其行为的法律后果,转换或者转移财产;b. 明知财产来自犯罪活动,隐瞒或者掩饰财产的真实性质、来源、地点、处置、移动、权利或所有权;c. 明知财产来自犯罪活动,获取、占有或者使用财产。同时,该条第5款规定,成员国应采取必要措施,确保第1款(a)(b)项所述行为在由实施或参与犯罪活动获得财产的人实施时,以犯罪论处以惩处。

进一步地,该指令第4条"协助和教唆、煽动和企图"(Aiding and abetting, inciting and attempting)规定,成员国应采取必要措施,确保协

---

① 参见《关于通过刑法反洗钱的指令》(2018/1673)序言第6段。
② 参见《关于通过刑法反洗钱的指令》(2018/1673)序言第11段。

助和教唆、煽动和企图实施前述犯罪行为以犯罪论处。此外,该指令第7条"法人责任"(Liability of legal persons)第2款规定,成员国应采取必要措施,确保法人因缺乏人员的监督或控制而导致受其管辖的人员有可能实施第3条第1款、第5款以及第4条所述任何犯罪时,追究法人的责任。

（4）关于洗钱罪的主观要件：该指令旨在将故意实施且明知财产源自犯罪活动的洗钱行为确定为犯罪,不应区分直接或者间接源自犯罪活动的财产情况。在考虑财产是否来自犯罪活动以及当事人是否知道时,应考虑案件的具体情况。例如,财产的价值与犯罪活动的合法收入不成比例,被告人以及犯罪活动与获取财产是在同一时间范围内发生的。该指令指出,故意(intention)和明知(knowledge)可以依据客观事实进行推定。

具体而言,该指令第3条第2款规定,成员国可采取必要措施,确保在行为人怀疑(suspected)或者应当知道(ought to have known)财产来自犯罪活动的情况下,将第1款所述行为以犯罪论处。此外,由于该指令规定的是洗钱领域犯罪定义和制裁的最低限度规则,因此成员国可以自由采用或维持该领域更严格的刑法规则。例如,成员国应能够规定轻率(recklessly)或严重疏忽(by serious negligence)的情形下实施的洗钱行为构成犯罪。①

（5）关于管辖权：该指令指出,鉴于犯罪人和犯罪活动所得收益的流动性,以及打击洗钱所需的复杂跨境调查,所有成员国都应建立管辖权,以便主管机构能够调查和起诉此类活动。因此,成员国应确保其管辖权包括在其领土上利用信息和通信技术实施犯罪的情况,无论此类技术是否基于其领土。②

具体而言,该指令第10条"管辖权"(Jurisdiction)第1款规定,在下列情形下,各成员国应采取必要措施,确立其对指令第3条和第4条所述犯罪的管辖权：a. 犯罪全部或部分发生在其领土内；b. 犯罪人是其国民。同时,该条第2款规定,在下列情形下,成员国应通知理事会决定将其管

---

① 参见《关于通过刑法反洗钱的指令》(2018/1673)序言第13段。
② 参见《关于通过刑法反洗钱的指令》(2018/1673)序言第17段。

辖权扩大到在其领土之外发生的第3条和第4条所述犯罪：a. 犯罪人是其领土上的常住居民；b. 犯罪是为了在其境内设立法人的利益而实施。此外，该条第3款规定，如果指令第3条和第4条所述犯罪属于一个以上成员国的管辖范围，并且任何有关成员国都可以根据相同事实进行有效起诉，则有关成员国应进行合作，以决定起诉罪犯的国家，将诉讼程序集中在一个成员国。这应考虑以下要素：a. 犯罪发生所在成员国的领土；b. 罪犯的国籍或居住地；c. 受害人的原籍国；以及 d. 发现罪犯的地区。

四、国际金融组织

鉴于银行和其他金融机构是反洗钱的前沿"主战场"，国际货币基金组织、世界银行、巴塞尔银行监管委员会（以下简称巴塞尔银监会）、沃尔夫斯堡金融机构集团等重要的国际金融组织也步入反洗钱的"国际战场"，分别从自己的监管职能出发来制定规范性文件，对反洗钱的政策、步骤、措施等提出要求和指导建议，以确保银行和其他金融机构不被洗钱分子利用。

（一）国际货币基金组织

作为拥有180多个广泛成员的政府间国际性金融组织，国际货币基金组织（International Monetary Fund，IMF）长期致力于国际反洗钱和反恐怖融资的实践。

> 委员会意识到国际货币基金组织必须在保护国际金融体系、反对滥用金融体系的活动中起到它应有的作用。国际货币基金组织可以通过促进金融体系的稳固和帮助金融体系建立良好的治理结构等形式参与这项活动。这就要求国际货币基金组织必须把打击滥用金融体系，尤其是打击洗钱活动融入日常的工作中。国际货币基金组织应该和世界银行合作准备一份文件，讨论在打击洗钱和金融犯罪以及保护国际金融体系的运动中各自所扮演的角色。[①]

在分享情报、促使问题达成共识、改进政策和标准等方面，国际货币

---

① 参见国际货币与金融委员会（International Monetary and Financial Committee，IMFC，国际货币基金组织的决策和指导机构）2000年9月24日公报。

基金组织是一个重要的国际平台,其在解决关键问题上的职能角色决定了它在国际反洗钱和反恐怖融资中能够发挥重要的作用。另外,在进行金融评估、对成员提供技术支持、监测成员的经济体系等方面,国际货币基金组织具有广泛的实践经验,这尤其有利于它去评估成员是否遵守国际反洗钱和反恐怖融资的标准,并且通过具体项目去帮助成员解决所存在的缺陷。该组织还与世界银行、FATF等国际组织共同研究和分析国际反洗钱和反恐怖融资的实践,并且提供政策性的指导,重心是使被帮助国的法律和金融监管系统符合国际标准、健全金融制度、改善政府部门间的协调能力、加强地区和国际的合作。

(二) 世界银行

世界银行(World Bank)也是国际反洗钱和反恐怖融资活动的主要牵头金融组织之一,主要是提供一系列的技术援助,其中涉及援助法律起草、提高立法人员的能力、制定培训计划以及建立金融情报中心等方面,以帮助有关国家和地区进行政策性的调整,健全和完善经济和金融制度,在法律和金融监管系统上向国际标准接近,争取从制度上杜绝漏洞和不足,提高政府部门之间的协作能力,并在全球范围内开展广泛的国际合作。同时,为了维护金融稳定,防止深层次和突发性的危机,世界银行还将洗钱与恐怖主义、国际化犯罪并列在一起,呼吁在全球范围内采取国际一致的行动予以打击。

(三) 巴塞尔银监会

这是目前全球金融监管领域中最有影响力的国际组织,其宗旨是促进国际社会在银行监管方面的合作、交换各国关于监管安排方面的信息、改善国际银行业务监管技术的有效性、研究在其他领域确立标准的有效性。根据规定,各国在巴塞尔银监会的代表机构是中央银行或银行监管机构。

在20世纪80年代,犯罪分子利用银行和其他金融机构进行洗钱活动的情况日益突出,银行和其他金融机构经常无意地被利用,成为犯罪活动所获得的资金转移或存储的中介。在国内层面,尽管司法机关和有关监管机构已经采取了防控措施,但随着有组织犯罪活动愈来愈国际化,特别是国际毒品交易活动的显著增长,如何防止犯罪分子利用金融系统清洗犯罪收益的问题引起了许多国家立法机关、执法部门和银行监管机构的日益关注,也促使国际社会采取共同努力防控洗钱活动。[1] 在这种形势下,考虑到银行与犯罪分子的无意联系将会破坏公众对银行的信心并损害金融系统的稳定性,而且鉴于银行自身也会因为疏于审查客户而遭受欺诈所导致的直接损失,或者银行职员与犯罪分子的联系会损害其廉洁性,巴塞尔银监会认为:银行监管机构对于银行被犯罪分子所利用的情形绝对不能无动于衷;在激励银行和其他金融机构遵守职业道德标准的过程中,银行监管机构应当发挥一定的作用。[2] 考虑到各国监管实践存在的差异,巴塞尔银监会认为:实现以上目标的一个途径就是达成金融机构应当遵守的国际性原则声明。[3] 经过协商和努力,巴塞尔银监会于1998年12月通过《关于防止犯罪分子利用银行系统洗钱的声明》(Statement on Prevention of Criminal Use of the Banking System for the Purpose of Money-Laundering),分为"序言"和"原则声明"两个部分,勾画出反洗钱的基本政策和程序,其中包括"客户身份识别"(Customers Identification)、"合规"(Compliance with Laws)以及"与执法机构的合作"(Co-operation with Law Enforcement Authorities)等具体措施。

尽管该"声明"的规定比较原则,适用范围也不规范,但它从银行业有效监管的角度首先对全球银行业提出了关注和防范洗钱的指导性要求,从而使其成为国际反洗钱最早的文件之一,也是金融业反洗钱原则的雏形。[4] 从实际效果看,该"声明"不仅对成员的反洗钱活动产生了巨大的影响,而且也被许多银行业组织所采纳和认可。此外,该"声明"的内容也反映在FATF的文件当中,并且对其他国际和地域性的反洗钱规范性文件起到了重要的参考作用。

(四)沃尔夫斯堡金融机构集团

该集团是具有银行业协会性质的组织,包括十几家世界第一流的跨国金融机构。

在打击洗钱活动的早期,反洗钱的工作和努力一直由政府等公共部

---

[1] 参见《关于防止犯罪分子利用银行系统洗钱的声明》序言第1、2段。
[2] 参见《关于防止犯罪分子利用银行系统洗钱的声明》序言第3、4段。
[3] 参见《关于防止犯罪分子利用银行系统洗钱的声明》序言第5段。
[4] 参见孟建华:《洗钱与银行业机构反洗钱》,福建人民出版社2006年版,第28页。

门主导进行,而私营银行在打击洗钱活动中的主观能动性和作用并不显著,从而导致私营银行的业务活动轻易地被洗钱分子利用,成为反洗钱总体活动中的"软肋"。针对这种现象,为了打击洗钱、腐败和其他相关的严重犯罪,沃尔夫斯堡金融机构集团中的重要银行成员均认为:必须向国际私营银行提供重要的全球性指南,以健全国际私营银行的商业行为。有鉴于此,2000年10月30日,该集团与"透明国际"合作,在瑞士的沃尔夫斯堡制定《全球私营银行反洗钱指南》(Global Anti-Money-Laundering Guidelines for Private Banking),以便防止私营银行在全球范围内的业务被犯罪分子所利用。[1] 2002年5月,该指南第一次被修订。后来,该集团在2002年陆续地制定了《代理银行反洗钱指南》以及《关于遏制恐怖融资的沃尔夫斯堡声明》。以上指南和声明等规范性文件统称为"沃尔夫斯堡集团反洗钱指南"。

在性质上,该"指南"由私营银行制定,属于行业自律性的文件,并没有强制性效力,但它提供了私营银行反洗钱的国际标准,有利于国际私营银行反洗钱工作的开展。考虑到私营银行有责任在适当时推行各种程序、采用各种方法以及使用各种资讯科技系统,竭尽所能地设置各种有效率和有效力的程序和系统,以识别潜在的可疑活动,该"指南"有针对性地提出了许多具体的反洗钱步骤和措施,要求银行适当地调查各项交易和各类客户,以识别潜在的不寻常或可疑的活动和交易,以及有需要时向主管机构报告这些活动和交易。

例如,《全球私营银行反洗钱指南》要求私营银行在接受客户服务时遵循如下的一般原则:尽力接受那些财富和资金合理来源于合法渠道的客户;采取合理措施来建立客户和受益人的身份识别程序,只有在完成该程序后才能为客户服务;收集和记录客户关于开户的目的和理由、可预期的账户活动、财富和资金的来源等信息。私营银行在为资金来源于缺乏足够的反洗钱标准或者犯罪率较高和腐败现象严重的高风险国家、从事可能与洗钱有关的高风险活动、政府官员等客户服务时,需要对客户进行额外的审查。对于不寻常或可疑的交易活动,私营银行应通过调查交易、

---

[1] See Wolfsberg Group, "Global Anti-Money-Laundering Guidelines for Private Banking", "General".

客户联系、第三方资料等方式加以识别,并且采取强化的调查力度、取消业务联系、向主管机构举报等后续跟踪行动。此外,该指南还要求私营银行必须具备充分的调查程序、制定成文的关于控制程度标准的政策、建立正规的反洗钱报告制度、建立关于识别和防止洗钱的教育和培训制度、保存有关反洗钱的记录至少5年以上、成立一个人员充足的反洗钱独立部门等。这奠定了现代意义上私营银行反洗钱的基本制度和操作流程。

第三节 惩治机制:反洗钱的刑事法律规制

反洗钱的"惩治"机制,是指有关规范性文件立足于刑事立法,将洗钱行为犯罪化,表现出"惩治于已然"的立场,由此与"预防"机制共同地形成"大棒+胡萝卜"的衔接关系。

一、联合国:三个国际公约的洗钱入罪

联合国在《禁毒公约》第3条要求各缔约国采取必要的措施,将源于非法贩运毒品的资产进行清洗的行为确定为国内法中的刑事犯罪,并且列举了三种类型、共计七种具体的洗钱方式:(1)转换或者转让;(2)隐瞒或者掩饰;(3)明知是犯罪所得而获取、占有或者使用。其中,前四种洗钱方式属于强制性的规定,后三种则属于选择性规定,缔约国可以在不违背其宪法原则和基本法律制度的前提下,将它们规定为国内法中的刑事犯罪。

《打击跨国有组织犯罪公约》要求缔约国采取必要的立法和其他措施,通过促进国际合作,将参加有组织犯罪集团、洗钱等行为规定为刑事犯罪。其中,该公约与打击洗钱活动密切相关的条款有第6条"洗钱行为的刑事定罪"。

《反腐败公约》第23条在关于洗钱的对象、行为方式、犯罪主体、主观要素等方面,与《打击跨国有组织犯罪公约》第6条几乎没有区别,甚至可以完全替换,这具体表现为:(1)洗钱的对象是"犯罪收益";(2)列举了洗钱的三种类型、共计七种方式;(3)法人须承担参加洗钱的法律责任,包括刑事责任、民事责任或者行政责任;(4)规定"明知""故意"等主观要件作为洗钱罪的构成要素。这充分表明《反腐败公约》承袭了《打击跨国有

组织犯罪公约》关于洗钱入罪要素的规定。

纵观联合国三个国际公约关于洗钱概念的表述,可以看出它们在立法技术上具有很强的延续性,而且在许多法律用语上一脉相承,甚至完全相同。然而,由于三个公约打击的重点不同,故在规定洗钱行为入罪的要素方面,也存在着一定的差异。关于具体情况,请参见作者归纳的表2-1:

表 2-1 联合国三个国际公约中的洗钱行为

洗钱行为入罪的要素	《禁毒公约》	《打击跨国有组织犯罪公约》	《反腐败公约》
是否使用"洗钱"术语	没有	是	是
行为方式(1) (强制性规定)	手段(转换、转让)+故意(为隐瞒、掩饰或协助)	与《禁毒公约》相同	与《禁毒公约》相同
行为方式(2) (强制性规定)	隐瞒、掩饰	与《禁毒公约》相同	与《禁毒公约》相同
行为方式(3) (选择性规定)	获取、占有、使用	与《禁毒公约》相同	与《禁毒公约》相同
清洗的对象	"狭义的非法贩运毒品"之财产	"犯罪收益"	"犯罪收益"
上游犯罪	未使用该词,但隐含为"狭义的非法贩运毒品"	要求最为广泛的,但至少是该公约所规定的严重犯罪和参加有组织犯罪集团罪、腐败罪和妨害司法罪	要求最为广泛的,但至少是该公约确立的各类犯罪
主观要件	"明知""故意"	与《禁毒公约》相同	与《禁毒公约》相同
主体	自然人	自然人+法人	自然人+法人

二、FATF:洗钱犯罪化

在FATF历次版本的《40项建议》中,洗钱犯罪化均是核心的建议内容。在1990年的最早版本中,"洗钱犯罪化"是排序第一的项目。在制定《40项建议》时,FATF认识到各国法律制度和金融体系存在着差异,无法通过完全相同的措施来实现共同目标,尤其是在一些具体细节方面,故在《40 项建议》为各国设定了最低限度的标准,要求各国根据各自的特定情况和宪法体制予以执行。① 有鉴于此,FATF 并没有在《40 项建议》中明确规定洗钱罪的概念,而是界定了"洗钱犯罪的范围"(scope of the criminal offence of money laundering),要求各国根据《禁毒公约》和《打击跨国有组织犯罪公约》的规定将洗钱行为确定为刑事犯罪。

关于洗钱犯罪的范围,《40 项建议》的第 1 项建议要求各国将洗钱罪适用于所有的严重犯罪,并且尽可能地包括最大范围的上游犯罪。至于上游犯罪的规定,《40 项建议》采取灵活的态度,认为上游犯罪可以包括:(1)所有的犯罪;(2)在限定范围内的一定种类的严重犯罪,或可适用于法定刑为监禁刑的罪行;(3)具体列举的上游犯罪;(4)或者组合以上几种方法后所规定的犯罪。但是,无论采取何种方法,各国在规定上游犯罪的范围时,都应至少包括"指定的犯罪类型"(designated categories of offences)中的各种犯罪。② 需要特别指出的是,1990 年和 1996 年版本的《40 项建议》只是原则性地要求各国将上游犯罪扩大到严重犯罪,并且赋予各国自行确定何种严重犯罪为洗钱罪的上游犯罪之较大自主权。但是,在 2003 年修订《40 项建议》时,对于洗钱犯罪的范围之问题,第 1 项建议的第 4 款一方面赋予各国选择确定上游犯罪的立法方法,另一方面则明确地设立上游犯罪的强制性"门槛"标准,要求每个国家在将洗钱犯罪化时,至少应包括"指定的犯罪类型"中的 20 种犯罪,具体包括:

(1)参加有组织犯罪集团和敲诈活动;(2)恐怖主义活动,包括恐怖融资;(3)贩卖人口和偷渡;(4)利用、组织他人进行色情活动,包括利用儿童进行色情活动;(5)非法贩卖麻醉药品和精神药物;(6)非法贩卖军火;(7)非法贩卖盗窃所得及其他物品;(8)腐败和贪污受贿;(9)诈骗;(10)伪造货币;(11)伪造和盗版产品;(12)环境犯罪;(13)谋杀、情节严重的身体伤害;(14)绑架、非法拘禁和劫持人质;(15)抢劫或盗窃;(16)走私;(17)敲诈勒索;(18)伪造;(19)海盗;(20)内幕交易和市场操纵。同时,在根据上述上游犯罪确定作为上游犯罪的犯罪范围时,各国可根据本国法律自行决定如

---

① 《40 项建议》引言。
② 《40 项建议》第 1 项建议第 4 款。

何定义这些犯罪,以及将这些犯罪规定为严重犯罪的特定要素之性质。

在 2012 年修订的《40 项建议》中,洗钱犯罪化相关的项目排序降到第三位,但在继续强调各国将洗钱行为确定为刑事犯罪之时,对洗钱罪的上游犯罪之立法态度进行调整,要求:

各国应当将洗钱犯罪适用于所有的严重犯罪,旨在涵盖最广泛的上游犯罪。

同时,FATF 在 2012 年修订的《40 项建议》之"术语表"中,规定"指定的犯罪类型"是指:

(1)参加有组织犯罪集团和敲诈活动;(2)恐怖主义活动,包括恐怖融资;(3)贩卖人口和偷渡;(4)性虐待,包括儿童性虐待;(5)非法贩卖麻醉药品和精神药物;(6)非法贩卖军火;(7)非法贩卖盗窃所得及其他物品;(8)腐败和贪污受贿;(9)诈骗;(10)伪造货币;(11)伪造和盗版产品;(12)环境犯罪;(13)谋杀、情节严重的人身伤害;(14)绑架、非法拘禁和劫持人质;(15)抢劫或盗窃;(16)走私(包括与海关税收和关税有关的税收);(17)税务犯罪(与直接税和间接税有关的);(18)敲诈勒索;(19)伪造;(20)海盗;(21)内幕交易和市场操纵。同时,在根据上述上游犯罪确定作为上游犯罪的犯罪范围时,各国可根据本国法律自行决定如何定义这些犯罪,以及将这些犯罪规定为严重犯罪的特定要素之性质。

对比可见,2012 年版《40 项建议》中的"指定的犯罪类型"包括 21 种犯罪,这与前述 2003 年版本所设置的 20 种犯罪相比较,新增了"税务犯罪(与直接税和间接税有关的)",同时对某些已有犯罪类型的表述进行了修改。

三、欧洲委员会:两个反洗钱公约

为了促进国际合作,协助调查、搜查、扣押和没收所有类型犯罪的收益,补充欧洲委员会框架之内已有的法律文件,以覆盖从开始调查到处罚、执行没收判决等全过程的程序,从而达到剥夺罪犯的犯罪工具和收益之目的,并且提供法律文件,要求成员国在国内法中采取有效的手段,以打击严重犯罪和剥夺罪犯的非法收益①。第443次欧洲委员会于1990年9月通过了《关于清洗、搜查、扣押和没收犯罪收益的公约》(Convention on Laundering, Search, Seizure and Confiscation of the Proceeds from Crime)。在体例结构上,该公约共有四章44条,规定了有关术语的使用、在国家层次上应采取的措施、国际合作,以及公约的签署、生效、加入、保留、修改等内容。自从该公约颁布之后,它就在欧洲层面和欧洲范围之外,被认为是在反洗钱的政策制定、政治宣言和实践活动方面的关键性文件。②

具体而言,该公约明确使用了"洗钱罪"的术语,认为洗钱是独立的犯罪类型。同时,沿用联合国《禁毒公约》列举三种类型、共计七种具体洗钱方式的立法技术。为了扩大打击洗钱活动的范围,该公约使用的"上游犯罪"一词,系指任何犯罪。该公约不仅确定了洗钱罪的主观方面包括"明知"与"故意",还规定各缔约国在其国内法规定洗钱罪时,可以采取其认为必要的措施,在行为人"应当知道"资产是犯罪收益时,将洗钱行为确定为刑事犯罪。

自从1990年的欧洲委员会的反洗钱公约颁行之后,洗钱的手法和反洗钱的战略已经发生急剧的变化,例如金融系统不再仅仅被滥用在清洗犯罪收益方面,而且被滥用于恐怖融资的洗钱;犯罪分子也开始通过非银行机构和中介组织在合法的经济活动中投资犯罪收益。③ 有鉴于此,为了适应新情况的需要,在经过多年的实践之后,欧洲委员会认为需要在该公约长达十几年的适用时期所获取的有价值经验之基础上,对该公约予以检讨。同时,考虑到需要根据国际反恐的共识,将打击恐怖融资纳入反洗钱的范畴,第925次部长委员会于2005年5月通过了《欧洲理事会关

---

① See Council of Europe, "Explanatory Report on the Convention on Laundering, Search, Seizure and Confiscation of the Proceeds from Crime", para. 8, para. 9 and para. 13.

② See Council of Europe, "Explanatory Report on the Council of Europe Convention on Laundering, Search, Seizure and Confiscation of the Proceeds from Crime and on the Financing of Terrorism", para. 6.

③ Ibid., para. 3 and para. 21.

于清洗、搜查、扣押和没收犯罪收益和恐怖融资的公约》(Council of Europe Convention on Laundering, Search, Seizure and Confiscation of the Proceeds from Crime and on the Financing of Terrorism)。在体例结构上,该公约共有七章56条和一个附录,规定了有关术语的使用、恐怖融资、在国家层次上应采取的措施、国际合作、金融情报中心之间的合作、监督机制和争端的解决、最后规定等内容。具体而言,关于洗钱罪的构成,该公约基本上是以1990年的反洗钱公约为基础的,但是为了解决高标准的明知要件带来的难以证明洗钱行为人主观要件的司法难题,该公约扩充了洗钱罪的主观心态,将过失洗钱行为犯罪化。同时,为了协调各缔约国的立场,将该规定设定为选择性的条款。

第四节 借鉴与启示

洗钱罪属于舶来品。国际社会基于对洗钱危害性的认识,开始对洗钱问题予以足够的关注和打击,并且颁行了一系列反洗钱的规范文件,其表现形式包括公约、指令、声明、指南和建议等,规定了洗钱的定义、金融机构的义务和责任、主管机关的义务和责任、国际合作的原则、没收犯罪收益与临时措施等内容。

从国内法律规制看,通过立法将洗钱行为予以犯罪化,制定预防性的反洗钱法,普遍扩大了反洗钱的定义和反洗钱义务主体的范围,强化有关反洗钱义务主体在打击洗钱过程中的预防作用,从而形成惩治和预防洗钱的"双剑合璧"机制,这成为各国反洗钱活动的通行做法。另外,从20世纪80年代起,在国际社会打击毒品犯罪、跨国有组织犯罪和腐败犯罪的大背景下,洗钱罪在国外长期都是研究的热点问题。

自我国1997年《刑法》设置洗钱罪以来,学术界展开了对洗钱罪的研究,但在总体上仍处于知识性介绍和注释刑法的阐述,在司法实践中洗钱罪也基本处于"睡美人"的适用状态[①]。随着《刑法修正案(十一)》将自洗

[①] 自我国1997年《刑法》实施以来,截止到2009年,全国法院审理的洗钱案件仅20余件。参见刘为波:《〈关于审理洗钱等刑事案件具体应用法律若干问题的解释〉的理解与适用》,载《人民司法》2009年第23期。

钱入罪的立法发展和当前强化打击洗钱罪的实践需要,洗钱罪由此成为研究的热点问题之一,可谓进入"第二个春天"。

依据顶层设计和国务院办公厅在 2017 年 9 月发布的《三反意见》,在推动研究完善相关立法,修改惩治洗钱犯罪和恐怖融资犯罪相关规定上,我们需要"按照我国参加的国际公约和明确承诺执行的国际标准要求"进行,这是我国反洗钱与国际接轨的"路线图"。在此大背景下,国际社会对于反洗钱的认识演变以及"双剑合璧"法律规制的内容,可为我国当前打击洗钱和完善法律体系提供借鉴和启示,以适应我国反洗钱在内外形势压迫下的急切需要。

(一) 提高反洗钱工作的政治站位

鉴于洗钱与"非传统安全"之间的密切联系,国际社会不断调整反洗钱战略,将反洗钱提升到维护国家经济安全和国际政治稳定的整体战略高度。在此国际大背景下,我国开始从国家安全的高度来认识反洗钱问题,将其作为落实总体国家安全观的重要组成部分,并且在顶层进行制度设计,反洗钱的监管机制发生重大的转型升级。2017 年 4 月,中央全面深化改革领导小组第三十四次会议经过审议,将完善"三反"机制列为深化改革的重点任务。因此,我们要从政治站位的角度,提高对反洗钱重要性的认识。

(二) 进一步加强反洗钱的金融合规工作

由于参与洗钱能赚取巨额利益,因而就洗钱而言,银行不属于反洗钱的一方,就属于洗钱一方。如果银行不重视反洗钱工作,就必然会招来密切注视金融系统薄弱环节的洗钱者,成为洗钱者相当有利可图的合伙人。有鉴于此,在预防和查处洗钱的时候,就需要通过强有力的外部(法律规定)和内部(培训计划、政策性声明、制约、交流和监督措施)的抗诱措施和办法,促使银行加入反洗钱的行动之中。① 在实务中,虽然商业银行对洗钱活动防不胜防,上游犯罪的严密性、隐蔽性和专业性也加大了银行反洗钱的难度,但在各国反洗钱机制的要求和法律责任的压力下,反洗钱已成为商业银行合规管理中最重要的部分。在各国反洗钱的法律监管架构

---

① 参见〔荷兰〕伊塔力·奥雷尔:《银行与洗钱》,载最高人民检察院贪污贿赂检察厅编译:《世界各国反贪污贿赂的理论与实践》,中国检察出版社 1997 年版,第 316—317 页。

下,即使金融机构的合规管理成本大幅度提高,也必须遵循反洗钱的义务要求规定,以符合本国的监管标准和合规要求。

2019年4月,FATF按照《40项建议》对我国反洗钱进行第四轮互评估后发布报告,这是一场全面的"外部体检",有6项的评估结果是"不合规",其中包括5项与金融合规有关的内容,例如特定非金融行业和职业的客户尽职调查、特定非金融行业和职业的其他措施、对特定非金融行业和职业的监管等。这意味我国面临艰巨的互评估后续整改任务。鉴于反洗钱是金融合规中最重要的内容,针对金融机构和其他反洗钱义务主体的反洗钱风险防控机制还比较薄弱的局面,有关主管部门应在完善反洗钱合规机制的同时,加强执法检查和问责力度,并且建立和落实反洗钱"尽职免责"的合规激励机制。

(三)在立法层面,我国反洗钱法律体系日趋完善

经过较长时期的发展,我国建立起比较完备的反洗钱法律体系,已经契合国际社会的预防与惩治法律机制。在刑事立法上,为了落实顶层设计的指引性要求,凸显我国对FATF在第四轮互评估报告中认为自洗钱未入罪是技术合规性方面的"重大缺陷"之后续整改,《刑法修正案(十一)》对洗钱罪进行修改,其中将自洗钱入罪是最大的"亮点",为有关部门有效预防、惩治洗钱违法犯罪以及境外追逃追赃提供了充足的法律保障。这可谓在国际外在压力和国内顶层设计要求下的刑事立法反应,实属来之不易。① 经过各部门的对标努力,FATF在2021年10月公布中国第二次后续评估报告,将我国"洗钱犯罪"核心项目的评级由之前的"部分合规"提升为达标。

同时,《反洗钱法》是我国反洗钱法律体系的基本法律,颁行在2006年10月。鉴于当时我国反洗钱事业刚起步不久,该法有很多原则性表述。为了适应反洗钱的新形势需要,《反洗钱法》正在进行修改,其中吸纳了国际社会关于反洗钱合规机制的许多内容,该修订稿已经向全社会征求意见,这对完善我国反洗钱工作机制具有极其重要的立法意义。

---

① 参见王新:《〈刑法修正案(十一)〉对洗钱罪的立法发展和辐射影响》,载《中国刑事法杂志》2021年第2期。

(四) 深入推进反洗钱的国际合作

反洗钱是目前国际合作的重点领域。我国在 2007 年 6 月成为 FATF 的正式成员,这标志着我国融入反洗钱和反恐怖融资的国际合作框架。从 2019 年 7 月起,我国正式担任 FATF 的轮值主席并且顺利交接,而且按照 FATF 评估程序规则接受评估和进行后续改进,这不仅为我国树立起负责任的国际大国的形象,也成为我国参与全球治理体系的重要抓手之一。因此,我国应当切实履行 FATF 成员的义务,将国际组织评估作为完善反洗钱工作的重要契机,严格对照国际标准和结合我国实际情况,切实提高反洗钱工作的合规性和有效性。同时,我国应充分利用 FATF 这个以西方国家为主导的国际平台,深入参与反洗钱国际标准的研究、制定和监督执行,提升我国的话语权和影响力,并且推动我国的海外追赃反腐工作的顺利开展。

第三章 我国惩治洗钱罪的刑事立法变迁

基于对洗钱危害性的认识,国际社会将洗钱犯罪化是一个最为基本的惩治步骤,这也鲜明地体现在我国反洗钱的刑事立法历程中。具体而言,为了履行我国缔结《禁毒公约》的国际义务,并且遏制在我国日趋严峻的毒品犯罪,1990年12月通过的《关于禁毒的决定》首次设立了涉毒洗钱罪名"掩饰、隐瞒毒赃性质、来源罪"。然后,1997年《刑法》在第191条专门规定了洗钱罪,在罪状与法定刑上确立了该罪的基本结构。后来,面对洗钱活动在我国日趋猖獗的态势,特别是融入国际反洗钱合作框架的国外压力,我国于2001年通过了《刑法修正案(三)》并于2006年通过了《刑法修正案(六)》,聚焦在对洗钱罪的上游犯罪范围进行两次"扩军"。最后,2020年12月通过的《刑法修正案(十一)》,对自洗钱、行为方式、"明知"要件和罚金刑等若干基本问题进行了第三次重大修订,特别是将自洗钱入罪,成为这次修订的最大"亮点"。概而言之,我国洗钱罪的刑事立法经历了"从无到有""单独设罪"和"三次修正"的发展过程。①

第一节 《关于禁毒的决定》:从无到有

在我国实行社会主义计划经济体制的大形势下,由于缺乏滋生洗钱活动的土壤,1979年《刑法》是不可能脱离所处的时代背景而设置洗钱罪的。在当时的司法实践中,对于行为人明知是毒品等犯罪所得的赃款、赃物而予以窝藏或者代为销售的行为,司法机关只能依据《刑法》第172条

---

① 参见王新:《〈刑法修正案(十一)〉对洗钱罪的立法发展和辐射影响》,载《中国刑事法杂志》2021年第2期。

的规定,以"窝赃、销赃罪"来追究刑事责任。但是,该条款只是传统赃物罪的延续和发展,在表述上也与现代意义的洗钱罪相差甚远,并没有覆盖清洗犯罪收益和使黑钱合法化的行为方式。

自 20 世纪 80 年代起,毒品犯罪开始在我国出现并呈现上升的趋势。从世界范围来看,洗钱是与毒品犯罪紧密相联的下游犯罪,可谓毒品犯罪衍生的"怪胎",并且在毒品交易中起着关键性的作用,可以"漂白"贩毒所得的赃款,使毒贩得以逃脱缉毒机构的追踪,取得、利用贩毒赃款。[1] 鉴于毒品的"非法生产、需求及贩运的巨大规模和上升趋势,构成对人类健康和幸福的严重威胁,并对社会的经济、文化及政治基础带来了不利影响"[2],国际社会开始通力合作加大对毒品活动的打击力度。1988 年 12 月 19 日,联合国在维也纳通过《禁毒公约》,该公约于 1990 年 11 月 11 日生效。基于对毒品犯罪与涉毒收益之间密切联系的认识,该公约将打击毒品与反洗钱有机地结合起来,其中该公约第 3 条第 1 款(b)项和(c)项要求各缔约国采取必要的措施,将对非法贩运毒品的财产予以清洗的故意行为确定为其国内法中的刑事犯罪,以便消除行为人从事贩运毒品活动的利益刺激因素。这是最早正式被国际社会普遍接受的关于洗钱的规定。

我国在联合国《禁毒公约》通过的第二日就签署了该公约,全国人大常委会于 1989 年 9 月 4 日予以批准。为了及时履行该公约第 3 条的义务,即各缔约国应采取可能必要的措施,将非法贩运毒品的故意行为确定为其国内法中的刑事犯罪,同时也为了严惩走私、贩卖、运输、制造毒品等犯罪活动,1990 年 12 月 28 日,七届全国人大常委会十七次会议通过《关于禁毒的决定》,大幅度地增设了涉毒犯罪的罪名,其中第 4 条规定:"……掩饰、隐瞒出售毒品获得财物的非法性质和来源的,处七年以下有期徒刑、拘役或者管制,可以并处罚金。"

最高人民法院在 1994 年 12 月颁布的《关于执行〈全国人民代表大会常务委员会关于禁毒的决定〉的若干问题的解释》中,将此罪称为"掩饰、

---

[1] Alison S. Bachus, "From Drugs to Terrorism: The Focus Shifts in the International Fight against Money Laundering after September 11, 2001", 21 *Arizona Journal of International & Comparative Law*, 2004, p.837.

[2] 《禁毒药物公约》引言。

隐瞒毒赃性质、来源罪"。从刑事立法的渊源上看,这是我国首次对洗钱罪进行刑事法律规制,标志着洗钱罪在我国刑事立法的出现。尽管这只局限于涉毒洗钱方面,但具有开创性的标杆意义。

第二节 1997年《刑法》:单独设罪

洗钱罪在我国《刑法》的专条设立,经历了一个认识上的转变过程,特别是中国人民银行关于增设洗钱罪的建议起了重要的作用。1996年7月,公安部在针对修改刑法分则的书面意见中,提出"增设洗钱罪"的立法建议,并且制定了详尽的草案意见。然而,在全国人大常委会法工委于1996年10月10日完成的《刑法修订草案(征求意见稿)》中,并没有出现洗钱罪的条文。在该草案征求意见过程中,中国人民银行和黑龙江省反馈的修订意见提出,在刑法分则中应增设洗钱罪。在充分吸收各方面意见的基础上,在全国人大常委会法工委于1997年1月10日起草的《中华人民共和国刑法(修订草案)》第182条中,第一次出现了洗钱罪的专门条文。[①]

我国八届全国人大五次会议在修订《刑法》时,考虑到:

> 很多国家的刑法对洗钱的犯罪行为作了规定,我国关于禁毒的决定中也对洗钱作了规定。目前,洗钱犯罪时有发生,并已不限于毒品犯罪。因此,草案对明知是毒品犯罪、黑社会性质的组织犯罪、走私犯罪的所得及其产生的收益,为掩饰、隐瞒其来源和性质而进行洗钱的行为规定了刑罚。[②]

在上述认识的基础上,1997年《刑法》在第191条专门设立了洗钱罪,奠定了该罪罪状与法定刑的基本模板。这具体表现在以下几个方面:

(1)关于洗钱罪的上游犯罪,该条基于严重的上游犯罪类型发展变化的态势,在《关于禁毒的决定》所规定的毒品犯罪之基础上,又列入了黑

---

① 参见高铭暄、赵秉志主编:《新中国刑法立法文献资料总览》(下),中国人民公安大学出版社1998年版,第1583、2178、2686页。

② 《关于〈中华人民共和国刑法〉(修订草案)的说明》(1996年12月24日),"十一、关于完备刑事法律条文问题"。

社会性质的组织犯罪、走私犯罪,由此形成上游犯罪的"三罪"鼎立格局。这也为后续的刑法修正案扩充上游犯罪的范围留下了"伏笔"。

(2)在客观方面,采取"列举式+兜底式"的立法技术,规定了下列五种洗钱的行为方式:第一,提供资金账户的;第二,协助将财产转换为现金、金融票据的;第三,通过转账或者其他结算方式协助资金转移的;第四,协助将资金汇往境外的;第五,以其他方法掩饰、隐瞒犯罪所得及其产生的收益的性质和来源的。

从行为性质看,前四种列举的方式可以概括为一个"提供"和三个"协助"。这表明洗钱罪属于帮助型犯罪,只能由上游犯罪本犯之外的第三方构成,排除了自洗钱的适用。从时空特征来看,洗钱行为均发生在通过金融机构的平台和载体进行金融交易的过程中。从比较视野分析,从 20 世纪 70 年代至 90 年代,鉴于在全球范围内的洗钱活动主要通过金融机构进行,而且手段比较单一,国际社会和世界主要国家将反洗钱的重心也放在金融机构上。可以说,《刑法》第 191 条所规定的上述行为方式是契合我国当时反洗钱的时代背景的。至于第五种"以其他方法"的行为方式,属于概括性的"兜底式"立法条款,意图覆盖将来可能发生的新的洗钱行为方式。

(3)在主观方面,使用"明知"的术语①,要求行为人必须出于故意,对源自上游犯罪的违法所得及其产生的收益加以掩饰、隐瞒其来源和性质。

(4)关于法定刑,对于自然人犯洗钱罪的,设置两档法定刑:构成犯罪的,处 5 年以下有期徒刑或者拘役,并处或单处罚金;情节严重的,则处 5 年以上 10 年以下有期徒刑,并处或单处罚金。对于单位犯洗钱罪的,采取"双罚制":对单位判处罚金,并对其直接负责的主管人员和其他直接责任人员,处 5 年以下有期徒刑或者拘役,但仅有一档量刑。在罚金刑上,采取倍比罚金刑的限额模式,规定并处或者单处洗钱数额 5% 以上 20% 以下罚金。

---

① 据统计,在 1997 年《刑法》中有 30 个条文在 33 处使用了"明知"的术语。

第三节　刑法修正案：三次修订

一、《刑法修正案（三）》：第一次修订

在"9·11"事件发生后仅三个月，针对恐怖活动出现的一些新情况，为了严厉打击恐怖活动犯罪，更好地维护国家安全和社会秩序，保障人民生命、财产安全[①]，全国人大常委会在反恐的刑事立法上进行快速的反应，在 2001 年 12 月通过了《刑法修正案（三）》。其中，第 7 条对洗钱罪进行了第一次修订，这具体表现为以下两个方面：

（1）在洗钱罪的上游犯罪范围中，增加"恐怖活动犯罪"。这主要是考虑到国际社会处在"9·11"事件发生后通力打击恐怖主义的新形势下，洗钱不仅被用于清洗主要来自非法毒品交易的犯罪收益，而且被国际社会公认为恐怖分子隐藏其收入和获取资金的渠道。[②] 我国是深受恐怖活动侵袭的国家，反恐要取得成功，就必须遏制恐怖融资行为，切断恐怖分子的融资活动。

（2）对于单位犯，鉴于过去的法定刑设置只有一档，对单位的直接负责的主管人员和其他直接责任人员，只能处 5 年以下有期徒刑或拘役，不利于严厉打击，故增加"情节严重"的档次，规定可处 5 年以上 10 年以下有期徒刑。

另外，《刑法修正案（三）》在第 4 条还增设了"资助恐怖活动罪"，作为《刑法》第 120 条之一。这均契合国际社会将反恐怖融资与反洗钱紧密相联的共识。

二、《刑法修正案（六）》：第二次修订

在我国《刑法修正案（三）》实施之后，清洗贪污贿赂犯罪、破坏金融管理秩序犯罪和金融诈骗犯罪的所得及其产生的收益的犯罪活动日益频

[①] 参见《关于〈中华人民共和国刑法修正案（三）（草案）〉的说明》（2001 年 12 月 24 日）。

[②] Alison S. Bachus, "From Drugs to Terrorism: The Focus Shifts in the International Fight against Money Laundering after September 11, 2001", 21 *Arizona Journal of International & Comparative Law*, 2004, p. 835.

繁,这不仅破坏我国金融管理秩序,而且危害经济安全和社会稳定。同时,在经济全球化和资本流动国际化的背景下,洗钱活动具有跨国性,国际社会也加强了反洗钱的国际合作。我国已经批准加入的《禁毒公约》《打击跨国有组织犯罪公约》和《反腐败公约》等国际公约,均明确要求各成员国在国内法中,将对毒品犯罪、腐败犯罪以及一些严重犯罪的所得及收益进行掩饰、隐瞒的行为犯罪化,予以惩治。① 此外,有关部门提出,许多贪污贿赂犯罪、金融犯罪的违法所得巨大,为其洗钱将严重破坏金融管理秩序,危害金融安全,对于为这两类犯罪洗钱的行为,应当依照洗钱犯罪追究刑事责任。经过全国人大常委会法工委与司法机关和有关部门的研究,拟在《刑法》第 191 条规定的洗钱罪的上游犯罪中,增加贪污贿赂犯罪和金融犯罪。②

此外,在国际社会方面,为了促进和加强各项措施,以便更加高效而有力地预防和打击腐败,2003 年 10 月 31 日,第 58 届联合国大会审议通过了《反腐败公约》。该公约在特别认识到腐败与洗钱的联系之基础上,强调反洗钱是反腐败工作不可或缺的组成部分,在预防、刑事定罪与执法、资产追回等机制中,均对防范和打击洗钱提出了相当周密的规范性要求。根据《反腐败公约》第 23 条第 2 款(b)项,该公约要求各缔约国至少应当将该公约确立的各类腐败犯罪列为上游犯罪。我国在 2003 年 12 月 10 日签署该公约,全国人大常委会于 2005 年 10 月 27 日予以批准。

在上述国内司法实践和国际公约的内外要求下,2006 年 6 月 29 日,十届全国人大常委会二十二次会议在《刑法修正案(六)》第 16 条中,对《刑法》第 191 条规定的洗钱罪进行了第二次修订。从规范层面看,这主要表现为以下几个方面:

(1)在既有的四类上游犯罪的基础上,继续扩张范围,增加了贪污贿赂犯罪、破坏金融管理秩序犯罪、金融诈骗犯罪等三种类型的犯罪,至此形成目前洗钱罪的七类上游犯罪框架。

(2)针对不法分子利用我国迅速发展的证券市场进行洗钱的新态势,细微地调整洗钱罪的行为方式内容,在《刑法》第 191 条原先列举的第

---

① 参见胡康生、郎胜主编:《中华人民共和国刑法释义》(第 3 版),法律出版社 2006 年版,第 290 页。
② 《关于〈中华人民共和国刑法修正案(六)(草案)〉的说明》(2005 年 12 月 24 日)。

二种洗钱方式"协助将财产转换"中,在转换的两种对象"现金、金融票据"之后,又增加了"有价证券"。

(3) 鉴于"犯罪所得及其产生的收益"已经蕴含着"违法"的性质,故对于上游犯罪的对象、没收对象和第五种行为方式"以其他方法掩饰、隐瞒"的对象,删除了三处"违法"的限定词,以便避免同义反复。

三、《刑法修正案(十一)》:第三次修订

如前所述,自我国 1997 年《刑法》设立洗钱罪以来,依托于反洗钱与打击上游犯罪和维护金融管理秩序的早期认识理念,上述两个刑法修正案对洗钱罪的修改焦点均集中在上游犯罪的"扩军"上。自 2014 年确立总体国家安全观后,我国对反洗钱重要性的认识开始发生质的提升,认为反洗钱是维护国家安全体系的重要组成部分,故从国家战略高度重视反洗钱,并且在顶层进行制度设计。2017 年 4 月,中央全面深化改革领导小组将"完善三反"机制列为深化改革的重点任务。不久,国务院办公厅发布《三反意见》,对反洗钱的重要性进行全新的界定,其中在第 10 条明确规定:"推动研究完善相关刑事立法,修改惩治洗钱犯罪和恐怖融资犯罪相关规定。"

为了落实上述关于反洗钱的顶层设计要求和路线图,我们必须在刑事立法上作出积极的反应。

从国际的外部环境看,从 2014 年至 2022 年,FATF 为了检视反洗钱和反恐怖融资工作的合规性和有效性,依据其在 2012 年修订发布的《40 项建议》,对所有成员展开第四轮互评估。2015 年 3 月,我国正式启动接受 FATF 互评估的准备工作。2018 年,FATF 组成国际评估团,对我国开展为期一年的互评估工作。这是在极端严峻的国际形势下,我国反洗钱工作所面临的又一场国际"大考",也是全面的"外部体检"[①]。2019 年 4 月,FATF 对我国反洗钱和反恐怖融资进行第四轮互评估之后,公布了技术合规性[②]的"打分成绩单":在 40 项评估项目中,我国有 6 项是"不合

[①] 参见刘宏华:《全力推动反洗钱工作向纵深发展》,载《中国金融》2020 年第 11 期。

[②] 在 FATF 的第四轮互评估体系中,包括"技术合规评级"(Technical Compliance Ratings),依据《40 项建议》的要求逐一进行,下设 40 个项目。至于评分,由高到低而分为四个等级:合规、大致合规、部分合规、不合规。

规",12 项为"部分合规"。其中,对于第 3 项核心项目"洗钱犯罪"(Money Laundering Offence)的评估打分为"部分合规"。① 根据 FATF 相关的程序要求,我国面临艰巨的后续整改任务。

同时,从 2019 年 7 月起,我国正式担任 FATF 的轮值主席并且顺利交接,而且先后担任了亚太反洗钱组织(Asia/Pacific Group on Money Laundering,APG)的联合主席、欧亚反洗钱与反恐怖融资组织(Eurasian Group on Combating Money Laundering and Financing of Terrorism,EAG)的主席,积极选派代表出任反洗钱国际组织的多个重要职务,深度参与国际洗钱的治理,并且发挥着重要的作用。由此可见,对互评估报告中指出的问题进行整改,并且在 FATF 后续评估报告将低分项目的评级上调至达标水平,不仅是遵守 FATF 评估程序规则的义务要求,而且直接关系到我国作为负责任国际大国的形象问题。为此,我国必须在刑事立法和司法层面解决洗钱犯罪化所存在的评估问题。

正是在以上国内和国际新形势的背景下,特别是为了在刑事立法中落实顶层设计中关于完善反洗钱法律制度的要求,履行我国对反洗钱国际互评估后的后续整改义务,在中国人民银行等有关部门的强烈建议下,《刑法修正案(十一)》对洗钱罪的相关规定进行了修订。

2020 年 6 月,十三届全国人大常委会二十次会议对《刑法修正案(十一)(草案)》进行第一次审议。由于相关部门的认识不统一,在向社会公众公开征求意见的第一次审议稿中,并没有出现对洗钱罪的修改内容。2020 年 10 月,十三届全国人大常委会二十二次会议对草案进行第二次审议。在 10 月 21 日公开征求社会公众意见的草案二审稿中,才出现修改洗钱罪的条文,这是相关部门经过多轮商讨研究后的结晶。2020 年 12 月 26 日,十三届全国人大常委会二十四次会议正式通过修正案的第三稿。该稿沿袭了二审稿中关于洗钱罪的内容。虽然这是在《刑法》第 191 条既有的模板上进行修订,在模式上并没有进行根本性的"大手术",但在自洗钱、行为方式、"明知"要件和罚金刑等具体内容上有重大的修订。

---

① FATF, *Anti-Money Laundering and Counter-Terrorist Financing Measures—People's Republic of China*, 4th Round Mutual Evaluation Report, April 2019, Effectiveness and Technical Compliance Ratings.

第四节 《刑法修正案(十一)》:立法发展和辐射影响

从静态的规范层面与动态的立法出发点进行多维考察,《刑法修正案(十一)》对洗钱罪设立以来的第三次修订,主要体现在四个重要方面。

一、自洗钱入罪:国际并轨后的最大"亮点"

(一) 规范解读与立法背景回溯

从规范层面看,如前所述,1997年《刑法》在第191条洗钱罪的罪状中,对于客观行为方式的叙述,采用了"提供(资金账户①)"和"协助(将资金转换、转移和汇往境外)"的帮助型语义结构;在主观方面,对于来源于上游犯罪的违法所得及其产生的收益之违法性认识,使用"明知"的术语。通过对这些语义结构和术语进行解读可以看出,由于上游犯罪的实施人("本犯")不存在所谓自己"帮助"本人的问题,其在主观上对于自己清洗的"黑钱"之性质和来源也是必然"明知"的,故从语义和逻辑方面解读这些内容,在表象上应无须规定或者属于"画蛇添足"。然而,从我国设立洗钱罪的时代背景和刑事政策出发,这说明我国《刑法》第191条在设置洗钱罪时规定的犯罪主体只能是处于第三方的自然人和单位(即"他犯"),即上游犯罪的"本犯"进行自洗钱时,不能构成洗钱罪。

对我国自1990年起对洗钱活动进行刑事立法的时代背景进行考察可知,联合国和世界主要国家基于打击毒品等上游犯罪的刑事政策需要,早已开始将反洗钱纳入一体化的打击范畴。例如,联合国考虑到贩运毒品与洗钱相互关联的情势,认为应当剥夺贩运者从其犯罪活动中获得的收益,因此在1988年的《禁毒公约》中专门设置了打击洗钱活动的条款。沿袭同样的思路,联合国在2000年通过的《打击跨国有组织犯罪公约》和2003年通过的《反腐败公约》中,继续将反洗钱法律制度和工作机制纳入打击跨国有组织犯罪和反腐败的框架,对反洗钱提出了系统和细致的要求。可以说,联合国虽然没有制定专门的反洗钱国际公约,但考虑到洗钱

---

① 我国《刑法》第191条所用术语为"帐户",由于此为"账"之旧意,故本书依据《现代汉语词典》统一替换为"账户"。同理,本书用"账号"替换了法条原文中的"帐号"。

与上游犯罪之间的紧密联系,在立足于打击毒品犯罪、跨国有组织犯罪和腐败犯罪的焦点问题上,已将反洗钱的专门条款"捆绑"在上述三个国际公约上。

再例如,美国反洗钱的立法原动力是遏制毒品交易。经过长期打击毒品的实践,美国认为有效打击毒品活动的最佳方法就是追踪和查获与毒品贸易联系在一起的赃款,从而剥夺其购买有关设施和腐蚀官员的物质能力[①],故从20世纪70年代起开始制定反洗钱的法律,将反洗钱作为打击贩运毒品、白领犯罪、有组织犯罪、腐败犯罪等各种犯罪活动的关键点,强调反洗钱是维护国家安全战略的重要组成部分,逐步形成了一系列严密的反洗钱法律体系。

与域外的立法思路相一致,我国也是在打击毒品犯罪的过程中转变策略的,认为反洗钱是对毒品犯罪等上游犯罪的"打财断血",有利于切断上游犯罪的"经济血脉"和利益驱动力,这是从摧毁经济基础的角度打击上游犯罪的最优策略,可以起到"釜底抽薪"的作用,故在刑事立法上专门针对上游犯罪的所得和收益设立了洗钱罪。从一定程度上说,洗钱罪的"出生通行证",就是基于打击毒品犯罪等上游犯罪的刑事政策考量。后来,为了完善我国反洗钱的罪名体系,我国刑事立法者侧重于通过局部修订的方式进行,以赃物犯罪为基础来构建洗钱犯罪规定。[②] 综上所述,正是考虑到洗钱罪与上游犯罪存在的紧密依附关系,在传统赃物罪的思路下,我国刑事立法者认为"本犯"实施洗钱是上游犯罪的延伸和后续行为,属于"不可罚的事后行为",故在《刑法》第191条中规定自洗钱不能独立入罪。

(二)国际压力:FATF 互评估的后续整改

FATF 对我国已经结束的两轮互评估均对自洗钱不能入罪的问题提出了批评,而且严重影响到对核心项目的评级。例如,在2007年的第三轮互评估报告中,FATF 认为我国忽略了洗钱犯罪的特殊性,提出自洗钱不能入罪的规定不利于打击洗钱活动,并且指出这是严重削弱我国反洗

---

① E. Nadelmann, "Unlaundering Dirty Money Abroad: U. S. Foreign Policy and Financial Secrecy Jurisdictions", 18 *The University of Miami Inter-American Law Review*, 1986, pp. 33-34.

② 中国人民银行反洗钱局课题组:《〈刑法〉洗钱犯罪法条竞合问题研究》,载《金融时报》2020年9月7日,第9版。

钱有效性的原因之一,故当时第 1 项建议和第 2 项建议关于洗钱犯罪化的评级为"部分合规"。① 在该轮互评估的后续整改中,由于我国许多部门的认识不一致,自洗钱不能入罪的问题并没有得到解决。

在 2019 年的 FATF 第四轮互评估报告中,我国有关部门向评估团提供了数据资料,指出中国大部分洗钱犯罪是上游犯罪分子自身所为,洗钱被理解为上游犯罪的后续行为而不能被独立定罪,应被上游犯罪的判决所吸收,故刑法不允许在起诉上游犯罪的同时对自洗钱行为提起诉讼,自洗钱情节只作为审判上游犯罪时的量刑考虑因素。同时,FATF 认为,既然有许多提案都提议将自洗钱入罪,并且被全国人大常委会法工委、最高人民法院、最高人民检察院、公安部、外交部、司法部、监察委、中国人民银行、海关总署等部门所考虑,这表明自洗钱不能入罪的做法是不符合法律的基本原则的。在上述判断的基础上,FATF 认定:我国洗钱犯罪化项目的诸多内容均为合规或大致合规,但自洗钱入罪的缺失,是技术合规性方面的"重大缺陷"(important deficiency),故第 3 项核心建议"洗钱犯罪"的评级是"部分合规"。② 为此,作为 FATF 的成员国和负责任的大国,我国面临着 FATF 公布第四轮互评估结果的后续整改压力,必须予以改进,否则将会严重影响我国在国际社会反洗钱框架中的形象。为了履行我国反洗钱的国际义务,国务院办公厅发布的《三反意见》第 10 条确定了"按照我国参加的国际公约和明确承诺执行的国际标准要求"之指引。据此,FATF 对我国自洗钱不能入罪的评价和建议就成为我们后续整改的参考路线图。

(三)国内要求:顶层设计的指引

如前所述,在我国从总体国家安全观的战略高度认识反洗钱之后,顶层制度设计的框架就确立了关于完善相关刑事立法、修改惩治洗钱犯罪相关规定的要求,特别是国务院办公厅发布的《三反意见》第 10 条明确规定"将上游犯罪本犯纳入洗钱罪的主体范围"。为了落实顶层设计的指引

---

① FATF, *First Mutual Evaluation Report on Anti-Money Laundering and Combating the Financing of Terrorism on the People's Republic of China*, 29 June 2007, para. 93 and 104.

② FATF, *Anti-Money Laundering and Counter-Terrorist Financing Measures—People's Republic of China*, 4th Round Mutual Evaluation Report, April 2019, Summary of Technical Compliance-Key Deficiencies and para. 105, Criterion 3.7 and Conclusion.

性要求,凸显我国对FATF互评估报告的后续整改措施,《刑法修正案(十一)》通过删除《刑法》第191条中表述客观行为方式的三个"协助"和"明知"等术语,解禁了洗钱罪只能由他犯构成的限制性框架,从而在保留该条款基本模块的基础上,"波澜不惊"地将自洗钱纳入洗钱罪的打击范围,表现出极高的刑事立法水准。

从法律意义上看,正如立法机关所言,自洗钱的单独入罪可以为有关部门有效预防、惩治洗钱违法犯罪以及境外追逃追赃提供充足的法律保障。① 这是《刑法修正案(十一)》对洗钱罪进行修订的最大"亮点",可谓在国际外在压力和国内顶层设计要求下的刑事立法反应,实属来之不易。

二、客观行为方式的修订:结构转型和完善方式

在洗钱罪的客观方面,1997年《刑法》第191条列举了五种具体的洗钱行为方式,聚焦在通过金融机构的平台进行"黑钱"转换、转移的具体手段。从《刑法修正案(十一)》的修订内容来看,是在既有的"列举式"模块上对第2、3、4项行为方式进行修改;对于第1项和第5项行为方式,则未作任何调整。这具体表现如下:

(一)结构转型:三个"协助"用词之删除

在《刑法修正案(十一)》颁行前,《刑法》第191条所列举的五种洗钱行为方式包括:"……(二)协助将财产转换为现金、金融票据、有价证券的;(三)通过转账或者其他结算方式协助资金转移的;(四)协助将资金汇往境外的;……"

上述三项行为方式均包括"协助"一词。据此可见,这三个"协助"用词在客观方面奠定了洗钱罪属于帮助型犯罪的结构,是自洗钱入罪的术语"路障"。如前所述,在《刑法修正案(十一)》确定自洗钱入罪的精神下,前提条件之一就是实现洗钱罪在帮助型犯罪模型上的转型。有鉴于此,《刑法修正案(十一)》删除了《刑法》第191条第2、3、4项内容中"协助"的术语,据此就可以在刑法解释层面将上游犯罪的本犯纳入洗钱罪的主体范畴。从静态层面对比修订前后的内容可以发现,这是在术语上修改洗

---

① 参见《关于〈中华人民共和国刑法修正案(十一)(草案)〉修改情况的汇报》(2020年10月13日)。

钱罪行为方式的鲜明共性。然而，从实质层面看，这是为洗钱罪的结构转型服务的，并且以此来达到自洗钱入罪的深层立法目的。

（二）完善有关洗钱行为方式的规定

其一，在列举的第三种洗钱行为方式"通过转账或者其他结算方式协助资金转移"之中，增加"支付"一词，据此将通过"地下钱庄"进行洗钱的突出问题纳入打击范围。

近年来，从事非法资金支付结算业务等涉地下钱庄的犯罪活动日益猖獗，刑事案件不断增多。地下钱庄已成为不法分子洗钱和转移资金的最主要通道，成为贪污腐败分子和恐怖活动的"洗钱工具"和"帮凶"，不仅严重扰乱金融市场秩序，而且严重危害国家金融安全和社会稳定。① 在FATF对我国进行第四轮互评估的现场座谈中，我国有关主管部门表示地下钱庄是长期重点关注的问题之一，已被我国识别为洗钱和恐怖融资相关的风险之一。这是因为地下钱庄为非法收益转往境外提供了便捷的渠道，是行为人将非法所得汇往境外的首选渠道。2016年，公安机关共破获地下钱庄案件380余起，抓获涉案人员800余人，涉案金额超过9000亿元。② 由此可见，"支付"一词在洗钱行为方式中的增加具有极为鲜明的针对性。

其二，为了加强国际合作和打击腐败犯罪，《刑法修正案（十一）》将洗钱罪中列举的第四种方式"协助将资金汇往境外"，修改为"跨境转移资产"，其所包含的内容更加丰富，具有鲜明的立法指向性。这具体表现在：

第一，在过去，所谓"协助将资金汇往境外"，仅是指把非法资金从境内转移到境外，这属于单向的转移；对比可见，"跨境转移资产"则属于双向的转移，意味着行为人将境外获取的非法资产转移到境内也符合洗钱罪的行为要件。这就覆盖了被派往境外工作的人员将在境外获取的"黑钱"移入境内的情形，有利于打击跨国犯罪的洗钱问题。

第二，从转移的行为对象看，"资金"一词被修订为"资产"。虽然两者仅有一字之差，但"资产"的外延要远大于"资金"，这会导致打击面完全不一样。

---

① 参见姜永义、陈学勇、陈新旺：《〈关于办理非法从事资金支付结算业务、非法买卖外汇刑事案件适用法律若干问题的解释〉的理解与适用》，载《人民法院报》2020年2月27日，第5版。

② FATF, *Anti-Money Laundering and Counter-Terrorist Financing Measures—People's Republic of China*, 4th Round Mutual Evaluation Report, April 2019, para. 115 and 185.

第三，从转移的手段看，"汇往"一词被修订为不强调具体手段的"转移"。从外延考察，"转移"的内容更为宽泛，不仅包含通过金融机构的正规汇兑途径进行的"汇往"，还包括替代性兑换、国际运输、国际邮寄、国边境的"水客"非法携带资金出入境等途径。

从修订上述内容的背景看，FATF对我国的第四轮互评估报告提出了资金非法出境是我国面临的主要风险。在FATF和亚太反洗钱组织对加拿大、澳大利亚、新加坡等国家发布的互评估报告中，这些国家均把来自中国的非法所得视为其风险来源之一。① 为了遏制和监测各种形式的洗钱活动，《反腐败公约》在第14条对缔约国赋予了反腐败预防机制中最具强制性的义务，要求各缔约国采取可行的措施，监测和跟踪现金和有关流通票据跨境转移的情况，并且在司法机关、执法机关和金融监管机关之间开展和促进全球、区域、分区域及双边合作。同时，反洗钱历来是国际合作的重点领域之一。为了全方位地预防和打击洗钱活动，遏制各种形式的洗钱，联合国在《打击跨国有组织犯罪公约》和《反腐败公约》中均要求缔约国在国家和国际层面开展合作和交换信息。再例如，在FATF制定的历次《40项建议》版本里，"加强国际合作"一直都是一个独立的重要章节。

依据我国反腐败的实践现状，腐败分子将非法所得通过各种途径转移到境外，是常见多发甚至带有规律性的现象。为此，我国有针对性地积极开展海外追赃，发动"猎狐""天网"等专项行动。根据国家监察委发布的数据，从2014年至2020年6月，我国共从120个国家和地区追回外逃人员7831人，追回赃款196.54亿元。② 根据中央纪委国家监委公布的最新权威数据，2023年1月至6月期间，全国共追回外逃人员582人，其中"红通人员"25人，"百名红通人员"1人，追赃金额约19.32亿元人民币。③ 另外，《中国反洗钱战略》将"全力追偿境外犯罪收益"作为8个具体目标之一，提出充分利用反洗钱国际平台，发挥金融情报作用来推动追

---

① FATF, *Anti-Money Laundering and Counter-Terrorist Financing Measures—People's Republic of China*, 4th Round Mutual Evaluation Report, April 2019, para. 216.

② 参见张胜军：《从120多个国家和地区追回外逃人员7831人 反腐追逃 一追到底》，载中央纪委国家监委网站，http://www.ccdi.gov.cn/toutiao/202011/t20201109_229634.html，最后访问时间：2023年3月7日。

③ 参见《上半年全国共追回外逃人员582人 追赃19.32亿元》，载《湖南法治报》2023年7月22日，第1版。

赃工作。正是着眼于上述反洗钱国际合作和我国反腐败的现实需要,《刑法修正案(十一)》与时俱进地调整了对洗钱行为方式的规定。

三、"明知"术语的删除:立法旨趣与理解适用

对比《刑法修正案(十一)》对《刑法》第191条的修改,明显可以看出删除了原来罪状中的"明知"术语。如前所述,行为人对于源于自己实施的上游犯罪的"黑钱"之性质和来源,是理所当然"明知"的,这实际上在主观方面排除了自洗钱能够入罪的解释余地。从立法技术上看,《刑法修正案(十一)》对"明知"术语的删除,主要是出于将自洗钱入罪的立法考量,这与在客观方面删除三个"协助"术语的立法目的是一致的。

从我国反洗钱的司法实践看,对"明知"的认定是客观存在的技术难题,一直是取证和认定中最为棘手问题,严重制约了司法机关对洗钱犯罪的查处,这也是对洗钱犯罪判决数量少的重要原因之一。洗钱犯罪的微小判决数量与上游犯罪的庞大数量形成了巨大的反差,使得国际社会对我国反洗钱工作的整体有效性产生了疑问。[①] FATF于2019年4月发布的对我国第四轮互评估报告指出,鉴于对洗钱罪的判决数量有限,而这主要是由于难以证明洗钱罪成立所必需的"明知"要件,我国有关主管部门也表示构成洗钱罪的"明知"要素是一个挑战,建议我国"降低明知的认定标准"(reducing the knowledge threshold to a lesser standard)。[②]

需要指出的是,《刑法修正案(十一)》删除"明知"术语,并不意味着对洗钱罪的司法认定就不需要考虑主观要件,否则会陷入"客观归罪"的泥潭。联合国颁布的《禁毒公约》《打击跨国有组织犯罪公约》和《反腐败公约》均规定了"明知"等主观要件作为洗钱罪的构成要素,可以根据客观事实情况予以推定,并没有因为基于打击需要而完全取消洗钱罪的主观构成要素。这也得到了FATF对我国第四轮互评估报告的认可。[③] 有鉴于此,在我国目前规定自洗钱入罪的法定情形下,对于洗钱罪在主观方面的

---

① 参见中国人民银行反洗钱局课题组:《完善反洗钱法律制度研究》,中国金融出版社2020年版,第178—180页。
② FATF, *Anti-Money Laundering and Counter-Terrorist Financing Measures—People's Republic of China*, 4th Round Mutual Evaluation Report, April 2019, para. 184 and 186.
③ Ibid., Criterion 3.8.

认定,可以分为"自洗钱"与"他洗钱"两种类型来理解适用:在"自洗钱"的情形下,不存在对主观认知的证明问题。但是,在"他洗钱"的情况下,依然需要证明主观认知的成立。

四、取消限额罚金制:加大经济性惩治力度

我国刑法对于罚金刑的规定,可以分为限额罚金制与无限额罚金制。在1997年《刑法》中,对于经济犯罪的限额罚金刑的设置比较普遍地采用了倍比罚金制与百分比罚金制,例如处以"违法所得一倍以上五倍以下的罚金",或者诸如《刑法》第191条对洗钱罪采用的百分比罚金制模式:

> 没收实施以上犯罪的所得及其产生的收益,并处或者单处洗钱数额百分之五以上百分之二十以下罚金;情节严重的,并处洗钱数额百分之五以上百分之二十以下罚金。

为了遏制经济犯罪的利益驱动力,有针对性地提高行为人实施犯罪的经济成本是各国在刑事政策和刑事立法中的通行做法。这主要表现在罚金刑的设置上。从刑事立法的发展轨迹看,为了提高违法犯罪人的经济成本,2011年通过的《刑法修正案(八)》(2011年)开始修改生产、销售假药、有毒有害食品、不符合安全标准的食品罪等经济犯罪的罚金制,将过去并处"销售金额百分之五十以上二倍以下的罚金",修改为"并处罚金",即从限额罚金制中的倍比罚金制与百分比罚金制,修改为无限额罚金制,以此从财产刑方面加大惩治的力度,彻底遏制经济犯罪人的利益驱动力。这种刑事立法思路的转变,在《刑法修正案(十一)》修改洗钱罪和其他金融犯罪的罚金刑时也得以体现。

需要指出的是,对于《刑法》第191条在洗钱罪法定刑中的"没收实施以上犯罪的所得及其产生的收益"之规定,《刑法修正案(十一)》予以保留,因为这是遏制洗钱犯罪分子的利益驱动力之重要举措。根据有关数据,从2013年至2017年,在依据《刑法》第191条定罪的判决中,罚款及追回犯罪收益共计1.42亿元人民币。有鉴于此,FATF的第四轮互评估报告认为我国正加大力度将没收作为打击洗钱和相关上游犯罪的有效措施,并成功从境外司法管辖区追回犯罪收益,其成果值得肯定,故对于第8个直接目标"没收"(Confiscation)的有效性进行评估后,认为在整体上符合对风险的理解,给予"较高"①的评级。同时,第 4 项建议"没收与临时措施"的技术合规评级则是"合规"。与此相对比,在 2007 年的第三轮互评报告中,FATF 对该项建议的评级为"大致合规"。② 据此可见,我国在对洗钱罪进行经济性惩治方面取得了重大的进步。

综上所述,《刑法修正案(十一)》对洗钱罪的重大修订如表 3-1 所示:

表 3-1 《刑法修正案(十一)》对洗钱罪的重大修订

《中华人民共和国刑法》	《刑法修正案(十一)》 (2021 年 3 月 1 日起施行)
第一百九十一条【洗钱罪】~~明知~~是毒品犯罪、黑社会性质的组织犯罪、恐怖活动犯罪、走私犯罪、贪污贿赂犯罪、破坏金融管理秩序犯罪、金融诈骗犯罪的所得及其产生的收益,~~为掩饰、隐瞒其来源和性质~~,有下列行为之一,没收实施以上犯罪的所得及其产生的收益,处五年以下有期徒刑或者拘役,并处或者单处~~洗钱数额百分之五以上百分之二十以下~~罚金;情节严重的,处五年以上十年以下有期徒刑,并处~~洗钱数额百分之五以上百分之二十以下罚金~~: (一)提供资金账户的; (二)~~协助~~将财产转换为现金、金融票据、有价证券的; (三)通过转账或者其他结算方式~~协助资金转移~~的; (四)~~协助~~将资金汇往境外的; (五)以其他方法掩饰、隐瞒犯罪所得及其收益的来源和性质的。 单位犯前款罪的,对单位判处罚金,并对其直接负责的主管人员和其他直接责任人员,~~处五年以下有期徒刑或者拘役;情节严重的,处五年以上十年以下有期徒刑~~。	第一百九十一条【洗钱罪】为掩饰、隐瞒毒品犯罪、黑社会性质的组织犯罪、恐怖活动犯罪、走私犯罪、贪污贿赂犯罪、破坏金融管理秩序犯罪、金融诈骗犯罪的所得及其产生的收益的来源和性质,有下列行为之一,没收实施以上犯罪的所得及其产生的收益,处五年以下有期徒刑或者拘役,并处或者单处罚金;情节严重的,处五年以上十年以下有期徒刑,并处罚金: (一)提供资金账户的; (二)将财产转换为现金、金融票据、有价证券的; (三)通过转账或者其他支付结算方式转移资金的; (四)跨境转移资产的; (五)以其他方法掩饰、隐瞒犯罪所得及其收益的来源和性质的。 单位犯前款罪的,对单位判处罚金,并对其直接负责的主管人员和其他直接责任人员,依照前款的规定处罚。

---

① 在 FATF 的第四轮互评估体系中,包括"有效性"评级模块,下设 11 个"直接目标"。至于评分,由高到低而分为四个等级:高、较高、中等、低。
② FATF, *Anti-Money Laundering and Counter-Terrorist Financing Measures—People's Republic of China*, 4th Round Mutual Evaluation Report, April 2019, para. 195-222 and Criterion 4.1.

第四章 新时代我国惩治洗钱罪的国内外背景

洗钱不是一个多发的犯罪类型,但洗钱的规模和深度却日益加剧。在我国,对反洗钱重要性的认识,从早期传统意义上的损害金融机构声誉和腐败滋生的温床,逐渐提升到推进国家治理体系和治理能力现代化、维护经济社会安全稳定的整体战略高度,并且在顶层进行了特别的制度设计,明确反洗钱是国家治理体系和治理能力现代化的重要内容。同时,我国积极融入国际反洗钱的合作框架,认为这是我国参与全球治理体系的重要抓手之一,深入参与反洗钱国际标准的研究、制定和监督执行。形象地说,反洗钱恰如一个"八爪鱼"式的连接点,将经济安全、金融安全、社会安全、国际合作、打击恐怖主义等许多非传统国家安全问题联系在一起,其中诸多内容恰恰是总体国家安全的有机组成部分,反洗钱由此贯穿于实现总体国家安全的多个层面和进程始终,参与到国家治理的许多方面,成为践行和落实总体国家安全观的重要环节和抓手。

第一节 双重审视:洗钱罪的侵害法益

法益理论揭示刑事违法性的实质,是犯罪论体系中的重要分析工具,不仅直接关系到对某个犯罪的危害性认识,而且涉及对该罪的刑事治理反应。同时,在司法实践中,法益理论也成为定性分析的一把"手术刀"。例如,在惩治洗钱罪的司法实践中,有的法官认为洗钱罪位列破坏金融管理秩序罪,成立洗钱罪就要求其行为必须造成对国家金融管理秩序的侵害,这是构成该罪客体要件的必然要求。如果行为人所实施的掩饰、隐瞒行为并未侵犯国家的金融监管秩序,则不能认定洗钱罪。① 可以说,侵害法益是洗钱罪的基础问题之一,需要我们进行多维度的审视。

一、概览:刑法教义学层面的研究观点

对于洗钱罪的侵害法益,在德国学术界存在争议。立足于立法理由以及洗钱罪的构成要件结构,德国的通说采取"二元的法益论":国内刑事司法所应履行的消除犯罪行为影响的任务,以及保护上游犯罪所直接侵害的法益。②

在我国1997年修订《刑法》的过程中,利用银行类等金融机构进行洗钱是一种最常用的方法,严重扰乱金融管理秩序,因此有些部门(主要是中国人民银行)提出,当时已经出现有些贩毒、走私的犯罪分子通过存款、投资等方式来掩饰、隐瞒犯罪所得财物的非法性质和来源的洗钱行为。③据此,我国立法者认为洗钱罪侵犯的客体是金融管理秩序,故在立法体系上将洗钱罪归类在分则第三章的第四节"破坏金融管理秩序罪",并且在《刑法》第191条列举洗钱罪的行为方式时,将前四项界定为通过金融机构的平台来转换、转移"黑钱"。在实然规定的基础上,刑法学界通常认为洗钱罪的犯罪客体是国家金融管理秩序。④ 这种认识契合我国和国际社会当时所处的反洗钱时代背景。

随着金融机构反洗钱机制的严密,金融机构不再是洗钱的唯一渠道,洗钱活动开始向非金融机构渗透,表现出洗钱领域的不断拓宽趋向。有鉴于此,有学者不再将洗钱罪的侵犯客体局限在金融管理秩序,逐渐形成"复杂客体"的通说,认为洗钱罪"侵犯的客体是复杂的、多重的客体,一般认为其破坏了金融秩序、公共安全秩序和司法机关的正常活动"⑤;"具有独立于上游犯罪的法益侵害性,不仅妨害司法而且破坏了国家金融管理

---

① 参见中华人民共和国最高人民法院刑事审判第一、二、三、四、五庭主办:《中国刑事审判指导案例》(第2卷),法律出版社2009年版,第156页。
② 参见王芳凯:《评介德国洗钱罪的最新修正》,载《月旦法学杂志》2022年9月第328期。
③ 参见《关于〈中华人民共和国刑法(修订草案)〉修改意见的汇报》(1997年2月19日)。
④ 参见杨春洗、杨敦先主编:《中国刑法论》(第2版),北京大学出版社1998年版,第381页。
⑤ 周振想主编:《金融犯罪的理论与实务》,中国人民公安大学出版社1998年版,第217页。

秩序"①。也有学者认为洗钱罪的本质在于使违法所得及其产生的收益得以存续和维持,从而妨害刑事侦查和诉讼,使司法机关无法追缴犯罪所得,因此只有司法机关的正常活动,才是洗钱罪的保护法益。②

张明楷教授在整理既有研究成果的基础上,通过综述和阐释"通说观点"采取的复杂客体说和"少数观点"的单一客体说,认为两种观点都存在难以克服的缺陷,最后明确地提出自己的观点:洗钱罪的保护法益③是双重法益,其中金融管理秩序是洗钱罪的主要法益,上游犯罪的保护法益则是洗钱罪的次要法益。④ 本书赞同张明楷教授将我国关于洗钱罪侵害法益的繁多观点划分为两大阵营,这不仅在理论轮廓上清晰扼要,而且符合形式逻辑的二分法。但是,细解张明楷教授关于洗钱罪的"双重法益说"可以看出,其在理论框架上基本等同于"复杂客体说",只是在其中的内容元素上有所差异。具体而言,张明楷教授依据实然规定,认为由于刑法将洗钱罪规定在"破坏金融管理秩序罪"一节,故"金融管理秩序"应当是洗钱罪的主要法益,这是之前众多学术观点中达成共识的内容,张明楷教授也予以沿袭和进行强化论证。与此同时,张明楷教授旗帜鲜明地反对将"司法机关的正常活动"作为洗钱罪的保护法益,并且置换为"上游犯罪的保护法益"。从洗钱罪与上游犯罪在早期存在紧密联系的视角,本书赞同张明楷教授的该种观点。

但是,张明楷教授在论证洗钱罪还包括上游犯罪的保护法益时提出:"刑法将毒品犯罪、走私犯罪、贪污贿赂犯罪、破坏金融管理秩序犯罪、金融诈骗犯罪这 5 类犯罪规定为洗钱罪的上游犯罪,就是为了防止行为人再次或者持续、连续实施这些犯罪。这同样说明,洗钱罪针对这 5 类犯罪具有预备罪的性质,即洗钱行为同时也是这 5 类犯罪的预备行为。"⑤对

---

① 安汇玉、汪明亮:《自我洗钱行为当罚性分析》,载《苏州大学学报(法学版)》2020 年第 3 期。
② 参见李云飞:《洗钱危害的二维性及对客体归类的影响》,载《中国刑事法杂志》2013 年第 11 期。
③ 在我国刑法学界,包括张明楷教授在内的多位学者在阐述某一个罪时,都习惯地使用"××罪的保护法益",笔者认为,虽然读者可以理解其义,但从严谨的语法角度看,"保护法益"的前缀词不应是某罪,只能是刑法或者立法者设置该罪的旨趣。对于某罪针对的对象而言,只能是"侵害法益"。
④ 参见张明楷:《洗钱罪的保护法益》,载《法学》2022 年第 5 期。
⑤ 张明楷:《洗钱罪的保护法益》,载《法学》2022 年第 5 期。

此,本书持有异议。鉴于篇幅的限制,本书暂且不讨论张明楷教授关于洗钱罪具有针对法定上游犯罪"预备罪性质"之新颖观点,重点从洗钱罪的对象属性来切入商榷。

作为下游犯罪,洗钱罪与上游犯罪存在非常紧密的联系。从罪状的表述看,洗钱罪的行为对象是犯罪所得和犯罪收益,是指行为人实施法定的上游犯罪活动而直接或间接产生、获取的任何资产或者财产性利益。①如果没有上游犯罪所产生的犯罪所得和犯罪收益,则不存在洗钱罪的行为对象,又何谈洗钱罪的成立?最高人民检察院在惩治洗钱犯罪典型案例的"马某益受贿、洗钱案"中,明确指出:

> 洗钱罪是在上游犯罪完成、取得或控制犯罪所得及其收益后实施的新的犯罪活动,与上游犯罪分别具有独立的构成。②

因此,从时空特征看,洗钱罪作为下游犯罪,必须发生在本犯实施上游犯罪完毕之后,两者不能错位或者倒置。例如,国家工作人员实施贪污罪之后,才能产生犯罪所得(公款)。只有当该国家工作人员将所贪的公款加以转移或者转换时,方能涉嫌成立洗钱罪。至于预备行为,在构造结构上要求是"为了犯罪",这表明预备行为发生在实行行为之前。由此可见,洗钱罪难以成为上游犯罪的预备行为。张明楷教授关于"洗钱行为同时也是这5类犯罪的预备行为"的立论,似乎混淆了洗钱罪的对象属性。另外,洗钱罪的罪质构造在于行为人切断了"黑钱"源自上游犯罪的来源和性质,有的行为人进行洗钱活动是为了支配、享用从上游犯罪中获取的犯罪所得及其产生的收益,并不是"为了犯罪"制造条件,故也难以将其划入法定上游犯罪的预备行为。

最后,俯瞰和综述上述刑法学术界关于洗钱罪侵害法益的诸多观点,我们可以将其归纳为在刑法教义学层面"管中窥豹"的微观讨论。在此基础上,从国际社会和我国打击洗钱的认识变化之维度,我们还需要从更高的层次来研究洗钱罪的侵害法益,分析洗钱罪与危害国家安全相联系的

---

① 参见王新:《洗钱罪的司法认定难点》,载《国家检察官学院学报》2022年第6期。
② 孙风娟、柴春元:《"自洗钱"首次入选最高检典型案例》,载《检察日报》2022年11月4日,第1版。

新型关系,认识到洗钱罪在侵害法益上的巨大转型,以便深刻理解当前打击洗钱罪的"大气候",契合当前反洗钱的政治站位。

二、反洗钱的认识转变:从依附到独立

从洗钱的产生渊源看,洗钱是毒品犯罪、跨国有组织犯罪和腐败犯罪三类上游犯罪所衍生的"怪胎"。国际社会为了遏制日趋猖獗的犯罪态势,强调反洗钱是不可或缺的组成部分,由此将反洗钱法律制度和工作机制纳入打击上游犯罪的框架。可以说,早期的反洗钱是服务于打击毒品犯罪等重大的上游犯罪的,体现出对洗钱的依附性之认识。

随着洗钱的日益发展,洗钱开始被国际社会公认为"冷战"之后典型的"非传统国家安全问题"之一。[1] 据此,国际社会和许多国家不断调整反洗钱的战略和措施。例如,欧洲委员会将洗钱明确地列为危害其宗旨的犯罪类型,认为其致力于保护人权、民主、法律秩序和加强欧洲国家间合作的宗旨日益受到威胁,故在1990年颁布公约来打击洗钱。欧盟也日益认识到洗钱对成员国构成严重的威胁,从1991年起陆续通过了若干个指令来预防洗钱。[2] 特别是"9·11"事件发生后,在国际社会通力打击恐怖主义的大形势下,基于反洗钱与打击恐怖主义、反恐怖融资的密切交织联系,洗钱被公认为恐怖分子隐藏其收入和获取资金的渠道,由此国际社会和许多国家的反洗钱理念急剧转变,认为反洗钱的重心是不让恐怖组织进入国际金融体系,摧毁恐怖分子融资的能力,故开始调整传统的反洗钱策略,将打击洗钱的重心从毒品犯罪、跨国有组织犯罪和腐败犯罪等上游犯罪转变为恐怖融资。例如,美国强调反洗钱和反恐怖融资是维护国家安全的重要组成部分,遏制恐怖分子和有组织罪犯滥用金融体系是美国的短期和长期战略任务。[3]

综上所述,面对洗钱危害性的裂变,国际社会和许多国家在立法上跳出洗钱依附于上游犯罪的传统思维模式,将反洗钱提升到维护国家安全和国际政治稳定的整体战略高度,洗钱罪由此具有自己独立的侵害法益。

---

[1] 参见欧阳卫民:《反腐败、反洗钱与金融情报机构建设》,法律出版社2006年版,第18页。
[2] 参见《关于防止利用金融系统进行洗钱的指令》(91/308/EEC),序言。
[3] 参见美国2000年和2003年《国家反洗钱战略》,前言。

换而言之，洗钱作为一种普通犯罪，已经发展出与危害国家安全相联系的新型关系，呈现出在侵害法益上的巨大转型。有鉴于此，我们对于洗钱危害性的理解，不应再滞留在早期的依附性认识上，否则难以切实转变"重上游犯罪，轻洗钱犯罪"的传统理念。

第二节　顶层设计：反洗钱与总体国家安全观

国家安全是一个国家存在和发展的根本性政治基础和物质基础。我国在坚决维护国家主权、统一和领土完整、政权安全等传统国家安全的基础上，面对国内外局势变化所带来的多种国家安全风险，又与时俱进地将经济安全、金融安全、社会安全、科技安全等新型安全问题纳入非传统国家安全的范畴，从而形成了总体国家安全观的丰富内涵，并且在此指导下，陆续制定和修改了一系列维护国家安全的法律，例如《国家安全法》《反恐怖主义法》《反间谍法》等，其中也包括与国家安全紧密相关的刑事法律在内。

作为维护国家安全的行动指南，总体国家安全观在巩固经济安全、防范化解金融风险、打击恐怖主义等方面具有重大的指导意义。反洗钱直接涉及经济安全、金融安全、社会安全等多个领域，与经济、金融、国际政治和合作均紧密地"捆绑"在一起，已经提升到国家安全战略层面，成为落实总体国家安全观的重要组成部分。

一、指南：总体国家安全观的内涵

在20世纪90年代前期，我国对于国家安全的认识仅局限于传统的国家安全问题，即领土完整、国家主权和政权不受侵犯和危害。与此相适应，在刑事法律保护上，这主要体现在《刑法》分则第一章"危害国家安全罪"的传统罪名设置上。后来，随着国际和国内新形势的复杂变化，我国国家安全面临着全新的挑战，诸如经济、金融、科技等非传统领域的安全问题日益凸显，成为维护我国国家安全必须重点解决的新问题，这就需要从国家安全整体战略的高度进行积极的应对，以便深化我们对于国家安全的多层次理解。

为了顺应国家安全形势变化的新趋势，鉴于当前我国国家安全的内涵和外延更为丰富,内外因素更加复杂,而保证国家安全是头等大事,2014年4月,在国家安全委员会成立的第一次会议上,习近平总书记明确提出和系统论述了"总体国家安全观"的概念,要求必须坚持总体国家安全观,他指出:以人民安全为宗旨,以政治安全为根本,以经济安全为基础,以军事、文化、社会安全为保障,以促进国际安全为依托,走出一条中国特色国家安全道路。①

在贯彻落实总体国家安全观时,必须既重视传统安全,又重视非传统安全,构建集政治安全、国土安全、军事安全、经济安全、文化安全、社会安全、科技安全、信息安全、生态安全、资源安全、核安全等十一项内容于一体的国家安全体系。

2015年7月1日,为了将总体国家安全观的理念落实到法律层面,我国颁布了新的《国家安全法》,其中第2条将国家安全定义为:

> 国家政权、主权、统一和领土完整、人民福祉、经济社会可持续发展和国家其他重大利益相对处于没有危险和不受内外威胁的状态,以及保障持续安全状态的能力。

与过去将"国家安全"界定为政治和国土安全相比较,上述定义明显扩大了其外延,将经济安全、文化安全、科技安全、网络空间安全等纳入范围,具有"大安全"的特征,符合总体国家安全观的理念。

同时,《国家安全法》在第二章"维护国家安全的任务"中,进一步拓展了国家安全的内涵和外延,将国家安全的组成元素细分为国体政体、国土主权、军事、经济、金融、资源能源、粮食、文化、科技、信息网络、民族、宗教、反恐怖主义和极端主义、社会、生态环境、核技术、外层空间、海外利益等多种类型。这些子系统既包括国内安全与国外安全,也涵盖传统安全与非传统安全,形成一个全方位、多层次的国家安全体系架构。《国家安全法》在第20条和第28条,特别将金融安全、反恐怖主义等问题单独列为国家安全的组成内容,与先前所列举的十一项国家安全事项相比较,又是一个重大的进步和新发展,回应了新时代下维护国家安全的新挑战。

---

① 《坚持总体国家安全观 走中国特色国家安全道路》,载《人民日报》2014年4月16日,第1版。

（一）金融安全与总体国家安全观

金融很重要，是现代经济的核心。金融搞好了，一着棋活，全盘皆活。①

金融是优化社会资源配置的核心手段，对国民经济发挥着造血机能与血液循环机能。通过资金融通的有力支持、金融数据的提前预警和反制手段的主动出击，金融成为新时代下国家安全的实现手段和重要支撑，是践行总体国家安全观的核心路径。同时，金融不仅是国家安全的一个子系统，更是贯穿于实现总体国家安全的各个层面和进程始终。正是鉴于金融安全是国家安全的重要组成内容，直接关系到我国的总体国家安全，《国家安全法》将金融安全从原先隶属的经济安全的体系中独立出来，单列为国家安全的一个要素，在第20条规定：

> 国家健全金融宏观审慎管理和金融风险防范、处置机制，加强金融基础设施和基础能力建设，防范和化解系统性、区域性金融风险，防范和抵御外部金融风险的冲击。

在巩固金融安全和防范化解重大金融风险方面，反洗钱能够发挥独特的功能，成为落实总体国家安全观的重要组成部分。具体而言，反洗钱通过要求义务主体开展有效的客户尽职调查、发现与监测大额交易和可疑交易，可从资金流动中发现异常和可疑资金，增进经济金融交易的规范化和透明度。② 同时，反洗钱围绕风险的事先预警、事中监测和事后追踪，也有利于及时发现经济犯罪的线索，在防控跨境资金流动风险方面发挥了重要的作用。

（二）反恐怖主义与总体国家安全观

自"9·11"事件之后，恐怖融资已经成为恐怖主义的一部分，洗钱则成为恐怖分子隐藏其收入和获取资金的渠道。据此，国际社会和许多国

---

① 《邓小平文选》（第3卷），人民出版社1993年版，第366页。
② 参见刘国强：《维护国家金融安全　全面推进反洗钱事业》，载《人民日报》2019年7月15日，第10版。

家都达成共识,认为资金链是恐怖组织运营的"血液",必须切断其经济来源,反洗钱和反恐怖融资是反恐斗争中必不可少的组成部分。

我国也是深受恐怖活动侵袭的国家。据不完全统计,从 2011 年到 2016 年,我国共发生恐怖袭击事件 75 起,造成 545 人死亡。主要的冲突地区和政府关注的重点是中国西北部的新疆,但恐怖袭击事件也发生在全国其他地区。[①] 面对这种情形,我国将反恐怖主义纳入国家安全战略并确立总体国家安全观的导向作用,是反恐怖主义斗争的现实需要和大势所趋。作为维护国家安全任务的重要组成部分,在反恐怖主义的立法规制、执法与司法操作等各个层面,必须坚持总体国家安全观。[②] 有鉴于此,《国家安全法》第 28 条规定:

> 国家反对一切形式的恐怖主义和极端主义,加强防范和处置恐怖主义的能力建设,依法开展情报、调查、防范、处置以及资金监管等工作,依法取缔恐怖活动组织和严厉惩治暴力恐怖活动。

2015 年 12 月 27 日,我国通过《反恐怖主义法》,其第 4 条明确将反恐怖主义纳入国家安全战略,要求运用政治、经济、法律、文化、教育、外交、军事等手段开展反恐怖主义工作。

(三)国际合作与总体国家安全观

在实现总体国家安全观的路径中,"以促进国际安全为依托"是重要的支点。同时,在总体国家安全观的子系统中,国外安全也是必不可少的组成内容。在当今国际社会,参与国际规则和标准的制定,是各国维护其自身利益的重要环节,也是世界有影响力的大国推行其安全理念的重要手段。[③] 面对诸多国际治理和安全问题,谁主导规则的设计和制定,谁就能对规则走向产生重大影响。针对恐怖主义、洗钱等跨国问题,我国积极参与全球安全治理,就相关国际规则的制定与发展提出中国方案,将国家

---

① FATF, *Anti-Money Laundering and Counter-Terrorist Financing Measures—People's Republic of China*, 4th Round Mutual Evaluation Report, April 2019, Risks and General Situation, para. 3.
② 参见冯卫国:《总体国家安全观与反恐对策思考》,载《理论探索》2017 年第 5 期。
③ 参见王燕之:《中国反洗钱国际合作进入了一个新的历史发展时期》,载《中国金融》2007 年第 15 期。

利益体现在国际标准中,从而有效地维护国家安全。

洗钱与恐怖融资、恐怖活动密切交织,对人类社会的可持续发展构成严重威胁。基于对洗钱危害性的认识,反洗钱是当今国际合作的重点领域之一,联合国以及国际货币基金组织、世界银行、巴塞尔银监会、沃尔夫斯堡金融机构集团等重要的国际性金融组织通过了一系列公约、指令、声明、指南和建议等反洗钱的规范性文件,国际合作是其中必不可少的核心内容。例如,为了全方位地预防和打击洗钱活动,遏制和监测各种形式的洗钱,《打击跨国有组织犯罪公约》和《反腐败公约》均要求缔约国在国家和国际层面开展合作和交换信息,在司法机关、执法机关和金融监管机关之间开展和促进全球、区域、分区域及双边合作。再例如,作为全球反洗钱和反恐怖融资的最具权威性的文件,FATF 制定的《40 项建议》在体例架构上,将"加强国际合作"列为独立的章节,要求与反洗钱和反恐怖融资有关的行政部门和执法部门开展广泛的国际合作。

对于我国而言,参与全球治理,就要求全面提高反洗钱工作的水平,这直接影响金融机构在全球市场的参与度和竞争力,也影响我国在国际金融治理体系中的话语权。有鉴于此,我国在参与许多国际多边合作机制的同时,为了使反洗钱工作融入国际合作框架,积极寻求加入 FATF,在 2007 年 6 月 28 日成为正式成员,这标志着我国可以参与制定国际反洗钱和反恐融资的通行国际标准,有利于我国深入进行反洗钱和反恐怖融资的国际合作。

二、与时俱进:我国提升反洗钱重要性认识的"三级跳"

对于洗钱的危害性,在早期,我国监管部门将其狭义地与金融机构联系在一起,认为洗钱损害银行的稳定和公众对银行的信任,认为反洗钱与金融机构的安全性、流动性有着直接的联系,进而与金融机构实现利润最大化的经营目标有着直接的联系。[①] 后来,我国拓展了对反洗钱重要性的认识,认为洗钱与产生经济利益的违法犯罪活动相伴共生,不仅破坏市场经济活动的公平公正,妨碍有序竞争,损害金融机构声誉和正常经营,

---

① 参见欧阳卫民:《依法履行报告义务,共同打击洗钱犯罪》,载《金融时报》2004 年 8 月 1 日,第 1 版。

威胁金融体系的安全稳定,而且是腐败滋生的温床。在总体国家安全观确立后,我国开始从国家战略高度来认识反洗钱问题,并且在顶层进行制度设计,反洗钱的机制也发生转型升级,认为反洗钱是推进国家治理体系和治理能力现代化、维护经济社会安全稳定的重要保障。

综上可见,我国对反洗钱重要性的认识发生了"三级跳":从最初维护金融机构的稳定和声誉之最狭义的理解,发展到洗钱与产生经济利益的上游犯罪之间的联系而延伸至维护金融安全,最后提升到维护总体国家安全的战略高度,并且将反洗钱纳入国家治理体系和治理能力现代化的系统。

第三节 国际压力:FATF 对我国的评估

金融行动特别工作组(FATF)成立于1989年,是由成员国(地区)部长发起设立的政府间组织。FATF 的主要任务是制定国际标准,促进有关法律、监管、行政措施的有效实施,以打击洗钱、恐怖融资、扩散融资等危害国际金融体系完整性的活动。FATF 还与其他国际利益相关方密切合作,识别国家层面的薄弱环节,保护国际金融体系免遭滥用。[①]

一、概述

1989年7月,西方七国的政府首脑和欧洲共同体的主席在巴黎举行了每年一度的第十五次首脑高峰会。鉴于毒品问题的严峻性,该次会议强调要在国内和国际层面采取紧急的果断行动。根据会议形成的关于毒品事宜的相关决议,参加会议的八方与其他关注毒品问题的 8 个国家[②]决定成立 FATF,以便对已经采取的防止利用银行系统和金融机构洗钱的合作效果予以评估,同时也进一步考虑其他预防洗钱的措施,其中包括

[①] 参见《40项建议》引言。
[②] 包括瑞典、荷兰、比利时、卢森堡、瑞士、奥地利、西班牙和澳大利亚。

建立增强多边法律支持的法律制度。① 在 FATF 成立后,其成员发展很快,遍布全球各大洲,目前包括 40 个成员②。经过发展,FATF 是目前世界上最具影响力和最具权威性的、专门致力于国际反洗钱和反恐怖融资的政府间国际组织。

FATF 成立不久,就在 1990 年制定出著名的《40 项建议》:

> 旨在打击个人滥用金融体系清洗毒品资金的活动。1996 年,为应对不断变化更新的洗钱趋势和手段,FATF 第一次对建议进行了修订,将打击范围扩大到清洗毒品资金以外的其他犯罪领域。2001 年 10 月,FATF 进一步将其职责扩大到打击资助恐怖分子活动和恐怖组织的领域,制定了反恐怖融资 8 项特别建议(之后扩充为 9 项)。2003 年,FATF 第二次修订建议,这些建议加上特别建议,共同组成了国际公认的反洗钱与反恐怖融资(AML/CFT)国际标准,得到全球 180 多个国家(地区)的认可。③

同时,《40 项建议》也得到国际货币基金组织、世界银行和其他许多国际机构的确认,成为全球打击洗钱和恐怖融资的通行国际标准,为全球反洗钱和反恐怖融资斗争奠定了基本框架和国际标准,对各国立法以及国际反洗钱法律制度的发展起到了重要的指导作用。目前,全球共有 200 多个国家和司法管辖区承诺执行 FATF 制定的标准,以此作为全球协同应对有组织犯罪、腐败犯罪和恐怖主义犯罪的一部分。

在内容上,经过发展,FATF 的《40 项建议》包括了一个国家在刑事法律和管理制度、金融机构以及其他行业和职业应当采取的预防措施、在国际合作等方面应具备的反洗钱和反恐怖融资措施,形成了打击洗钱和

---

① See FATF, *Report of Financial Action Task Force on Money Laundering* (1990), "Introduction", p. 3.

② 截止到 2023 年 2 月,这 40 个成员除了包括欧洲委员会(European Commission)和海湾合作委员会(Gulf Co-operation Council)两个地区性组织之外,其他 38 个国家和地区分别是:阿根廷、澳大利亚、奥地利、比利时、巴西、加拿大、中国、丹麦、芬兰、法国、德国、希腊、中国香港、冰岛、印度、爱尔兰、以色列、意大利、日本、韩国、卢森堡、马来西亚、墨西哥、荷兰、新西兰、挪威、葡萄牙、俄罗斯联邦(成员资格于 2023 年 2 月 24 日被暂停)、沙特阿拉伯、新加坡、南非、西班牙、瑞典、瑞士、土耳其、英国、美国、印度尼西亚。Available at https://www.fatf-gafi.org/,2024-1-2.

③ 参见《40 项建议》引言。

恐怖融资的强大而协调的综合措施体系。① 经过 2012 年的修订,目前的《40 项建议》在体例架构上包括以下七大部分共计 40 项的内容:反洗钱与反恐怖融资的政策和协调;洗钱与没收;恐怖融资与扩散融资;预防措施;法人和法律安排的透明度和受益所有权;主管部门的权力、职责及其他制度性措施;国际合作。

在打击洗钱和恐怖融资活动中,FATF 认为,在《40 项建议》确定反洗钱和反恐怖融资的国际标准之后,所有参与方都必须按照同一标准来采取一致的行动,这是取得反洗钱和反恐怖融资斗争成功的必要条件。其中,一个关键性的因素就是参照国际标准对各国相应的体制进行监督和评估。由 FATF 和区域性组织进行的互评估,以及由国际货币基金组织和世界银行进行的评估,都是确保各国有效执行建议的重要机制。② 正是在以上思路的指导下,FATF 并不满足于只设定反洗钱和反恐怖融资的国际标准,它对成员以及申请加入的新成员都提出了严格的要求,还通过自评(Self-Assessment)和互评估(Mutual Evaluation),甚至中止成员资格等一系列措施,敦促其成员真正执行和落实这些建议。对于成员执行《40 项建议》的情况,FATF 也进行定期的评估,并且完全透明地向全世界公布。如果现有成员的措施达不到《40 项建议》的要求,则要制定完善和改进的计划,限期合规整改;对达不到核心标准要求的新成员,原则上不能批准其成为正式成员,或者在成为正式成员后,要制定强化的完善和改进行动方案,在短期内达到核心标准的要求。

目前,在 FATF 的 9 个准成员组织(FSRB)③以及其他全球合作伙伴、国际货币基金组织和世界银行的协助下,FATF 对各个国家和司法管

---

① 参见《40 项建议》引言。
② 同上。
③ 这具体是指:亚太反洗钱组织、加勒比地区金融行动特别工作组(Caribbean Financial Action Task Force,CFATF)、欧亚反洗钱与反恐怖融资组织、东南非洲反洗钱组织(Eastern and Southern Africa Anti-Money Laundering Group,ESAAMLG)、中非地区反洗钱与反恐怖融资组织(Central Africa Anti-Money Laundering Group,GABAC)、拉丁美洲金融行动特别工作组(Financial Action Task Force on Money Laundering in Latin America,GAFILAT)、西非政府间反洗钱组织(Inter-Governmental Action Group against Money Laundering in West Africa,GIABA)、中东和北非金融行动特别工作组(Middle East and North Africa Financial Action Task Force,MENAFATF)、反洗钱和反恐怖融资评估专家委员会(Committee of Experts on the Evaluation of Anti-Money Laundering Measures and the Financing of Terrorism,MONEYVAL)。

辖区进行评估。其中,互评估是 FATF 的一项核心工作。通过由来自金融、法律和执法领域的专家以及 FATF 秘书处所组成的评估团进行的实地互评估,FATF 可以监督成员执行《40 项建议》的情况,并且评估它们关于反洗钱和反恐怖融资的效果。从实际效果来看,对于 FATF 的评估报告,世界各国的监管机构和金融从业人员都予以高度的重视,将其作为判断一国金融机构反洗钱和反恐融资风险内控水平的主要依据。① 在以往,对于在反洗钱方面不合作和存在高风险的国家和地区,FATF 采取了"黑名单"和确认机制,向这些国家和地区施加压力,要求它们采取充分的措施来解决自己所存在的缺陷,以确保建议得到有效的执行。

目前,FATF 在每年发布三次的公开文件中确定反洗钱和反恐怖融资措施薄弱的司法管辖区名单,包括以下两种类型:① 高风险司法管辖区名单,通常被外部称为"黑名单"。这一名单确定了在打击洗钱、恐怖融资和扩散融资方面存在重大战略性缺陷的国家或司法管辖区。对于所有被确定为高风险的国家地区,FATF 呼吁全体成员并敦促所有司法管辖区采取强化的尽职调查措施,并呼吁各国和地区在最严重的情况下采取反制措施,以保护国际金融体系不受该司法管辖区洗钱、恐怖融资和扩散融资风险的影响。② 加强监督的司法管辖区名单,通常被外部称为"灰名单"。这一名单确定了为解决反洗钱、反恐怖融资和反扩散融资制度中的战略性缺陷而正在与 FATF 积极合作的国家。当 FATF 将一个司法管辖区列入加强监督的名单时,则意味着该国承诺在商定的时限内迅速解决所确定的战略性缺陷,并受到强化的监督。事实证明,FATF 公开列出反洗钱和反恐怖融资制度薄弱国家的程序是有效的。②

对于互评估的程序与方法,《第四轮互评估程序》第 90 条规定,互评估结果不存在以下情形之一的,将进入常规的后续审查程序,否则将被认定为反洗钱和反恐怖融资体系存在重大缺陷,并进入强化的后续审查程序:① 技术合规性指标出现 8 个及以上"不合规"或"部分合规";② 核心指标(建议 3、5、10、11 和 20)出现 1 个及以上"不合规"或"部分合规";

---

① 参见王燕之:《中国反洗钱国际合作进入了一个新的历史发展时期》,载《中国金融》2007 年第 15 期。

② FATF 更新高风险和应加强监控的司法管辖区名单(2023 年 6 月)。Available at https://www.fatf-gafi.org/en/countries/black-and-grey-lists.html.

③ 有效性指标出现 7 个及以上"低效"或"中等有效";④ 有效性指标出现 4 个及以上"低效"。同时,《第四轮互评估程序》第 88 条和第 89 条规定:进入常规的后续审查程序的,需要在 3 年后提交 1 份后续改进报告,并在 5 年后接受后续改进评估;进入强化的后续审查程序的,通常需要在 5 年内提交 3 份后续改进报告,并在 5 年后接受后续改进评估。

二、国际"大考":FATF 对我国反洗钱的互评估

(一)入会之关键节点:2006 年对我国的第三轮互评估

为了使我国融入反洗钱和反恐怖融资的国际合作框架,我国积极寻求加入国际反洗钱的权威组织 FATF。我国在 2005 年 1 月正式成为 FATF 的观察员之后,根据 FATF 的有关议程和程序,我国还需要接受 FATF 对中国反洗钱和反恐怖融资工作的整体评估,以确定我国是否满足当时《40+9 项建议》的核心标准,最后由 FATF 全体大会讨论决定是否接受我国成为 FATF 的正式成员。

在 2006 年 11 月,由 FATF 秘书处、欧亚工作组秘书处、美国、英国等国家和地区的专家组成的评估团,在我国进行实地的考察和调研,根据《40+9 项建议》的内容,逐一检查中国对 49 项建议标准的执行程度,并且对每项建议的执行情况按照评估等级进行"打分"。2007 年 6 月 29 日,FATF 公布了第一份关于中国反洗钱和反恐怖融资工作的互评估报告,认为中国在 49 项标准中,"合规"的 8 项、"大致合规"的 16 项、"部分合规"的 16 项、"未合规"的多达 9 项。① 这是 FATF 确定中国是否达到成为其正式成员标准的重要文件,也为我们透析我国反洗钱制度与世界接轨程度和需要完善的问题提供了世界性的客观平台和参照系。在该份互评估报告的基础上,在 2007 年 6 月 28 日举行的 FATF 全体会议上,既有成员一致同意接受中国成为 FATF 的正式成员。这标志着我国已经融入反洗钱和反恐怖融资的国际合作框架。

我国成为 FATF 的正式成员,是我国反洗钱工作中的一起重大事

---

① See FATF, *Summary of the Third Mutual Evaluation Report on Anti-Money Laundering and Combating the Financing of Terrorism on the People's Republic of China*, 29 June 2007, "Table 1. Rating of Compliance with FATF Recommendations".

件,对于我国深入参与国际反洗钱和反恐怖融资的合作,有效打击洗钱、腐败等犯罪活动,维护金融稳定具有重要意义。这具体表现在:① 显示出我国政府打击洗钱和恐怖融资犯罪活动的决心,表明我国在反洗钱和反恐怖融资领域是一个负责任的大国,树立中国在反洗钱和反恐融资领域良好的政治形象,标志着我国从此可以参与制定和表决国际反洗钱和反恐融资的标准和规则,而不再是规则的单纯接受者,从而以更有利和更有建设性的方式维护国家利益;② 有利于我国利用 FATF 这个很好的国际平台,开展情报交流、合作培训、协助调查、追回财产、引渡或遣返犯罪嫌疑人等多方面国际合作,了解犯罪分子跨境洗钱的方式和主要渠道,分享各成员打击洗钱和恐怖融资活动以及有效追缴外逃资金的经验,有效地打击违法犯罪资金的跨境转移和追缴外逃资金;③ 标志着中国的反洗钱和反恐融资体制已与国际标准基本接轨,提高我国金融机构对洗钱和恐怖融资风险的防范和监测水平,有利于我国金融机构拓展国外市场,能够在国际市场上获得与其他 FATF 成员金融机构较为平等的待遇;④ 有利于进一步完善我国的反洗钱和反恐融资体制,促进金融机构加强风险内控,稳健经营,提高风险防范意识;⑤ 有利于预防和打击各种犯罪活动,促进社会和谐稳定发展。①

我国在贯彻 FATF 的 49 项标准中,与 FATF 的其他成员相比较,有一半实现了达标项目要求的"合规"或者"大致合规",这与 FATF 大部分成员的情况差不多。在肯定我国反洗钱和反恐怖融资工作的同时,FATF 的互评估报告也提出中国在反洗钱方面的缺陷和完善建议②:① 打击洗钱犯罪的效果还需要通过提升司法机关的意识来加强;② 虽然中国已经制定和扩大了综合性的预防措施,但依然是有限度地符合 FATF 确立的标准;③ 中国综合性的反洗钱和反恐怖融资措施目前只适

---

① 参见时任中国人民银行行长周小川于 2007 年 11 月 12 日在反洗钱工作部际联席会议第四次工作会议上的工作报告;《中国 2008—2012 年反洗钱战略》(中国人民银行会同反洗钱工作部际联席会议成员单位共同制作并于 2009 年 12 月 30 日发布);另参见王燕之:《中国反洗钱国际合作进入了一个新的历史发展时期》,载《中国金融》2007 年第 15 期。

② See FATF, *Summary of the Third Mutual Evaluation Report on Anti-Money Laundering and Combating the Financing of Terrorism on the People's Republic of China*, 29 June 2007, para. 3.

用于广阔的金融机构,还应当扩充到非金融行业和职业;④ 没有规定识别和证实受益所有人的义务,这是一个较大的漏洞;⑤ 关于恐怖融资,中国还没有独立的预防机制,以便冻结恐怖分子的资产。

此外,在 49 项标准的技术合规层面,FATF 的互评估报告还指出中国在反洗钱制度方面的诸多缺陷,甚至用词十分直接和尖锐。试举若干例如下:中国没有对高风险的客户提出加强谨慎措施的要求或指南,也没有对涉及国外的政治性公众人物提出反洗钱的要求;在内部控制制度上,金融机构尚未建立应对恐怖融资风险的环境,也没有对有关雇员提供反恐怖融资的培训;对于贵重金属和宝石商人、律师、公证员、房地产经纪人、信托服务公司、公司服务提供者等非金融行业和职业,它们很少履行客户识别和保存交易记录的义务,可疑交易的报告义务也尚未拓展到它们,也没有要求它们设立反洗钱和反恐怖融资的内部控制计划;反洗钱法律对主要违反人所规定的制裁程度相对较低,而且制裁的对象过度地针对较轻的违反者,并未有效地针对结构上的缺陷;法律没有明确地禁止本国银行与外国"空壳银行"发生联系;对于未完全履行 FATF 标准的国家和地区,中国没有建立相应的抗制机制,也没有要求本国的单位在与这些国家和地区进行商业交易时给予特别的关注;国内的执法部门和起诉机构需要加强合作;在国际合作方面,中国对于洗钱和恐怖融资的犯罪化、没收制度和预防措施尚未完全符合有关国际公约的要求,中国执法机关和金融监管机构也是受限制地为外国同行提供帮助。①

在 2007 年 6 月 FATF 公布中国的互评估报告之后,我国立即进入强化的后续审查程序。鉴于中国在整改期间所取得的进展,中国于 2008 年 10 月被纳入常规的后续审查程序,后来在 2012 年被移出该程序。

(二) 全面的"外部体检":2018 年对我国的第四轮互评估

2014 年 5 月,为了促使成员有效执行 2012 年修订的《40 项建议》,FATF 正式启动第四轮的互评估,从制度机制是否符合国际标准的"合规性"方面和实际成效的"有效性"层面,对反洗钱和反恐怖融资的工作进行

---

① See FATF, *Summary of the Third Mutual Evaluation Report on Anti-Money Laundering and Combating the Financing of Terrorism on the People's Republic of China*, 29 June 2007, para. 14-17.

综合考察和评估,涉及190多个国家和地区。

2018年,FATF委托国际货币基金组织牵头组成国际评估团,对我国开展为期一年的互评估。2018年7月9日至27日期间,评估团对我国进行现场访问,走访了北京、上海和深圳三地,与100多家单位的900多名代表进行面谈。为了配合评估团顺利完成互评估工作,中国人民银行还会同反洗钱工作部际联席会议的各相关成员单位,提交了4000多页的评估材料、200多份法律规范以及500多个典型案例,并与评估团举行了90多场磋商会议。2019年2月,FATF第三十届第二次全会审议通过《中国反洗钱和反恐怖融资互评估报告》。2019年4月17日,FATF颁布该报告,全面评估了中国反洗钱和反恐怖融资工作的合规性和有效性,主要内容包括国家风险和政策协调、监管和预防措施、执法、国际合作和定向金融制裁等部分。对此,我国应当结合国情,吸收该互评估报告中的合理建议,继续推动中国反洗钱和反恐怖融资工作向纵深发展。① 可以说,这是一场关于我国反洗钱工作的国际"大考",也是一次全面的"外部体检",为我国反洗钱和反恐怖融资的未来发展提供了契机。

在第四轮依据FATF《40项建议》进行的40项"合规性"指标互评估中,互评估报告对中国的"打分"结果为:第一,"合规"或者"大致合规"的达标项目22项;第二,"部分合规"的12项;第三,"不合规"的6项,这具体是指:与扩散相关的定向金融制裁(第7项)、特定非金融行业和职业:客户尽职调查(第22项)、特定非金融行业和职业:其他措施(第23项)、法人的透明度和受益所有权(第24项)、法律安排的透明度和受益所有权(第25项)、对特定非金融行业和职业的监管(第28项)。另外,在FATF的第四轮互评估体系中,新设置"有效性评级"(Effectiveness Ratings),下设11个"直接目标"(Immediate Outcome),并且也对我国进行评估。至于具体的结果,请详见表4-1、表4-2。

综上可见,在40项"合规性"指标中,我国"不合规"和"部分合规"的未达标项目共有18项,主要集中在洗钱犯罪、定向金融管制、非营利组织、金融业、特定非金融行业和职业、受益所有权以及双边司法协助方面。

---

① 参见张末冬:《金融行动特别工作组公布中国反洗钱和反恐怖融资互评估报告》,载《金融时报》2019年4月19日,第1版。

第四章　新时代我国惩治洗钱罪的国内外背景

表 4-1　有效性评级结果——11个直接目标

	IO.1 风险、政策与协调	IO.2 国际合作	IO.3 监管	IO.4 预防措施	IO.5 法人与法律安排	IO.6 金融情报	IO.7 洗钱调查和起诉	IO.8 没收	IO.9 恐怖融资调查和起诉	IO.10 恐怖融资预防措施和金融制裁	IO.11 大规模杀伤性武器扩散预防措施和金融制裁
评级	☆☆☆	☆☆	☆☆	☆	☆	☆☆	☆☆	☆☆☆	☆☆☆	☆	☆
水平	较高水平	中等水平	中等水平	低水平	低水平	中等水平	中等水平	较高水平	较高水平	低水平	低水平

表 4-2　合规性评级结果——40项建议

技术性合规 (R.1—R.10)	评级	技术性合规 (R.11—R.20)	评级	技术性合规 (R.21—R.30)	评级	技术性合规 (R.31—R.40)	评级
R.1 评估风险与运用风险为本的方法	大致合规	R.11 记录保存	合规	R.21 泄密与保密	合规	R.31 执法和调查部门的权力	合规
R.2 国家层面的合作与协调	合规	R.12 政治公众人物	部分合规	R.22 特定非金融行业和职业：客户尽职调查	不合规	R.32 现金跨境运送	大致合规
R.3 洗钱犯罪	部分合规	R.13 代理行业务	大致合规	R.23 特定非金融行业和职业：其他措施	不合规	R.33 数据统计	大致合规
R.4 没收与临时措施	大致合规	R.14 资金或价值转移服务	部分合规	R.24 法人的透明度和受益所有权	不合规	R.34 指引与反馈	部分合规
R.5 恐怖融资犯罪	大致合规	R.15 新技术	部分合规	R.25 法律安排的透明度和受益所有权	部分合规	R.35 处罚	部分合规
R.6 与恐怖主义和恐怖融资相关的定向金融制裁	部分合规	R.16 电汇	大致合规	R.26 对金融机构的监管	大致合规	R.36 国际公约	大致合规
R.7 与扩散相关的定向金融制裁	不合规	R.17 依托第三方的尽职调查	不合规	R.27 监管机构的权力	大致合规	R.37 双边司法协助	大致合规
R.8 非营利组织	部分合规	R.18 内部控制、境外分支机构和附属机构	部分合规	R.28 对特定非金融行业和职业的监管	不合规	R.38 双边司法协助：冻结和没收	部分合规
R.9 金融机构保密法	合规	R.19 高风险国家	合规	R.29 金融情报中心	部分合规	R.39 引渡	大致合规
R.10 客户尽职调查	大致合规	R.20 可疑交易报告	大致合规	R.30 执法和调查部门的职责	大致合规	R.40 其他形式的国际合作	大致合规

根据 FATF 的评估规则,我国在该轮互评估结果公布后进入强化的后续程序,需要在 3 年内改进和解决互评估中发现的问题,并对未达标的 18 项相关指标进行后续整改,重新评级。2020 年至 2022 年期间,我国针对互评估中发现的问题,制定和修订了一系列反洗钱规范制度,FATF 对中国进行了 3 次后续评估,重新对 13 项"合规性"指标进行评级,其中有 9 项被提升到达标水平。至此,我国在 FATF《40 项建议》(40 项合规性指标)中的达标数量也从 22 项提升至 31 项。①

值得一提的是,在 2021 年 10 月 6 日 FATF 公布的中国第二次后续评估报告中,我国又有 6 项指标得以达标,具体包括:第 3 项的洗钱犯罪、第 8 项的非营利组织、第 16 项的电汇、第 18 项的内部控制、境外分支机构和附属机构、第 29 项的金融情报中心、第 38 项的双边司法协助:冻结和没收。② 其中,第 3 项的核心项目"洗钱犯罪"在后续评估中得以达标,是我国各个部门共同合力的结果,实属来之不易。

第四节 我国惩治洗钱罪的司法现状与改进成效

鉴于洗钱的危害性与日趋严峻的态势,我国一直重视对洗钱犯罪的打击,并且在许多层面付诸努力:在顶层设计方面,将反洗钱纳入国家治理体系和治理能力现代化的战略高度;在打击洗钱犯罪的法律规范层面,已经建立起比较完备的刑事法律体系;在刑事司法层面,也日趋强化对洗钱犯罪的刑事打击。但是,我们也应该看到,我国反洗钱依然存在许多有待于进一步完善和发展的空间,特别是在刑事司法层面,司法打击的效果更是远远不能适应反洗钱实务的需求,严重影响了国际反洗钱组织对我国的评估结果。这就要求我们将惩治洗钱罪置于总体国家安全观的视域下,提高政治站位,以我国明确承诺执行的国际反洗钱通行标准为参照

---

① 参见曹作义:《中国反洗钱第四轮国际互评估及后续评估报告综述》,载反洗钱工作部际联席会议办公室编:《中国反洗钱实务》(2023 年第 2 期),中国金融出版社 2023 年版,第 11—12 页。

② FATF, *Anti-Money Laundering and Counter-Terrorist Financing Measures—People's Republic of China*, 2nd Enhanced Follow-Up Report & Technical Compliance Re-Rating (October 6, 2021).

系,从刑事司法适用的成效维度进行改进。

一、用数字说话

针对洗钱活动,我国已在1997年《刑法》第191条予以刑事立法反应。但是,自1997年设立洗钱罪以来,截止到2006年10月,根据最高人民法院提供给FATF评估团的数据,在这10年期间的司法实践中,我国只有3起案件4名被告人被判处洗钱罪。① 这个数据说明我国对于洗钱罪的判决数量极低,《刑法》第191条基本上处于"睡美人"的休眠状态,这与我国日趋严峻的高风险洗钱态势形成鲜明的反差。正是基于这一重要缘由,FATF在2006年对我国的第三轮互评估中认为,我国反洗钱的司法效果存在重大缺陷,在"洗钱犯罪化"这项核心项目上对我国的评分为"部分合规",强烈建议我国提升打击洗钱犯罪的实际效果。

根据相关的程序要求,我国在2007年成功加入FATF之后,对互评估报告所指出的缺陷还面临强化的后续整改任务。为此,我国必须在司法层面予以改进和完善,这是我国反洗钱的严峻形势和国际外界压力所共同决定的。在2008年至2010年的后续整改期间内,通过我国各部门的共同努力,FATF认为我国关于反洗钱的定罪判决数量得以实质性的提高,具体表现见表4-3:②

表4-3 洗钱相关罪名的定罪情况

洗钱的相关罪名	年份	定罪的案件数量	定罪的人数
第191条洗钱罪	2008年	3	4
	2009年	5	9
	2010年	12	14

---

① FATF, *Anti-Money Laundering and Combating the Financing of Terrorism on the People's Republic of China*, 1st Mutual Evaluation Report, 29 June 2007, p. 107. 需要说明的是,我国官方机构以前很少公布司法机关所判决的洗钱案件,致使我国学者在研究我国反洗钱的司法现状时,无法用具体的数据来进行实证研究,只能无奈地用"罕见""鲜有"等模糊的词语来形容。与此形成对比的是,FATF的互评估报告详细地列出了具体的数据,含有"出口转内销"之意,真可谓"墙外开花墙里香"。

② FATF, *Mutual Evaluation of China*, 8th Follow-Up Report, 17 February 2012, p. 58.

（续表）

洗钱的相关罪名	年份	定罪的案件数量	定罪的人数
第312条掩饰、隐瞒犯罪所得、犯罪所得收益罪	2008年	10 318	17 650
	2009年	10 613	17 617
	2010年	11 383	18 031
第349条窝藏、转移、隐瞒毒品、毒赃罪	2008年	59	69
	2009年	56	78
	2010年	61	90
总数		32 510 件	53 562 人

对于2008年至2018年期间我国反洗钱的司法实践，依据中国人民银行在2011年至2016年以及2018年公布的《中国反洗钱报告》，并且结合官方提供给FATF的数据①，笔者制作了图4-1：

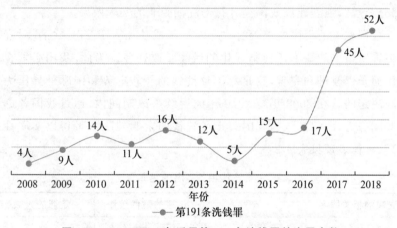

图 4-1　2008—2018 年适用第 191 条洗钱罪的定罪人数

通过上述曲线图，我们明显可以看出，在2008年之前，我国适用《刑法》第191条洗钱罪的判决数量长期维系在个位数的极低水准，但在最高

---

① FATF：*Anti-Money Laundering and Counter-Terrorist Financing Measures—People's Republic of China*，4th Round Mutual Evaluation Report，April 2019，Risks and General Situation，para. 179. 需要说明的是，在2013年至2016年四年期间，上述FATF的互评估报告和中国人民银行同年颁布的《中国反洗钱报告》对《刑法》第191条和第312条的相关判决的统计结果并不一致，笔者是以《中国反洗钱报告》为准的。由于2017年《中国反洗钱报告》没有公布上述两罪的判决数据，对此只能依据FATF的互评估报告。另外，2013年《中国反洗钱报告》只公布了上述两罪的审结案件数，为了保持定罪人数的坐标轴之统一性，笔者只能予以换算。

人民法院于 2009 年颁布司法解释之后,立即就在 2010 年进入十位数的行列,起到了有力指导司法实践的立竿见影之效果。自这之后,《刑法》第 191 条的司法适用在总体上呈现上升趋势,特别是在 2018 年突破了 50 人的关口,这与我国对金融机构开展"严监管"、加强反洗钱的执法检查和加大问责力度是密不可分的。

此外,根据有关数据的统计,2016 年至 2020 年期间,我国某省共审理 9 万件法定七类上游犯罪的案件,但只办理了 35 件洗钱罪案件,洗钱罪的占比是 4‰。[①] 在我国,有的司法机关甚至从来没有办理过洗钱罪的案件,将其称为"高冷型罪名"。这需要引起我们的高度关注。

二、失衡:静态法律规范与动态司法适用

通过以上现状的追问和分析可以看出,面对我国洗钱活动异常活跃的态势,司法实务给出的答卷却令人大跌眼镜。我国目前反洗钱所存在的关键问题是司法适用明显地不能适应我国反洗钱的需要,由此面临着国际反洗钱组织 FATF 评估的后续整改压力。有鉴于此,虽然我国已建立了比较完备的反洗钱刑事法律体系,但不能只停留在静态层面,需要强化对打击洗钱犯罪的重要性之认识,从动态方面将其在司法实践中落在实处,改变反洗钱刑事立法与司法的失衡局面,以适应我国反洗钱在内外形势压迫下的急切需要。

司法理念是无形的,却是司法实践的灵魂,指引着司法操作。在我国长期的司法实践中,司法人员普遍认为洗钱是下游犯罪,完全依附于上游犯罪,由此产生了"重上游犯罪,轻下游犯罪"的落后司法理念。2006 年 FATF 对我国进行第三轮互评估时,就强烈建议我国提升司法机关的意识,以便改善打击洗钱犯罪的落后局面。在 2018 年 7 月对我国进行第四轮互评估的现场座谈时,FATF 认为我国司法机关追踪资金流向是为了查明上游犯罪,在通常情况下并没有延伸到上游犯罪发生后帮助洗钱的人员,致使对洗钱犯罪的起诉频率不高,数量有限。对此,我国也认可对《刑法》第 191 条洗钱罪的适用数量之所以增长缓慢,其原因在于司法人员相对保守,表示要提高他们对《刑法》第 191 条适用的认识。[②] 可以说,

---

[①] 这属于内部调研的数据,不宜具体展开,特此说明。
[②] FATF, *Anti-Money Laundering and Counter-Terrorist Financing Measures—People's Republic of China*, 4th Round Mutual Evaluation Report, April 2019, para. 177 and 181.

反洗钱在司法实务中的落伍局面，与司法人员早期的执法理念存在密切的联系，必须从多方面予以改变。

值得肯定的是，最高人民检察院在 2020 年 7 月颁布的有关文件中，在观念和工作机制方面，明确提出了"加大惩治洗钱犯罪的力度"，要求切实转变"重上游犯罪，轻洗钱犯罪"的做法，办理上游犯罪案件时要同步审查是否涉嫌洗钱犯罪，上游犯罪共犯以及掩饰、隐瞒犯罪所得、非法经营地下钱庄等行为同时构成洗钱罪的，择一重罪依法从严追诉。[①] 具体而言，本书认为，在观念上强化司法人员对打击洗钱犯罪重要性的认识，首先，司法人员要辩证地理解洗钱罪与上游犯罪之间的关系，在肯定两者之间先前存在紧密联系的同时，更应该动态地看到洗钱罪在后期的发展中，开始具有自己的独立属性，其危害性已经上升到危害国家安全的高度，这在一定程度上甚至超越了对上游犯罪的法律否定评价，不能再机械地停留在传统赃物罪的思维上。其次，从实践效果看，加强对洗钱犯罪的查处，有利于切断上游犯罪行为人的利益驱动力，这是从根本上打击上游犯罪的最佳策略，可以起到"釜底抽薪"的作用。最后，更为重要的是建立起长效的工作机制，要求在办理上游犯罪案件时，必须同步审查是否涉嫌洗钱犯罪，并将这作为结案报告审查中的必备内容，如缺少这一内容，则案件难以进入下一个办理环节。

三、改进：惩治司法效果的有力提升

为了有力打击洗钱违法犯罪活动，加大对洗钱犯罪的惩治力度，2020 年 3 月，最高人民检察院召开反洗钱电视电话会议部署工作。以此为开端，最高人民检察院和各省级检察院建立反洗钱工作领导小组，统筹推进反洗钱检察工作，各级检察机关建立"一案双查"工作机制，在办理洗钱罪七类上游犯罪案件时，同步审查是否涉嫌洗钱罪，深挖犯罪线索，加大追捕追诉与各类上游犯罪相关的洗钱犯罪的力度。[②] 同时，检察机关加强与外部有关部门的协作配合，形成惩治洗钱犯罪的工作合力，全面深化推

[①]《关于充分发挥检察职能服务保障"六稳""六保"的意见》(2020 年 7 月 22 日)。
[②] 参见《依法从严惩治洗钱违法犯罪　维护金融安全和司法秩序——最高人民检察院第四检察厅、中国人民银行反洗钱局负责人就联合发布惩治洗钱犯罪典型案例答记者问》，载《检察日报》2021 年 3 月 20 日，第 2 版。

进反洗钱工作。

为了指导基层司法机关和行政监管部门有效开展反洗钱工作,统一执法司法标准,切实提高办案质效,2021年3月,中国人民银行、最高人民检察院联合发布了6件洗钱罪的典型案例。同时,为了准确把握洗钱罪的法律适用问题,进一步强化"案例意识",更好发挥案例示范引领作用,2022年11月,最高人民检察院发布了5件洗钱犯罪典型案例。最高人民法院也在2022年9月发布了惩治金融犯罪10件典型案例,其中有2件洗钱案例。

从司法实践看,依据权威的官方统计数据,在提高反洗钱的政治站位认识之后,司法机关把反洗钱工作化为服务保障金融安全的重要内容,持续加大追诉洗钱犯罪的力度。这几年来,我国惩治洗钱罪的司法效果得到明显的提升。这具体表现在以下有力的数据拉伸[①]:

在2020年,全国检察机关共起诉洗钱犯罪707人,较2019年上升368.2%;

在2021年,全国检察机关共起诉洗钱罪1262人,同比上升78.5%;

到2022年,全国检察机关共起诉洗钱罪2500余人,同比上升1倍;起诉洗钱罪与上游犯罪的比例为2.9%,同比增加1.9个百分点。

从2018年至2022年期间,全国检察机关起诉洗钱犯罪4713人,是前五年的32.3倍。

根据最新的统计数据,在2023年上半年,全国检察机关协同公安部、中国人民银行等开展专项行动,起诉洗钱犯罪嫌疑人1019人,同比上升21.9%。[②]

[①] 参见2021年、2022年和2023年的《最高人民检察院工作报告》。
[②] 参见史兆琨:《上半年共批捕各类犯罪嫌疑人31.6万人》,载《检察日报》2023年7月20日,第4版。

第五章 我国反洗钱罪名体系的解构与完善

经过刑事立法发展,我国形成以下由4个罪名组成的、区别打击洗钱犯罪的"罪群":(1)对于涉及毒品犯罪、黑社会性质的组织犯罪、恐怖活动犯罪、走私犯罪、贪污贿赂犯罪、破坏金融管理秩序犯罪、金融诈骗犯罪等法定七类严重上游犯罪的洗钱活动,适用《刑法》第191条的洗钱罪,予以较为严厉的刑事处罚;(2)对于涉及上述七类上游犯罪之外的洗钱行为,分别适用《刑法》第312条的掩饰、隐瞒犯罪所得、犯罪所得收益罪或者《刑法》第349条的窝藏、转移、隐瞒毒品、毒赃罪;(3)依据反洗钱与反恐怖融资紧密相连的国际共识,《刑法》第120条之一的帮助恐怖活动罪也属于我国反洗钱的罪名体系。

第一节 "罪群":反洗钱的罪名体系

FATF 2007年对中国反洗钱和反恐怖融资工作的互评估报告认为:我国通过《刑法》第191条、第312条和第349条三个条文将洗钱犯罪化,在贯彻与加强反洗钱的工作中取得了重大进步。[1] 2019年,FATF继续从洗钱罪名体系的范畴对我国进行第四轮互评估,认为《刑法》第191条、第312条和第349条明确了对洗钱犯罪的认定,其适用范围各有不同,而且对大部分洗钱活动的定罪是以《刑法》第312条为依据的。[2] 从国内法律规范看,最高人民法院在2009年11月4日颁布的《关于审理洗钱等刑

---

[1] FATF, *First Mutual Evaluation Report on Anti-Money Laundering and Combating the Financing of Terrorism on the People's Republic of China*, 29 June 2007, para. 2, 75.

[2] FATF, *Anti-Money Laundering and Counter-Terrorist Financing Measures—People's Republic of China*, 4th Round Mutual Evaluation Report, April 2019, para. 176, 180.

事案件具体应用法律若干问题的解释》也是以上述四个罪名为底蕴进行法律适用解释,并没有局限在某一个罪名上。

有鉴于此,我们在理解中国反洗钱的刑事法律规制时,必须定位于罪名体系的"罪群"坐标,不能仅微缩在《刑法》第191条。虽然该条的罪名称谓是洗钱罪,容易给人带来以偏概全的认识,但它只是反洗钱罪名体系的一个组成部分,在性质和功能上属于狭义的洗钱罪,是反洗钱"罪群"的核心罪名。

鉴于本书第三章已经详细论及《刑法》第191条洗钱罪的刑事立法发展和基本属性,在此仅阐述我国反洗钱"罪群"中的其他罪名。

一、《刑法》第312条:双重属性

1997年《刑法》第312条规定的窝藏、转移、收购、销售赃物罪,其前身是1979年《刑法》中的窝赃、销赃罪,在罪名体系上处于"妨害司法罪",在本质属性上属于典型的传统赃物罪。但是,基于我国加入FATF的急切需要,2006年《刑法修正案(六)》第19条对该条进行了修改,赋予该罪反洗钱的次生属性。这主要体现在以下三个方面的修改:① 在行为对象上,为了与洗钱罪保持一致,将"犯罪所得的赃物"修订为"犯罪所得及其产生的收益";② 关于行为方式,在保留以往四种方式的基础上,又增加第五种"以其他方法掩饰、隐瞒"的兜底类型;③ 在法定刑方面,增设"情节严重"的档次。在此基础上,最高人民法院和最高人民检察院将过去"窝藏、转移、收购、销售赃物罪"的罪名修改为"掩饰、隐瞒犯罪所得、犯罪所得收益罪",这更符合现代意义上洗钱的行为方式和行为对象之特征。

具体而言,自2002年起我国积极寻求加入FATF,以使我国反洗钱融入国际合作框架。根据FATF的有关议程和程序,我国需要接受FATF对中国反洗钱和反恐怖融资工作的整体评估。由于FATF的专家评估团要在2006年11月中旬到中国进行现场评估,并以此确定我国是否达到成员的标准,我国必须在这时间节点前满足FATF在《40+9项建议》中第一项核心标准"洗钱犯罪化"的要求。其中,对于洗钱的上游犯罪范围问题,该项要求各国和地区尽可能地包括最大范围的上游犯罪,同时赋予各国和地区选择确定上游犯罪的立法方法,但明确设立了上游犯罪范围的强制性"门槛"标准,要求每个国家和地区在将洗钱犯罪化时,至少应包括指定犯罪类型中的20种犯罪。

在上述国际标准的衡量下,我国当时《刑法》第191条洗钱罪所列举的四类上游犯罪类型甚至还没有达到一半的"门槛"条件。对此,全国人大常委会法律委员会经同有关部门研究,认为《刑法》第191条洗钱罪是针对一些通常可能有巨大犯罪所得的严重犯罪而为其洗钱的行为所作的特别规定,虽然《刑法》第312条的具体罪名没有被称为洗钱罪,实质上也符合有关国际公约的要求。① 同时,考虑到《刑法》第191条洗钱罪所规定的上游犯罪的局限性,认为有必要将《刑法》第312条的传统赃物犯罪条款改造成洗钱犯罪的一般性条款,以此确保所有的洗钱行为均可被依法追究刑事责任。② 在此思路下,针对我国洗钱罪中的上游犯罪范围与FATF规范要求相比存在的漏缺,《刑法修正案(六)》采取"两条腿走路"的立法方法:一方面在《刑法》第191条的洗钱罪中增加三种上游犯罪类型;另一方面则对《刑法》第312条"动手术",将其作为我国反洗钱罪名体系中的普通罪名,以覆盖《刑法》第191条之外的对其他上游犯罪所得和产生的收益进行的洗钱行为,从而满足我国加入FATF的基本要求。③ 对于我国这种立法完善措施,FATF在最终的互评估报告中予以认可,将《刑法》第191条洗钱罪称为"Laundering Proceeds of Specific Serious Crimes",适用于特定的严重犯罪;至于该条的上游犯罪差距,FATF认为被采用所有犯罪为上游犯罪的《刑法》第312条罪名(All-Crimes Laundering)所弥补④,故没有对此问题提出疑问,否则FATF就难以吸收我国为成员。正是在该份互评估报告的基础上,我国在2007年6月28日成为FATF的正式成员。这是我国反洗钱工作中的一件重大事件,标志着中国的反洗钱体制已与国际标准基本接轨,有利于进一步完善我国的反洗钱和反恐融资体制,具有重大的里程碑意义。⑤ 概而言之,《刑法》

---

① 参见《关于〈中华人民共和国刑法修正案(六)(草案)〉的说明》(2005年12月24日)。
② 参见刘为波:《〈关于审理洗钱等刑事案件具体应用法律若干问题的解释〉的理解与适用》,载《人民司法》2009年第23期。
③ 参见王新:《竞合抑或全异:辨析洗钱罪与掩饰、隐瞒犯罪所得、犯罪所得利(收)益罪之关系》,载《政治与法律》2009年第1期。
④ FATF, *First Mutual Evaluation Report on Anti-Money Laundering and Combating the Financing of Terrorism on the People's Republic of China*, 29 June 2007, para. 87.
⑤ 参见王燕之:《中国反洗钱国际合作进入了一个新的历史发展时期》,载《中国金融》2007年第15期。

第 312 条既"身在"妨害司法罪,也"肩扛"反洗钱的大旗,具有双重的法律属性。

2009 年,为了回应 FATF 在互评估报告对该罪只能由自然人构成而与洗钱罪名体系不协调的批评,《刑法修正案(七)》再次对《刑法》第 312 条予以修改,将单位增设为《刑法》第 312 条的犯罪主体。

从司法实践看,关于《刑法》第 312 条的司法适用情况,依据中国人民银行公布的《中国反洗钱报告》,并且结合官方提供给 FATF 的数据,笔者制作了图 5-1:

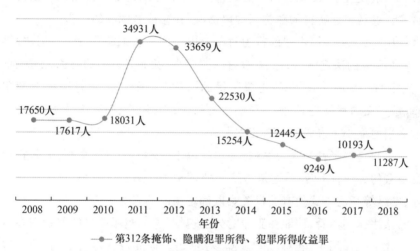

图 5-1　2008—2018 年适用第 312 条掩饰、隐瞒犯罪所得、犯罪所得收益罪的定罪人数

据图 5-1,在我国将《刑法》第 312 条纳入我国反洗钱的罪名体系后,其每年数万件的定罪数量在统计学意义上有力地抬升了我国反洗钱的司法效果,其具有的"双重属性"的功能可见一斑。可以说,在满足 FATF 关于上游犯罪范围的立法层面以及司法成效的改进要求方面,《刑法》第 312 条起到了厥功至伟的作用。

与此同时,我们也应该看到,对于我国将《刑法》第 312 条的判决也纳入"有效性"评估的要求,FATF 评估团在 2018 年对我国进行第四轮互评估时并未接受这一立场,但最后还是采取了谨慎态度,在整体上接受该数据并且将其作为直接衡量有效性的数据。① 由此可见,《刑法》第 312 条在反洗钱的司法适用上处于比较"尴尬"的地位,我们还是应该将重心放在《刑法》第 191 条的核心洗钱罪上。

二、《刑法》第 349 条的"窝藏、转移、隐瞒毒品、毒赃罪"

全国人大常委会在 1990 年通过的《关于禁毒的决定》第 4 条中设立了"窝藏毒品、毒赃罪"。在沿袭此规定和发展的基础上,1997 年《刑法》第 349 条设置了"窝藏、转移、隐瞒毒品、毒赃罪",这是指自然人明知是毒品或者毒品犯罪所得的财物而加以窝藏、转移或者隐瞒的行为。

从构成要素看,本罪的行为对象有以下两个:① 毒品:这是《刑法》第 357 条明确的法定定义;② 毒赃:这是"两高"在罪名表中的简称,是指《刑法》第 349 条的用语"毒品犯罪所得的财物"。据此,产生毒赃的上游犯罪,是广义的毒品犯罪,而不局限在走私、贩卖、运输、制造毒品罪,否则就不恰当地缩小了毒赃的上游犯罪范围。

本罪是选择性罪名,危害行为包括以下三种情形:① 窝藏:这是指提供隐藏的处所;② 转移:这是指从一处挪至另一处;③ 隐瞒:这是指以误导、操纵等行为方式使有关机关难以确定物品的来源。

从法律用语看,该罪在犯罪对象上包括"毒品犯罪所得的财物",在行为方式上也使用了"转移"和"隐瞒"等术语。据此,FATF 在对我国反洗钱进行互评估时,也将该罪纳入我国洗钱犯罪化的评估范围内。因此,在体系性定位上,本罪不仅属于毒品犯罪的类型,而且是我国反洗钱罪名体系的有机组成部分之一。同时,FATF 在对我国反洗钱进行两次互评估时,均认为该罪与洗钱罪之间存在着重叠的内容,会导致在实践中很难把握两者的界限,也批评我国未将单位设置为该罪的犯罪主体。但是,我国立法者从未对此罪进行过修订。

从静态的法律术语看,毒品犯罪均是本罪与洗钱罪的上游犯罪类型,而且在犯罪对象和行为方式方面两罪之间确实存在着交叉的部分,但强调点却有所不同,这具体表现在:虽然两罪的行为方式都包括"转移"和

---

① FATF, *Anti-Money Laundering and Counter-Terrorist Financing Measures—People's Republic of China*, 4th Round Mutual Evaluation Report, April 2019, para. 180.

"隐瞒",但洗钱罪中"转移"和"隐瞒"的对象侧重于法定七类上游犯罪的所得及其产生的收益之非法性质和来源,以达到"漂白"的效果,使之能在市场上流通和增值。与之相对应,窝藏、转移、隐瞒毒赃罪中的"转移"和"隐瞒"针对的是犯罪所得的财物本身。同时,该罪中的"转移"是指将财物从一处挪至另一处,属于空间上的物理转移,这与洗钱罪中的"转移"有着质的区别;该罪中的"隐瞒",也仅是针对财物存在状态的隐瞒,并未改变财物的非法性质,不具有使之表面合法化的属性。

综上所述,在司法实践中,如果行为人仅仅通过"转移"或"隐瞒"的行为方式达到掩盖毒品犯罪所得财物的存在状态之效果,并未转换、改变其非法性质和来源,则应当认定为转移、隐瞒毒赃罪。但是,行为人在转移或隐瞒"毒品犯罪所得的财物"之后,进一步产生"漂白"的主观故意,从而实施了掩饰、隐瞒毒赃的来源和性质之清洗行为,则行为人的前行为构成了转移、隐瞒毒赃罪,后行为构成洗钱罪。在将两个行为阶段作为一个整体来评判的基础上,应依照处罚较重的规定定罪处罚,而不宜实行数罪并罚。

对于事先通谋实施窝藏、转移、隐瞒毒品、毒赃的行为,以上游犯罪的共犯论处。

三、《刑法》第 120 条之一的"帮助恐怖活动罪"

从刑事立法源流看,为了将我国于 2001 年 10 月 27 日签署的《制止向恐怖主义提供资助的国际公约》落实在国内法中,同时考虑到联合国安理会于 2001 年通过的第 1373 号决议要求各国将为恐怖活动提供或筹集资金的行为规定为犯罪的精神[①],《刑法修正案(三)》第 4 条规定:为了惩治以提供资金、财物等方式资助恐怖活动组织的犯罪行为,在《刑法》第 120 条后增加一条,作为第 120 条之一。对于该条的罪名,"两高"称之为"资助恐怖活动罪"。这里的"资助",是指为恐怖活动组织或者实施恐怖活动的个人筹集、提供经费、物资或者提供场所以及其他物质便利的行为。至于恐怖活动组织或者实施恐怖活动的个人是如何使用所提供或募集的资金的,诸如用于建立和维持恐怖活动基地、训练和培训恐怖分子、

---

① 参见《关于〈中华人民共和国刑法修正案(三)〉(草案)的说明》(2001 年 12 月 24 日)。

准备或实施具体的恐怖行为,甚至用于恐怖分子实施恐怖活动之外的日常生活或奢侈消费等,则在所不问,这均不影响资助行为的成立。

后来,为了严厉打击恐怖主义活动,2015年《刑法修正案(九)》对《刑法》第120条之一进行修订,在行为方式中加入"资助恐怖活动培训"和"为恐怖活动组织、实施恐怖活动或者恐怖活动培训招募、运送人员",扩大了该条的适用范围,"两高"由此将罪名称谓更改为"帮助恐怖活动罪"。

在司法实践中,如果行为人与恐怖组织或恐怖分子通谋,为其提供资金等物质便利或资助,则应以恐怖活动犯罪的共犯论处,而不能认定为"帮助恐怖活动罪"。需要引起注意的是,为了更加严厉地打击恐怖活动犯罪,我国有些审判机关对于行为人没有通谋、单纯地为恐怖组织和恐怖分子筹集资金或者提供资金的行为,大多是以处罚更重的恐怖活动犯罪的共犯论处,而未定性为帮助恐怖活动罪,这在很大程度上削减了帮助恐怖活动罪的认定。根据不完全统计,从资助恐怖活动罪的设立,截止到2009年12月,该罪在我国呈现出"零适用"的审判现状。① 自2011年起,这种司法适用问题得到了一定程度的纠正。

第二节　参照系:洗钱罪立法完善的国际标准

关于我国洗钱罪的刑事立法完善,从顶层设计的角度看,国务院办公厅于2017年颁布《三反意见》,其中第10条确定了"按照我国参加的国际公约和明确承诺执行的国际标准要求"之路线图。换而言之,FATF 2007年和2019年对我国两次互评估报告中关于洗钱犯罪化项目的评估内容,是我们完善洗钱罪刑事立法的国际标准和参照系。

一、FATF 2007年对我国的互评估报告

在 FATF 2007 年对我国的互评估报告中,对于《40+9项建议》中第1项的洗钱犯罪化、第2项的洗钱罪的主观要素和法人责任、9项特别建议中第2项的恐怖融资犯罪化之标准,评估结果都处于评估等级的第三

---

① 参见王新:《零适用的审判现状:审视资助恐怖活动罪的适用》,载《政治与法律》2012年第7期。

档次"部分合规"。① 这说明中国反洗钱的法律制度②与国际性标准还有一定的距离,还有待于进一步完善。

在该报告中,FATF认为中国通过《刑法》的三个条文,已经将洗钱行为予以犯罪化,它们分别是:《刑法》第191条的"Laundering Proceeds of Specific Serious Crimes"(洗钱罪)、第349条的"Laundering Proceeds of Drug Offences"(窝藏、转移、隐瞒毒品、毒赃罪)以及第312条的"All-Crimes Laundering"(掩饰、隐瞒犯罪所得、犯罪所得收益罪)。由此可见,FATF认为我国的洗钱罪是广义的类罪名(也可形象地称为"大洗钱"),而我们俗称的《刑法》第191条洗钱罪是狭义的洗钱罪(也可形象地称为"小洗钱")。

FATF在分析我国以上的三个条文时认为:在《刑法》第191条和第312条中,均使用了概括性的术语"以其他方法",这清晰地表明立法者意图覆盖所有可能发生的洗钱行为。根据一般性的原则,属于特别规定的《刑法》第191条和第349条的效力,要优先适用于属于普通规定的《刑法》第312条;而《刑法》第349条是更为具体的条文,侧重于打击通过有限方法来清洗毒品收益的犯罪行为。但是,从立法延续性的角度出发,FATF的互评估报告指出了这三个条文所存在的以下缺陷③:

(1)《刑法》第191条第1款所列举的第1项至第4项方式,属于通过金融机构进行洗钱的具体和典型手法,而第5项则超越前四项所规定的通过金融机构洗钱的方式,已经扩大到金融机构之外的洗钱类型。尽管第5项所规定的术语是非常原则的,但也不能超越该条文的逻辑和前后关系来理解。

(2)在《刑法》第312条中,也使用"以其他方法"的概括性术语,意图覆盖《刑法》第191条所没有规定的领域。对该术语的理解,也应当与它

---

① See FATF, *Summary of the Third Mutual Evaluation Report on Anti-Money Laundering and Combating the Financing of Terrorism on the People's Republic of China*, 29 June 2007, "Table 1. Rating of Compliance with FATF Recommendations".

② FATF的《40+9项建议》第一部分"法律制度"包括了3项建议,分别是:洗钱犯罪化、洗钱罪的主观要素和法人责任、临时措施和没收。9项特别建议的第2项是恐怖融资犯罪化。

③ See FATF, *First Mutual Evaluation Report on Anti-Money Laundering and Combating the Financing of Terrorism on the People's Republic of China*, 29 June 2007, para. 81.

之前所列举的窝藏、转移、收购、销售等四种具体行为联系在一起。实际上,《刑法》第312条的文义和主旨是规定发生在洗钱第一阶段①中的"接受"(receiving)或"处理"(handling)活动,这也可以通过该条所设置的较轻的法定刑反映出来。

(3) 在《刑法》第191条和第349条之间,明显地存在着重叠的内容。除了这两个条文所规定的主观要素、行为要件、隐瞒毒品收益的故意要素均相同之外,《刑法》第191条所规定的"掩饰、隐瞒性质和来源"和第349条所规定的"隐瞒"②之间的区别也非常微妙,这会导致在实践中很难把握两者的界限。

FATF之所以将我国关于洗钱犯罪化项目的评估结果界定为"部分合规",还基于以下几个理由:③

第一,尽管中国的基本法律制度没有禁止将获取(acquisition)、持有(possession)以及使用(use)犯罪收益的行为予以犯罪化,刑法中相关的罪名却没有完全覆盖这三种行为。④ 这不符合《禁毒公约》和《打击跨国有组织犯罪公约》的有关规定。

第二,在刑法中,没有规定"收益"这个关键术语的定义。⑤

第三,关于上游犯罪,FATF认为中国采取了列举式和涉及所有犯罪的综合方法。虽然《刑法》第191条所列举的七类上游犯罪类型只涵盖

---

① 一般认为,洗钱的过程被分为三个阶段,其中第一阶段是"处置"(placement)阶段。

② FATF的互评估报告将我国《刑法》第191条所规定的"掩饰、隐瞒性质和来源"翻译为"concealing or disguising the origin and nature",而将《刑法》第349条所规定的"隐瞒"翻译为"covering up"。同时,评估团也坦承:"在将中国的刑法条文翻译为英语时,会遇到不同的见解,但是互评估报告的翻译是最忠实于原文的。"

③ See FATF, *First Mutual Evaluation Report on Anti-Money Laundering and Combating the Financing of Terrorism on the People's Republic of China*, 29 June 2007, para. 83、84、86-88、90-93、107 and 111.

④ 需要说明的是,FATF的互评估报告也认为我国《刑法》第312条所规定的行为方式在一定程度上涵盖了这三种行为方式,例如"窝藏"中就隐含了"持有","收购"中也带有"获取"之意,而"转移、销售"则蕴含着"使用"。See FATF, *First Mutual Evaluation Report on Anti-Money Laundering and Combating the Financing of Terrorism on the People's Republic of China*, 29 June 2007, para. 83.

⑤ 在这个问题上,中国有关官方机构向FATF评估团解释道:"收益"是易于理解的,它涵盖了所有直接或间接的收益,不仅包括财产和投资利润,还包括相关的所有权和利息,只要它们与犯罪所产生的利益存在因果关系即可。然而,评估团认为我国并没有实际的法律文件可以证实这点。

FATF 所指定犯罪类型中的一半,这个差距却得以被《刑法》第 312 条所弥补。但是,由于《刑法》第 120 条之一所规定的资助恐怖活动罪并没有全部符合洗钱的上游犯罪之标准,中国法律也就没有完全与 FATF 所指定的 20 种上游犯罪类型保持一致。

第四,关于自洗钱。FATF 对中国刑法三个涉及洗钱犯罪的条文进行分析,认为它们均包含了诸如"提供""协助""代为销售"等帮助或支持的术语,这表明中国的洗钱犯罪只能由第三者实施,而不能由实施上游犯罪的实行犯本人构成。尽管我国司法机关解释说"本犯"是上游犯罪的自然延续、可以被上游犯罪所吸收,对其进行惩治违反了"禁止重复评价"的原则,但评估团并不满意这种解释,认为中国的司法机关曲解该原则,也忽略了洗钱犯罪的特殊性,而且尖锐地指出我国关于"本犯"不能构成洗钱犯罪的规定已经十分严重地影响了反洗钱实践的实际效果。

第五,在司法实践中,中国反洗钱的罪名条文没有得到有效的贯彻,这可以由极少的定罪案件证实。根据 FATF 评估团的统计,截止到 2006 年 10 月,我国只有 3 起案件 4 名被告人被依据《刑法》第 191 条判决有罪[1],这与中国这个大国和高风险的洗钱程度相比是很低的。[2] 据此,FATF 评估团强烈建议我国提升司法机关发现和打击洗钱活动的意识,以便加强打击洗钱犯罪的实际效果。

二、FATF 2019 年对我国的互评估报告

对于洗钱犯罪的惩治,FATF 2019 年对我国第四轮互评估报告肯定了中国为了适应打击洗钱活动的需要,不断修改洗钱犯罪立法,并建立了较为完善的反洗钱刑事法律体系。同时,执法机关拥有充分资源和能力,能够对洗钱犯罪采取有效的打击措施,洗钱风险得到了一定程度的遏制。互评估报告也指出,中国刑法对"自洗钱"行为不单独定罪的做法,不符合 FATF 的国际标准。在司法实践,中国执法部门也需要提高对反洗钱工作的认识,改变当前"重上游犯罪,轻洗钱犯罪""重掩饰、隐瞒犯罪所得

---

[1] See FATF, *First Mutual Evaluation Report on Anti-Money Laundering and Combating the Financing of Terrorism on the People's Republic of China*, 29 June 2007, para. 107.

[2] Ibid., para. 104.

罪,轻洗钱罪"的打击思维和做法。中国上游犯罪的数量巨大,但直接以洗钱罪调查惩处地下钱庄、贪腐、法人洗钱的案件较少,对洗钱犯罪主观明知的证明标准过高,影响了进一步提升打击洗钱犯罪的成效。①

如前所述,FATF在依据《40项建议》对我国进行互评估时,将第三项核心项目"洗钱犯罪"的评级确定为"部分合规",其主要缘由包括:中国在刑事立法上没有将自洗钱入罪;《刑法》第312条涵盖的一些上游犯罪类型过于狭窄,并且存在3000元以上的入罪金额门槛条件;与其他金融犯罪相比,对洗钱罪的监禁惩罚是成比例的,但与一些主要上游犯罪相比,洗钱犯罪的刑期则偏低;《刑法》第349条"窝藏、转移、隐瞒毒品、毒赃罪"未规定单位的刑事责任。② 根据FATF的评估规则,我国在进入强化的后续程序期间,需要对标解决上述缺陷,在3年内提出后续整改报告,以便重新评级。

对此,在刑事立法层面,《刑法修正案(十一)》对《刑法》第191条的洗钱罪进行了重大修改,从而使自洗钱行为得以入罪。如本书第三章所述,这是自洗钱入罪的国际压力使然。同时,在司法解释层面,2021年4月,最高人民法院审判委员会通过了《关于修改〈关于审理掩饰、隐瞒犯罪所得、犯罪所得收益刑事案件适用法律若干问题的解释〉的决定》(法释〔2021〕8号),明确规定掩饰、隐瞒犯罪所得、犯罪所得收益罪的数额标准不再适用,应综合考虑上游犯罪的性质、掩饰、隐瞒的情节、后果和社会危害程度等。在上述法律规范文件有针对性地解决互评估报告关于第3项"洗钱犯罪"的重大缺陷之后,我国根据有关程序规定向FATF提交了第二次后续整改报告。

2021年10月,FATF在对中国第二次后续评估报告中认定:中国关于洗钱犯罪的规定,已经涵盖了联合国《禁毒公约》和《打击跨国有组织犯罪公约》等国际公约规定的要素;自洗钱也已经在刑事立法上入罪;不再以犯罪数额作为入罪金额的门槛条件;对被判洗钱罪的自然人之刑事处

---

① 参见张末冬:《金融行动特别工作组公布中国反洗钱和反恐怖融资互评估报告》,载《金融时报》2019年4月19日,第1版。

② See FATF: *Anti-Money Laundering and Counter-Terrorist Financing Measures——People's Republic of China*, 4th Round Mutual Evaluation Report, April 2019, Effectiveness and Technical Compliance Ratings.

罚,具备适当性和惩戒性。但是,《刑法》第 349 条未规定法人承担刑事责任。① 鉴于中国在解决上述缺陷方面已取得进展,只剩下一些轻微缺陷,FATF 对我国第 3 项"洗钱犯罪"进行重新评级后,将评分提升为"大致合规"。② 这是我国相关部门对标整改后"集体抬轿子"的重大成果,表现出我国在刑事法律规制方面惩治洗钱犯罪的集体结晶。

第三节 洗钱罪:刑事立法完善的突出问题

在涉及洗钱"完善法律制度"的板块,国务院办公厅在 2017 年发布的《三反意见》第 10 条明确要求"研究扩大洗钱罪的上游犯罪范围,将上游犯罪本犯纳入洗钱罪的主体范围"。从顶层设计角度看,这是我们在刑事立法上完善洗钱罪所面临的突出问题,需要各个方面的人士统一认识来加以落实。鉴于《刑法修正案(十一)》已经解决自洗钱入罪的急迫问题,我们还需要在其他方面予以完善。

一、上游犯罪:再"扩军"与立法技术的关系考

从与上游犯罪的关系看,《刑法》第 191 条规定了法定七类上游犯罪,《刑法》第 349 条所惩治的上游犯罪只涉及毒品犯罪,而《刑法》第 312 条所规制的上游犯罪,则是一般意义的广义犯罪,三者由此形成了前两条是特殊罪名、《刑法》第 312 条是普通罪名的竞合关系。由于《刑法》第 349 条所涉及的上游犯罪是特定的毒品犯罪,且《刑法》第 312 条带有"兜底"的宽泛性质,故上游犯罪范围扩大的问题实际上专指《刑法》第 191 条的洗钱罪。

如前所述,我国通过两个刑法修正案对《刑法》第 191 条洗钱罪的上游犯罪范围进行了扩充,这源于 1997 年《刑法》对该条的上游犯罪采取的

---

① 参见曹作义:《中国反洗钱第四轮国际互评估及后续评估报告综述》,载反洗钱工作部际联席会议办公室编:《中国反洗钱实务》(2023 年第 2 期),中国金融出版社 2023 年版,第 12—13 页。

② FATF, *Anti-Money Laundering and Counter-Terrorist Financing Measures—People's Republic of China*, 2nd Enhanced Follow-Up Report & Technical Compliance Re-Rating, October 2021.

"列举式"的目录模板,由此决定了在需要增加上游犯罪的情形下,就只能对《刑法》第 191 条"动手术",这会在很大程度上有损于该法条的稳定性。因此,我们在协调上游犯罪"扩军"与法条稳定性之间的关系时,可以考虑使用"概括性"的立法技术,即不列举具体的上游犯罪类型,而是使用诸如"特定犯罪"的词语,然后通过立法解释或者司法解释来细化具体的种类。例如,《加拿大刑法典》在规定清洗犯罪收益罪时,为了在洗钱的行为对象与上游犯罪之间建立起有机的联系,在立法时有意识地另辟蹊径,在规定上游犯罪时使用"指定犯罪"(designated offence)的术语,其目的是覆盖洗钱行为的变化锁链,满足将来扩大上游犯罪范围的刑事立法需要。① 这对我国具有借鉴的意义。

退而言之,即使不对上游犯罪的立法技术进行"大修",而只是在目前模板下进行"扩军",我们可以考虑在新的刑法修正案中将一些多发的严重犯罪类型纳入《刑法》第 191 条。需要特别注意的是,FATF 在 2012 年修订《40 项建议》的第 3 项"洗钱犯罪"时,调整了对洗钱的上游犯罪之立法态度,要求各国和地区"将洗钱犯罪适用于所有的严重犯罪,旨在涵盖最广泛的上游犯罪"。同时,正如本书第二章所述,FATF 在 2012 年修订的《40 项建议》中对"指定的犯罪类型"(designated categories of offences)明确规定了 21 种犯罪。与 FATF 在 2003 年《40 项建议》所规定的 20 种犯罪相比较,2012 年版增加了"税务犯罪(与直接税和间接税有关)"。这必将对每过几年就进行的国际互评估会产生重大的影响,我们必须在刑事立法上提前谋划。

依据我国官方提供给 FATF 的数据,我国目前产生犯罪收益的主要上游犯罪是非法集资、诈骗、贩毒、贪污贿赂、税务犯罪、假冒伪劣产品和非法赌博。② 鉴于反逃税是完善"三反"机制中并列的重要内容,"税务犯罪"也被新增列入 FATF 2012 年《40 项建议》所规定的"指定的犯罪类型"之中,理应将"危害税收征管罪"纳入《刑法》第 191 条洗钱罪的上游犯罪内。此外,生产、销售伪劣商品罪和网络诈骗犯罪、赌博犯罪也应一并

---

① 参见王新:《加拿大反洗钱刑事立法之研究和借鉴》,载《江苏社会科学》2008 年第 6 期。
② FATF, *Anti-Money Laundering and Counter-Terrorist Financing Measures—People's Republic of China*, 4th Round Mutual Evaluation Report, April 2019, Risks and General Situation, para. 2.

增加在列。

二、客观行为方式：翻新变化与洗钱本质的抓取

在早期,洗钱主要通过金融机构进行,而且手段比较单一。正是考虑到金融机构是洗钱的重灾区,也是监测犯罪资金流动的核心领域,FATF在1990年第一版的《40项建议》中将核心内容聚焦在"增强金融机构的作用"。1996年,为了应对不断变化更新的洗钱趋势和手段,FATF对《40项建议》进行了第一次修订,在第13项建议中要求各国特别关注伴随新科技而产生的洗钱新技术,并且采取适当的措施,以便防止新技术被用于洗钱,并且将利用跨境运送现金、空壳公司等进行洗钱的手段纳入建议中。后来,在2003年第二次修订《40项建议》时,FATF注意到随着金融机构反洗钱预防措施的落实,行为人开始利用非金融行业和职业进行洗钱,故在若干项建议中,规定赌场、房地产经纪人、贵金属和珠宝交易商、律师、公证人、其他独立法律专业人员和会计师、信托和公司服务提供者等特定非金融行业和职业也需要履行反洗钱义务和措施。再后来,FATF在2012年新修订的《40项建议》中,特别设置了第15项"新技术",更为具体地要求各国和地区以及金融机构应当识别、评估可能由下列情形带来的洗钱与恐怖融资风险:① 新产品、新业务以及新交割机制的发展;② 新产品、现有产品中新技术或研发中技术的应用。金融机构应当在发布新产品、开展新业务以及应用新技术(研发中的技术)前进行风险评估,采取适当措施管理和降低此类风险。

在"9·11"事件后,美国强调反洗钱是维护国家安全战略的重要组成部分。在2005年,由美国国土安全部、财政部、司法部、联邦储备委员会、美国邮政服务等跨部门的反洗钱专家组成的工作小组发布了《美国洗钱威胁评估》,详尽地列出了犯罪分子通过银行业、汇款、支票、货币兑换、汇票、储值卡、在线支付系统、非正式转账系统、大规模现金走私、贸易、保险公司、空壳公司、赌场等13种洗钱方法。其中既包括将"黑钱"混入金融机构系统的比较成熟的方法,也包括运用全球支付网络、互联网的新型洗钱方法,故有针对性地采取了一系列的遏制对策。

由此可见,随着时代的发展,在国际社会与各国监管机构严密反洗钱机制的同时,行为人为了支配、享用从上游犯罪中获取的犯罪所得和犯罪

收益,以及为了逃避打击和切断自己与上游犯罪产生的"黑钱"的联系,上游犯罪行为人必然会寻觅其中的薄弱环节实施洗钱活动。可以说,每一种金融服务和产品的出现,在为我们的生活带来便利的同时,也一定会被天生嗅觉敏锐的洗钱分子所利用。伴随着各国在法律机制上强化金融机构履行反洗钱的义务规定,犯罪分子为了切断犯罪所得和犯罪收益交易的追溯链条,开始寻找其他洗钱渠道,例如交叉组合地使用银行、证券、保险、非银行支付、房地产、珠宝和贵金属交易等多种行业和业务,特别是利用日新月异的科学技术。这已成为洗钱行为方式的新态样。面对洗钱手段不断翻新和复杂缜密的态势,国际社会和世界各国与时俱进地进行立法反应和法律规制。

对于洗钱罪的客观行为方式,我国 1997 年《刑法》在第 191 条列举了五种行为方式①,这可以高度概括为:一个"提供",三个"协助"和一个"兜底",而且前四种洗钱的平台和载体均是金融机构。可以说,上述行为方式是契合我国当时反洗钱的时代背景的。全球范围内的洗钱也主要发生在金融机构,但是在洗钱手段发生日新月异的变化和国际社会纷纷调整应对措施的新形势下,我国《刑法》对于洗钱罪的行为方式仅进行过轻微修订,基本上停留在 20 多年前的模板中,这明显落后于我国打击洗钱犯罪的现实需要。虽然最高人民法院在 2009 年 11 月公布的《关于审理洗钱等刑事案件具体应用法律若干问题的解释》第 2 条中细化了"以其他方法"的"兜底式"形态,具体列举出不通过金融机构进行洗钱的六种手段,但这属于"打补丁"式的修补,还是不能涵盖我国后续新出现的洗钱方式。例如,伴随着互联网金融活动的发展,新型支付产品、比特币等虚拟货币出现,其所具有的瞬间、远程和匿名的大规模资金快速流动特点,也会经常被洗钱犯罪分子所利用。有鉴于此,我们必须有针对性地在刑事立法上予以跟进和调整,不能再僵化在时过境迁的洗钱行为方式上。

随着互联网的快速发展,洗钱犯罪分子依托于金融科技的发展,衍生出翻新变化和日趋复杂化的洗钱手段,致使在司法实践中出现认定难点。对此,我们在基础层面应澄清本质与表象之间的辩证关系。金融学界普

---

① 这些形态具体规定为:① 提供资金账户的;② 协助将财产转换为现金、金融票据、有价证券的;③ 通过转账或者其他结算方式协助资金转移的;④ 协助将资金汇往境外的;⑤ 以其他方法掩饰、隐瞒犯罪的违法所得及其收益的性质和来源的。

遍认为互联网改变了金融生态,尤其是渠道的拓展和交易方式的变化,但这无法改变金融的基本功能和本质。① 在此认识的原理上,我们可以认为,网络洗钱犯罪没有改变洗钱犯罪的本质。从这个意义上讲,我们在认识和处理新型的网络洗钱犯罪时,需要辩证地确立打击网络洗钱犯罪的司法理念,应该透过表象看本质,体现出"重行为性质"的价值取向,不应简单地被外在的网络"外衣"所迷惑,应该进行"穿透式"的审定。针对司法实践中资金转移方式更专业、洗钱手段更隐蔽的情形,最高人民检察院、中国人民银行在联合发布的惩治洗钱犯罪典型案例第2号"雷某、李某洗钱案"的"典型意义"中指出:

  洗钱犯罪手段多样,变化频繁,本质都是通过隐匿资金流转关系,掩饰、隐瞒犯罪所得及收益的来源和性质。……检察机关在办案中要透过资金往来表象,认识行为本质,准确识别各类洗钱手段。②

  对于洗钱罪客观行为方式的刑事立法,《刑法》第191条采取"列举式＋兜底式"的立法技术,这是我国长期刑事立法的标配模式。具体分析,"列举式"便于司法操作,但容易挂一漏万,而且跟不上洗钱手法翻新变化的高快频次;"兜底式"具有高度的概括性,但不具有司法可操作性,而且从逻辑和前后关系看,它是对"列举式"的补充归纳,不能超越所列举的行为方式之底蕴而扩张理解。有鉴于此,我们可以改变目前以"列举式"为主的刑事立法模型,抓取洗钱的本质来规定客观行为。

  实际上,在"洗钱"的动宾词组的称谓中,"洗"是口语化的表述,强调"清洗""漂白"的动态化过程,其法律化的正规含义是"掩饰、隐瞒"。至于洗钱的具体手段、方法以及利用的平台,属于细节问题,无须在刑事立法中具体列举,否则会限制自己的手脚。无论洗钱的行为方式如何变化和发展,其实质脉络和中心点都是围绕犯罪所得和犯罪收益的来源和性质

---

① 参见朱小黄:互联网能改变金融生态却不能改变金融的基本功能》,载中金在线网站,http://bank.cnfol.com/yinhangyeneidongtai/20201211/28582822.shtml,最后访问时间:2023年6月5日。
② 孙风娟:《最高检央行联合发布惩治洗钱犯罪典型案例》,载《检察日报》2021年3月20日,第1版。

进行掩饰、隐瞒，使"黑钱"看起来合法或者"干净"的过程，这已成为不同国际组织和国家的共识，也应体现在我国关于洗钱罪客观行为方式的刑事立法上。另外，在《刑法修正案（六）》对《刑法》第 312 条进行修订而将其纳入反洗钱罪名体系之后，"两高"立即对该条的罪名称谓予以修改，以便突出其中"掩饰、隐瞒"的客观本质，这也反映出我国刑事立法者对洗钱本质特征的认识发展，体现出"重行为性质，轻行为方法"的价值取向，这可以为我们完善《刑法》第 191 条洗钱罪的罪状所借鉴。

第六章 自洗钱入罪的理论与认定问题

《刑法修正案(十一)》修订洗钱罪的最大"亮点"是将自洗钱入罪,这是在刑事立法中落实关于完善我国反洗钱监管机制的顶层设计要求,并且以我国明确承诺执行的国际反洗钱通行标准为参照要求,履行反洗钱国际组织对我国进行第四轮互评估后的后续整改义务,也是改善我国反洗钱司法效果薄弱局面的重要举措,可谓在刑事立法、司法实践和理论层面上均具有深远的意义。但是,此次立法修订打破了我国长期施行的"他洗钱"的单一模式,导致洗钱罪的司法适用中出现"自洗钱"与"他洗钱"的二元形态。由于这两种形态在行为模式和犯罪主体上存在差异,这自然地会引起洗钱与上游犯罪的竞合适用问题,也将会对过去关于洗钱犯罪行为人的主观认识、与上游犯罪的共犯关系等司法适用带来前所未有的新挑战。在刑事立法没有解决上述新型问题的背景下,我们需要在全面分析刑事立法目的、司法实践效果以及刑法理论中的罪数、罪责、共犯理论之基础上,为处理当前这些在司法实践中最为急迫的若干问题提供理论指引。

第一节 底蕴:自洗钱入罪的背景和意义

从罪状的叙述看,1997 年《刑法》在第 191 条设置洗钱罪时,对客观行为采用了"列举式"规定,其中在前四项使用了一个"提供(资金账户)"和三个"协助(协助将财产转换为现金、金融票据;通过转账或者其他结算方式协助资金转移;协助将资金汇往境外)"的帮助型语义结构;在主观方面,对于来源于上游犯罪的违法所得及其产生的收益之违法性认识,使

"明知"的术语。通过对这些语义结构和术语进行解读可以看出,鉴于上游犯罪的实施人(本犯)不存在所谓自己"帮助"本人的问题,其在主观上对于自己清洗的"黑钱"之性质和来源也必然是"明知"的,从规范意义上看应无须规定,但这表明从我国设立洗钱罪的时代背景出发,洗钱罪的犯罪主体只能由处于第三方的自然人和单位(他犯)构成。上游犯罪的本犯进行自洗钱时,不能构成洗钱罪。2001年通过的《刑法修正案(三)》和2006年通过的《刑法修正案(六)》对洗钱罪分别进行了修改,但焦点均集中在上游犯罪范围的扩大上。

随着我国对反洗钱重要性的认识发生质的飞跃,反洗钱成为维护国家安全体系的重要组成部分。2017年4月,中央全面深化改革领导小组对反洗钱进行顶层制度设计,将"三反"机制列为深化改革的重点任务。2017年9月,为了落实"三反"机制,国务院办公厅发布《三反意见》,其中在第10条明确要求推动研究完善相关刑事立法,修改惩治洗钱犯罪和恐怖融资犯罪相关规定,包括"将上游犯罪本犯纳入洗钱罪的主体范围"。为了落实上述反洗钱的顶层设计要求和路线图,我国刑事立法需要予以积极的反应。

从国际环境看,我国在2007年融入国际社会通力反洗钱的合作框架后,FATF在2018年组成国际评估团,对我国开展第四轮互评估工作,并且在2019年4月公布了对40项评估项目的"成绩单",对第3项核心项目"洗钱犯罪"(Money Laundering Offence)进行评估后,FATF认为我国洗钱犯罪的许多内容均为"合规"或"大致合规",但没有将自洗钱入罪,这是技术合规性方面的"重大缺陷",故对第3项的评级是"部分合规",并且建议我国予以整改。[①] 对此,根据FATF相关的评估程序要求,作为FATF的成员和国际上负责任的大国,我国为了履行互评估的后续整改义务,必须在整改过程中对标解决。同时,依据国务院办公厅发布的《三反意见》第10条所确定的"按照我国参加的国际公约和明确承诺执行的国际标准要求"之指引,FATF对我国自洗钱没有入罪的评价和整改建议,就成为我们在刑事立法和司法层面进行完善的必选方向。

---

① FATF, *Anti-Money Laundering and Counter-Terrorist Financing Measures—People's Republic of China*, 4th Round Mutual Evaluation Report, April 2019, Effectiveness and Technical Compliance Ratings.

综上所述，为了落实顶层设计的指引性要求，彰显我国对 FATF 互评估的后续整改措施，尽管有关部门对自洗钱入罪的认识不统一且争议极大，《刑法修正案（十一）》仍在立法技术上进行了"微创手术"，通过删除第 191 条客观行为方式中三个"协助"以及"明知"等术语，改变了原先洗钱罪的帮助型结构，解除了洗钱罪只能由他犯构成的限制性框架和内容，从而将自洗钱纳入洗钱罪的适用范围。这是《刑法修正案（十一）》对洗钱罪进行第三次修订的最大"亮点"，可谓在国内顶层设计和国际外在压力下的刑事立法反应。①

从司法实践看，自从 1997 年《刑法》设立洗钱罪以来，依据 FATF 在 2006 年对我国进行的第三轮互评估报告，截止到 2006 年 10 月，在全国范围内只有 3 起案件 4 名被告人被判处洗钱罪。据此，FATF 认为我国反洗钱的司法效果存在重大缺陷，强烈建议我国提升打击洗钱犯罪的实际效果。② 从 2008 年开始，虽然洗钱罪的判决数量在总体上呈上升趋势，但依然长期维系在个位数至十位数的水准，定罪数量偏少。根据有关部门的分析，这既有法律规定方面的原因，例如洗钱罪的主观方面认定标准严格、自洗钱行为尚未入罪等，也有在执行中一些基层办案机关缺少洗钱犯罪侦查经验等原因。③ 洗钱罪的微小判决数量与上游犯罪的庞大定罪数量形成了巨大的反差，致使国际社会对我国反洗钱工作的整体有效性产生了疑问。④ 例如，FATF 在对我国进行第四轮互评估时，通过分析 2013 年至 2017 年五年期间仅有 87 人因洗钱定罪的数据，认为我国对洗钱罪的起诉频率并不高，指出这与大量的上游犯罪数量相比较少，故对第 7 项直接目标"洗钱调查和起诉"的有效性评估的评级为"中等水平"。⑤ 对此，我国也必须在后续整改期内采取措施来改进。

需要指出的是，通过我国相关部门采取的各项措施，我国打击洗钱犯

---

① 参见王新：《〈刑法修正案（十一）〉对洗钱罪的立法发展和辐射影响》，载《中国刑事法杂志》2021 年第 2 期。

② FATF, *First Mutual Evaluation Report on Anti-Money Laundering and Combating the Financing of Terrorism on the People's Republic of China*, 29 June 2007, para. 93 and 107.

③ 参见刘宏华：《全力推动反洗钱工作向纵深发展》，载《中国金融》2020 年第 11 期。

④ 参见中国人民银行反洗钱局课题组编著：《完善反洗钱法律制度研究》，中国金融出版社 2020 年版，第 178—180 页。

⑤ FATF, *Anti-Money Laundering and Counter-Terrorist Financing Measures—People's Republic of China*, 4th Round Mutual Evaluation Report, April 2019, para. 196.

罪的司法效果得到了明显的提升。例如全国检察机关强化考核评价,加强与外部的协作配合,全面深化推进反洗钱工作,形成惩治洗钱犯罪的工作合力。特别是最高人民检察院在2020年3月召开反洗钱电视电话会议部署工作后,全国检察机关在2020年共批准逮捕洗钱犯罪221人,提起公诉707人,较2019年分别上升106.5%和368.2%。[①] 但是,这依然不能适应我国打击洗钱犯罪的需要,距离完成FATF对"洗钱调查和起诉"之有效性评估后的整改要求尚有较大差距。可以说,《刑法修正案(十一)》在自洗钱方面的修订,是在总结长期司法实践基础上的立法"解套",是在刑事立法上进行有针对性完善的根本之举。我们可以乐观地看到,在自洗钱入罪之后,关于洗钱罪的司法适用数据将会出现明显的增长,从而从根本上改善我国反洗钱司法效果的薄弱局面,也可以彻底摆脱FATF长期质疑和纠缠我们的自洗钱在互评估时的问题。

第二节 竞合适用:并罚抑或从一重罪处罚

《刑法修正案(十一)》将自洗钱入罪之后,在司法实践中面临的最为急迫的问题,是关于自洗钱与上游犯罪的竞合适用问题,究竟是进行数罪并罚,还是从一重罪处罚。正如立法机关所言,对于自洗钱与上游犯罪的竞合问题,"是从一重罪处罚,还是数罪并罚",《刑法修正案(十一)》未作规定,这需要在实践中进一步总结经验,按照罪责刑相适应的原则确定。[②] 对此,我们需要从罪数理论、刑事立法目的和域外比较等方面进行多视角的综合解析。

一、基本立场:立足于自洗钱的构造与罪数理论

在《刑法修正案(十一)》将自洗钱入罪之后,对于自洗钱与上游犯罪的竞合适用问题,我们需要首先辨析洗钱行为的性质,并且以此来界定自洗钱的基本构造:

---

① 《最高人民检察院工作报告》(2021年3月8日在第十三届全国人民代表大会第四次会议上)。

② 参见张义健:《〈刑法修正案(十一)〉的主要规定及对刑事立法的发展》,载《中国法律评论》2021年第1期。

（1）法定七类上游犯罪的本犯在实施上游犯罪的过程中或者完毕之后，对"黑钱"实施获取、持有、窝藏等后续行为。在这种情形下，法定七类上游犯罪的所得和收益处于上游犯罪实施后的"物理反应"之自然延伸状态，本犯并没有对其实施动态的"漂白"行为，这符合传统赃物犯罪的特征，属于"不可罚的事后行为"，故不应划入洗钱的范畴，也就谈不上自洗钱入罪后的竞合适用问题。2022年11月，最高人民检察院在惩治洗钱犯罪典型案例"冯某才等人贩卖毒品、洗钱案"中指出：

> 上游犯罪实施过程中的接收、接受资金行为，属于上游犯罪的完成行为，是上游犯罪既遂的必要条件，不宜重复认定为洗钱行为，帮助接收、接受犯罪所得的人员可以成立上游犯罪的共犯。①

（2）法定七类上游犯罪的本犯实施上游行为，又对"黑钱"实施动态的"漂白"行为，致使犯罪所得和犯罪收益呈现出"化学反应"，切断了其来源和性质。在这种情形下，本犯的后续行为表现为完全不同于上游犯罪的行为特征，在性质认定上不再是上游犯罪的自然延伸，这已经超出传统赃物犯罪的特征，应定性为洗钱行为，由此会带来自洗钱与上游犯罪的竞合适用问题。

罪数问题是犯罪的特殊形态问题，它是数罪并罚的前提。② 我国刑法学界的通说认为，犯罪构成是区分罪数的判断标准，犯罪行为符合一个犯罪构成的是一罪，具备两个以上犯罪构成的为数罪。③ 在自洗钱入罪之后，概而言之，法定七类上游犯罪与洗钱罪之间，两者均具有各自不同的犯罪构成，故成立为数罪。例如，贪污罪的本犯又自己实施了洗钱行为，这种"自贪自洗"的情形，在符合法定构成要件的情况下，分别构成贪污罪与洗钱罪。

此外，犯罪构成是区分一罪与数罪的标准，但并不是解决罪数处断的标准。罪数形态和数罪并罚是两个既有联系又有区别的刑法理论问题。

---

① 孙凤娟、柴春元：《"自洗钱"首次入选最高检典型案例》，载《检察日报》2022年11月4日，第1版。

② 参见陈兴良：《从罪数论到竞合论——一个学术史的考察》，载《现代法学》2011年第3期。

③ 参见吴振兴：《罪数形态论》，中国检察出版社1996年版，第16页。

在具体处断时,并不是说具备数个犯罪构成,就一定要以数罪处断。如果各复数犯罪构成所触犯的罪名或行为之间具有某种紧密联系,对其数罪并罚则有违罪刑均衡或者禁止重复评价等基本刑法理念。① 基于上述理论观点,在自洗钱入罪之后,对于法定七类上游犯罪与洗钱罪之间的竞合适用问题,我们在肯定两者具有数罪关系的前提下,还需要进一步地确定罪数的处断问题,即在实行数罪并罚或者从一重罪处罚中进行抉择。这涉及对其依托理论的认识,包括对法益侵害的全面评价、禁止重复评价原则、事后行为的可罚性、从一重处断原则的理解和具体应用。

(一)认定基础:对法益侵害的全面评价

犯罪构成要件所保护的法益内容,是罪数适用的处断基础。我国有学者认为,关于罪数的认定,应以法益为本。如果行为人是以数个行为侵害了数个法益,在一般情况下构成数罪;但是,若按一罪处罚,即可对法益予以必要充分的保护,则应仅成立一个犯罪。② 同时,作为下游犯罪的洗钱罪,在表象上属于上游犯罪的事后行为。在罪数理论中,对事后行为的可罚性,取决于该行为是否侵犯了新的法益,或者加重了对同一法益的侵害。如果后行为没有侵犯新的法益,也没有加重或扩大原法益侵害,就应作为不可罚的事后行为处理。③ 之所以对不可罚的事后行为不单独定罪处罚,是由于后行为对前行为产生了状态依赖性,后行为的违法状态已经被包括评价于前行为中,故无须再重复评价后行为。④ 有鉴于此,在自洗钱入罪之后,就需要具体考察法定七类上游犯罪与洗钱罪所侵害的法益内容之异同,以及如何辩证地理解上游犯罪与洗钱罪之间的关系。

从行为对象看,洗钱罪是掩饰、隐瞒上游犯罪的所得和收益。作为下游犯罪,洗钱罪是以上游犯罪为"母体"而产生的犯罪类型。这是洗钱在"幼儿期"所具有的基本属性,其与上游犯罪存在紧密的依附联系。但是,

---

① 参见刘宪权:《罪数形态理论正本清源》,载《法学研究》2009 年第 4 期。
② 参见郭莉:《罪数判断标准研究》,载《法律科学》2010 年第 5 期。
③ 参见贾学胜:《事后不可罚行为研究》,载《现代法学》2011 年第 5 期。在日本刑法的罪数理论中,包括的一罪,是指将原本可以构成数罪的行为包括性地作为一个违法和犯罪评价处理。不可罚的事后行为被归类为"异质的包括的一罪",其内在机理在于数个行为各自触犯了不同的构成要件,但其中一个构成要件已对全体事实进行了包括评价,就应进行一次构成要件评价。参见陈兴良:《从罪数论到竞合论———一个学术史的考察》,载《现代法学》2011 年第 3 期。
④ 参见陈兴良主编:《刑法总论精释》(第 3 版下),人民法院出版社 2016 年版,第 701 页。

我们在肯定这种早期关系的同时,也应以动态的视角看到洗钱在中后期的发展中已经逐步"成人化",开始具有自己的独立属性。具体而言,经过发展,洗钱已超越早期的附属于上游犯罪的单一属性,威胁到政治、经济、社会等多个领域,已被国际社会公认为冷战之后典型的"非传统安全问题"之一。特别是在"9·11"事件之后,从国际层面看,洗钱已经发展出与恐怖融资和危害国家安全的新型关系,反洗钱已经上升到维护国家安全和国际政治稳定的战略高度。在我国,在总体国家安全观的指引下,反洗钱也上升到维护总体国家安全的战略高度,并且在顶层设计中被纳入国家治理体系和治理能力现代化的范畴。有鉴于此,我们在肯定洗钱与上游犯罪"母体"存在联系的基础上,也需要在其"成人化"之后,对其进行单独的法律评价,而不是永远和完全地将其置于上游犯罪的覆盖下。洗钱在当今所蔓延和裂变出的危害性,在一定程度上甚至超越了对上游犯罪的法律否定评价,其所侵害法益的新型特征并不能为上游犯罪所覆盖和全面评价,而且与对上游犯罪的评价内容并不完全相同。①

综上所述,作为上游犯罪的事后行为,洗钱具有独立的法益侵害性,有别于上游犯罪侵犯的法益内容,与上游犯罪的规范保护目的也不具有同一性,故不能为上游犯罪所完全评价,符合进行数罪并罚的条件。

(二)辨析:禁止重复评价原则的具体适用

对于洗钱罪的认识,理论界以往是以传统赃物犯罪理论为底蕴的,认为其是针对上游犯罪的非法资产而设立的罪名,在时空方面发生在上游犯罪之后,与上游犯罪存在着阶段性和依附的关系;上游犯罪本犯所实施的自洗钱行为,是上游犯罪的自然延伸,应属于刑法理论中的不可罚的事后行为,可以被上游犯罪所吸收;同时,由于上游犯罪的本犯已基于上游犯罪而受到刑事处罚,就不能再以处于下游位置的洗钱罪论处,否则就违反了禁止重复评价原则。② 正是以赃物犯罪的传统理论为立法思路,我国1997年《刑法》认为本犯实施的自洗钱属于不可罚的事后行为,故只设置了他洗钱模式,未将自洗钱入罪。由此可见,对于禁止重复评价原则的

---

① 参见王新:《〈刑法修正案(十一)〉对洗钱罪的立法发展和辐射影响》,载《中国刑事法杂志》2021年第2期。

② 转引自王新:《反洗钱:概念与规范诠释》,中国法制出版社2012年版,第209页。

理解，不仅是在刑事立法上确定自洗钱能否入罪的理论"瓶口"，也直接关系到自洗钱入罪后的竞合适用认定，这就需要我们结合洗钱罪的发展变化和特性而予以辨析。

所谓禁止重复评价，是指在定罪量刑时，禁止对同一犯罪构成事实予以两次或两次以上的法律评价。[①] 据此，该原则适用的基础条件是"同一犯罪构成事实"。在罪数理论上，当案件事实不能被同一构成要件完全包括时，需要多个构成要件进行多次评价，是为数罪。[②] 具体到自洗钱，其表现为本犯在实施上游犯罪之后，又进一步积极地实施掩饰、隐瞒等"漂白"的二次行为，致使"黑钱"发生了"化学反应"，切断了源自上游犯罪的犯罪所得和收益之来源和性质。在行为性质上，这表明自洗钱已经不再是上游犯罪的自然延伸，完全有别于传统赃物犯罪对上游犯罪财产的事后消极处分行为，而是具有新的犯罪构成事实，与上游犯罪并不形成"同一犯罪构成事实"，并不具备适用禁止重复评价原则的前提条件，因此不存在违反该原则的问题，也相应地突破了对自洗钱不能予以数罪并罚的限制性框架。

（三）类型分析：不存在"从一重处断"原则的适用情形

在我国的刑法规范中，"从一重处断"条款的基本表述是："有前款行为，同时构成其他犯罪的，依照处罚较重的规定定罪处罚。"这表明当一个行为同时该当前款犯罪与其他犯罪时，从一重处断。关于"从一重处断"条款的适用，我国有学者将其归类为三种情形：想象竞合、交差关系的法条竞合、牵连犯和吸收犯等处断的一罪，即该原则具有处置上述情形的"三重属性"。基于此分类，我们可以从以下三个方面具体考察在自洗钱入罪后，能否适用"从一重处断"原则[③]：

（1）想象竞合犯：其前提是只有"一个行为"，即行为是单数。反观洗钱，自洗钱入罪后，洗钱与上游犯罪是不同的犯罪行为类型，两者存在复数行为的关系，不符合想象竞合犯"一行为侵害数法益"的前提条件，故难

---

① 参见陈兴良：《禁止重复评价研究》，载《现代法学》1994年第1期。
② 参见〔日〕大塚仁：《刑法概说（总论）》（第3版），冯军译，中国人民大学出版社2003年版，第418页。
③ 参见王彦强：《"从一重处断"竞合条款的理解与适用——兼谈我国竞合（罪数）体系的构建》，载《比较法研究》2017年第6期。

以成立为想象竞合犯。

（2）交叉关系的法条竞合：在该情形下，相关法条的构成要件是部分重合的，并且重合部分的构成要件侵害了同一法益，因此在坚持禁止重复评价原则的基础上，对该情形采取从一重处断。如前所述，在自洗钱入罪后，不存在对上游犯罪的本犯进行重复评价的问题，故也不能成立该情形。

（3）牵连犯和吸收犯等处断的一罪：该情形是"多行为侵害数法益"，不同于想象竞合犯的"一行为侵害数法益"。基于对牵连和吸收关系的特殊性之考虑，对其不予以并罚而从一重处断。行为人实施法定的七种上游犯罪，又进行自洗钱的，属于"多行为侵害数法益"的模式，因此该情形是自洗钱入罪后能否适用"从一重处断"原则中最应着重考察的类型，而核心焦点在于对牵连、吸收关系的理解。

具体而言，如果认为上游犯罪属于原因行为，洗钱犯罪属于结果行为，则两者存在牵连关系，故成立为牵连犯，不数罪并罚。张明楷教授也认为："自洗钱与上游犯罪属于想象竞合、牵连犯时，虽然应认定为数罪，但不应实行数罪并罚。"① 刑法理论一般认为，对牵连犯应从一重处罚。但是，对牵连犯也可以并罚，其前提是手段行为或者结果行为超出了其中一个罪的构成要件范围，而这以手段行为、结果行为侵犯的法益超出了其中一个犯罪的保护法益为标准。例如，行为人在走私过程中以暴力、威胁方法抗拒缉私的，其抗拒缉私的行为已经超出了走私罪的范围，即不属于走私罪构成要件的行为，故具有并罚的可能性。② 在自洗钱入罪后，洗钱不属于上游犯罪构成要件的行为，已经超出上游犯罪的范围，洗钱与上游犯罪并非侵犯同一法益，由此具备进行数罪并罚的前提。

至于吸收犯，它是指行为人实施数个犯罪行为，其所符合的犯罪构成之间具有特定的依附与被依附关系，从而导致其中一个不具有独立性的犯罪被另一个具有独立性的犯罪吸收，对行为人仅以吸收之罪论处，而对被吸收之罪置之不论的犯罪形态。③ 我国有学者认为，上位犯罪的行为人自行进行洗钱，应被视为上位犯罪的延续，后续行为被吸收，应按照吸

---

① 张明楷：《自洗钱入罪后的争议问题》，载《比较法研究》2022年第5期。
② 参见张明楷：《金融诈骗罪的罪数探讨》，载《东方法学》2006年第1期。
③ 参见高铭暄主编：《刑法学原理》（第2卷），法律出版社1995年版，第624页。

收犯的原则择一重定罪。① 由此可见,依据吸收犯的概念原理,对洗钱与上游犯罪的"依附关系"之理解,直接关系到吸收犯原理在自洗钱入罪后的竞合适用问题。

从洗钱的代际演变看,在洗钱的产生和前期发展的阶段,洗钱作为下游犯罪依附于毒品犯罪、有组织犯罪、腐败犯罪等三类上游犯罪,两者存在紧密的相伴而生的关系。但是,随着洗钱活动的日益发展,我们必须辩证和动态地看待两者之间的关系。自"9·11"事件发生后,洗钱的危害性开始发生"核裂变",逐渐地从依附于上游犯罪的单一属性中脱离出来,升级为非传统国家安全中的突出问题,具有自己独立的属性。在国际社会强化反洗钱重要性的大形势下,我国认为反洗钱是维护我国总体国家安全的重要内容,特别是反洗钱通过维护金融安全、反腐倡廉、反恐怖主义、国际合作等方面的独特作用,成为国家治理体系和治理能力现代化的重要组成部分。② 根据上述分析,对于洗钱与上游犯罪之间关系的认识,我们不应再静态和孤立地停留在早期阶段的依附与被依附关系上:洗钱罪在现代意义上已经具有独立的法律属性,需要独立地进行刑事法律评价;难以被上游犯罪所吸收,已经跳出了吸收犯的适用条件。

二、刑事立法目的:有助于司法效果的提升

关于自洗钱入罪的刑事立法目的,正如立法机关所言,是为有关部门有效预防、惩治洗钱违法犯罪以及境外追逃追赃提供充足的法律保障。③ 从国际和我国反洗钱的司法实践看,上游犯罪行为人为了支配、享用犯罪所得和犯罪收益,以及为了逃避打击和切断自己与上游犯罪的"黑钱"的联系,必然会实施洗钱活动,这既表现为通过第三方的"他洗钱"模式进行,也可以是本人亲自去实施的自洗钱模式。由于我国1997年《刑法》只规定了"他洗钱"的模式,相当于给自洗钱认定戴上了禁锢的"枷锁",这就

---

① 参见陈浩然:《反洗钱法律文献比较与解析》,复旦大学出版社2013年版,第10页。陈浩然教授书中所指"上位犯罪"与本书中的"上游犯罪"内涵略有差异,但在吸收犯的相关论述中,这种差异的影响可以忽略。

② 参见王新:《总体国家安全观下我国反洗钱的刑事法律规制》,载《法学家》2021年第3期。

③ 《关于〈中华人民共和国刑法修正案(十一)(草案)〉修改情况的汇报》(2020年10月13日)。

意味着将很大比例的自洗钱行为排除在犯罪圈之外。同时,洗钱罪在我国极低的司法适用数量已经远远不能适应我国打击洗钱犯罪的需要。我国还面临着履行 FATF"洗钱调查和起诉"之有效性评估的后续整改义务。这种"内外交迫"的压力倒逼我国从多方面解决这个长期存在的"牛鼻子"难题。[①] 因此,从刑事立法目的出发,自洗钱入罪是为了适应我国反洗钱的新形势需要和加大对洗钱犯罪的打击力度。

在我国长期打击洗钱的司法实践中,对于作为下游犯罪的洗钱罪,司法人员普遍存在着"重上游犯罪、轻洗钱犯罪"的倾向。[②] FATF 评估团在对我国实施"洗钱调查和起诉"的有效性进行评估时,认为我国对洗钱的识别和调查所采用的策略是"追踪资金流向",但这是为了最终查明上游犯罪,存在"重上游犯罪、轻洗钱犯罪"的问题。我国也认可这一结论,表示有必要提高对洗钱罪适用的重要性认识。[③] 针对这种现象,为了加大惩治洗钱犯罪的力度,最高人民检察院在 2020 年 7 月颁布的《关于充分发挥检察职能服务保障"六稳""六保"的意见》中,明确要求切实转变"重上游犯罪,轻洗钱犯罪"的做法。

在我国司法机关适用"从一重处断"原则时,鉴于最终的法律后果落脚在"依照处罚较重的规定定罪处罚",司法人员往往将调查、起诉和审判的重心聚焦在法定刑较重的罪名,而把其他相关犯罪置于次要的位置,这在一定程度上不重视甚至忽略了对其他相关罪名的认定,从而没有对竞合适用的所有犯罪的违法性进行全面评价。具体到自洗钱入罪之后,面对上游犯罪与洗钱罪同时存在的竞合适用情形,在当前不强调诉讼文书说明裁判依据的背景下,司法人员很容易将处于下游犯罪位置的洗钱罪定义为"次要的罪名",使得洗钱罪隐形在上游犯罪的"影子"里,导致在相关诉讼文书中对洗钱罪的认定会一笔带过。这不利于对洗钱罪侵害的法益进行完整的评价,不利于扭转"重上游犯罪,轻洗钱犯罪"的惯性执法思维,在深层次上也不利于培养民众对反洗钱重要性的认识。相反地,在罪

---

① 参见王新:《〈刑法修正案(十一)〉对洗钱罪的立法发展和辐射影响》,载《中国刑事法杂志》2021 年第 2 期。

② 参见刘宏华:《全力推动反洗钱工作向纵深发展》,载《中国金融》2020 年第 11 期。

③ FATF, *Anti-Money Laundering and Counter-Terrorist Financing Measures—People's Republic of China*, 4th Round Mutual Evaluation Report, April 2019, para. 177.

数理论成立的基础上，对于洗钱罪与上游犯罪实行数罪并罚，能够促使司法人员从不同的视角出发，分别从上游犯罪与洗钱罪的构成的角度来整体审视案件的违法性，防止司法人员遗漏或者错误地评价洗钱罪的法益侵害性。

综上所述，立足于自洗钱入罪的刑事立法目的，对洗钱与上游犯罪的竞合适用采用数罪并罚原则，有助于评价洗钱罪侵害法益的完整性，从而提高司法人员对反洗钱重要性的认识，改变传统的执法观念，最终提升反洗钱的司法效果。

三、德国：从自洗钱入罪，到有条件的数罪并罚

从比较法视野看，在1992年，秉持传统赃物犯罪理论的德国设立洗钱罪，其立法旨趣是打击有组织犯罪和毒品犯罪。后来，根据新形势的发展需要，德国联邦议会又对《德国刑法典》第261条进行了三十多次的"切香肠"式的修订。考虑到无论是上游犯罪本犯或者其他人将犯罪所得再次投入流通的行为均破坏经济、金融市场的完整性和稳定性，影响良性竞争[①]，德国在1998年5月通过了《改善与有组织犯罪作斗争法》，对《德国刑法典》第261条第1款的规定予以修订，删去了该条款犯罪对象中的限定词"其他人"，从而将自洗钱行为入罪化。这是德国对传统赃物犯罪理论的新发展。同时，考虑到纯粹自我包庇行为的不可罚性，而且为了避免双重处罚，《德国刑法典》第261条第9款第2句又明确了刑事处罚洗钱罪的例外情形，规定：行为人因参与上游犯罪已受处罚，则不依本条第1款至第5款予以处罚，即排除洗钱罪的可罚性。[②] 即使对行为人所参与的上游犯罪处罚更轻，上述刑罚适用的例外情形规定也仍然适用。[③] 由此可见，这是一种特别规定，并没有适用想象竞合的从一重罪处罚原则。

2015年11月，德国立法机关考虑到上游犯罪行为人将犯罪所得投入流通使犯罪财产进入合法经济循环会严重损害民众对整个金融体系的

[①] 中国人民银行反洗钱局课题组：《我国洗钱犯罪"明知"规定与修法建议》，载《金融时报》2020年9月14日，第12版。

[②] Vgl. Jahn, in Satzger/ Schluckbier/ Widmaier, StGB Kommentar, 4. Aufl., 2019, § 261, Rn. 24.

[③] Vgl. Hecker, in Schönke/ Schröder, StGB Kommentar, 30. Aufl., 2019, § 261, Rn. 7.

信任,认为只要自洗钱行为体现出自身特别的不法内容,也应在上游犯罪之外受到处罚①,故在《德国刑法典》增加了第 261 条第 9 款第 3 句,规定了例外情形中的例外:上游犯罪的正犯或共犯将上述违法犯罪所得之物用于流通并隐瞒其非法来源,则不再适用第 261 条第 9 款第 2 句的不受处罚性规定。这意味着在德国,对于部分的自洗钱行为,既要以上游犯罪处罚,也应以洗钱罪处罚,即进行有条件的数罪并罚。

综上所述,德国在洗钱罪的制定与修正过程中,也存在调和传统刑法释义学与国际公约的问题,尤其在欧盟反洗钱指令以及规则的要求下,德国洗钱刑法与传统刑法在体系定位和释义学解释上不断产生矛盾和冲突。但是,为了符合国际规范的要求,德国一直致力于反洗钱立法在符合国际规范和传统刑法解释上取得平衡点。同样地,我国台湾地区在颁行"洗钱防制法"之后的十余年内,对于自洗钱入罪等基础性问题,在刑法学界也存在认识分歧,甚至发出了严重违反传统刑法体系与定位之批评,有学者认为"洗钱防制法"在有关构成要件的专门术语上受到赃物犯罪的影响,存有改善的空间。② 可以说,从反洗钱的缘起和迅猛发展看,打击洗钱是刑事政策的产物,并且受到许多国际公约的影响。洗钱刑法具有强烈的国际刑法特征。③ 在这种新型的国内外背景下,对于洗钱罪的基础问题之认识,我们就不能仅局限或者停滞在传统的刑法理论上,还需要从多维视角进行动态的辨析。这对于我们认识反洗钱的基础问题,乃至完善我国反洗钱罪名体系,均具有借鉴意义。

四、结论

最高人民检察院孙谦副检察长在论及洗钱罪在《刑法修正案(十一)》实施后的具体适用时,要求检察人员特别关注新增自洗钱行为构成洗钱罪的规定,明确提出:

>……上游犯罪分子实施犯罪后,掩饰、隐瞒犯罪所得来源和性质

---

① Vgl. BT-Drs. 18/6389, S. 11.

② 参见马跃中:《经济刑法:全球化的犯罪抗制》,元照出版有限公司 2016 年版,第 151、189、190 页。

③ Vgl. Vogel, Stand und Tendenzen der Harmonisierung des materiellen Strafrechts in der Europäischen Union, in: Strafrecht und Kriminalität in Europa, 2003 S. 29 ff.

的，应当对上游犯罪和洗钱罪实行数罪并罚，不再被上游犯罪吸收。司法机关在办理上游犯罪案件时，应当同步审查上游犯罪主体以及其他涉案人员是否涉嫌洗钱犯罪。①

为了指导全国司法机关统一认识和规范适用，在自洗钱入罪后，根据司法实践的需求，对于洗钱罪与上游犯罪的竞合适用问题，在最高人民法院、最高人民检察院颁行新的《关于办理洗钱刑事案件适用法律的司法解释》之前，2022 年 11 月，最高人民检察院发布了惩治洗钱犯罪典型案例，在"冯某才等人贩卖毒品、洗钱案"的"典型意义"中明确指出：②

> 完整把握刑法规定的犯罪构成条件，准确认定洗钱罪。要坚持主观因素与客观因素相统一的刑事责任评价原则，"为掩饰、隐瞒上游犯罪所得及其产生的收益的来源和性质"和"有下列行为之一"都是构成洗钱罪的必要条件，主观上具有掩饰、隐瞒犯罪所得及其产生的收益来源和性质的故意，客观上实施了掩饰、隐瞒犯罪所得及其产生的收益的来源和性质的行为，同时符合主客观两方面条件的，应当承担刑事责任，并与上游犯罪数罪并罚。

第三节　主观认识与共犯的认定问题

《刑法修正案（十一）》将自洗钱入罪，彻底改变了我国惩治洗钱罪长期适用的"他洗钱"传统模式，这必然会对过去认定洗钱罪的主观认识的规定产生极大的冲击，也会对共犯的认定问题带来新的挑战。这均有待于我们在刑事立法目的和刑法教义学理论层面进行辨析。

一、"明知"术语的删除：立法与司法的辐射影响

从规范意义上看，为了解决洗钱犯罪中"明知"的认定难点问题，最高人民法院 2009 年颁行的《关于审理洗钱等刑事案件具体应用法律若干问

---

① 孙谦：《刑法修正案（十一）的理解与适用》，载《人民检察》2021 年第 8 期。
② 孙风娟、柴春元：《"自洗钱"首次入选最高检典型案例》，载《检察日报》2022 年 11 月 4 日，第 1 版。

题的解释》第 1 条第 1 款规定：

> 刑法第一百九十一条、第三百一十二条规定的"明知"，应当结合被告人的认知能力，接触他人犯罪所得及其收益的情况，犯罪所得及其收益的种类、数额，犯罪所得及其收益的转换、转移方式以及被告人的供述等主、客观因素进行认定。

为了便于司法操作，该司法解释还在第 2 款将当时司法实践中反应成熟的客观事实列举出 7 种具体情形，作为推定"明知"成立的证明标准。同时，该款又加入"但有证据证明确实不知道的除外"之"除却规定"，允许被告人进行反驳，以便有效地防止客观推定的绝对化，由此形成了"可反驳的客观推定"的司法解释范式。

在我国长期反洗钱的司法实践中，尽管有上述司法解释的规范指引，根据有关部门提供的资料，证明行为人对某一具体上游犯罪具备"明知"，在司法实践中仍有难度。从事洗钱犯罪的行为人常抗辩其不深究经手资金的来源，以此否认对某一种具体上游犯罪具备"明知"。[①] 可以说，对"明知"的认定，一直是调查取证中最为棘手的问题和司法认定的难点，严重制约了司法机关对洗钱犯罪的查处，这也是洗钱罪判决数量少的重要原因之一。2019 年 4 月，FATF 在对我国进行第四轮互评估时指出：中国的洗钱罪判决数量有限，这主要是由于难以证明洗钱罪成立所必需的"明知"要件，建议我国"降低明知的认定标准"。[②] 有鉴于此，我们需要从立法与司法层面解决"明知"的主观认定问题。

1997 年《刑法》第 191 条对洗钱罪在主观方面的叙述，明确使用了"明知"的术语，这是当时在立法层面将洗钱罪界定为"他洗钱"模式的标志之一，在主观方面排除了自洗钱入罪的可能性。如前所述，在《刑法修正案（十一）》将自洗钱入罪确定为立法目的之后，从立法层面上看，删除洗钱罪原先罪状中的"明知"术语，主要是为了消除将自洗钱入罪的文本限制障碍。与此同时，我们也应该看到，正如我国有学者所言，《刑法修正

[①] 参见许永安主编：《中华人民共和国刑法修正案（十一）解读》，中国法制出版社 2021 年版，第 136 页。

[②] FATF, *Anti-Money Laundering and Counter-Terrorist Financing Measures—People's Republic of China*, 4th Round Mutual Evaluation Report, April 2019, paras. 184, 186.

案(十一)》删除洗钱罪的"明知"要件,并非仅仅意味着自洗钱行为的入罪,还涉及是否导致洗钱罪主观构成要件的变化,是否对洗钱罪的认定产生影响等更为深层次的问题。① 因此,《刑法修正案(十一)》删除洗钱罪的"明知"要件,是在立法层面迈出的重要一步,还需在司法适用的层面正确理解"明知"术语被删除后的辐射影响。

二、界分认定:删除"明知"术语后的司法适用

根据我国《刑法》第 191 条的规定,洗钱罪是典型的故意犯罪,行为人在主观方面必须出自故意,对源于法定七类上游犯罪的所得及其收益具有主观认识。由此可见,《刑法修正案(十一)》删除了"明知"术语只是降低了对洗钱行为对象事实的证明标准,弱化了事实证明的重要性,但丝毫不影响洗钱罪的主观要件,并未改变洗钱罪的主观方面依然是故意的基础事实。无论是自洗钱,还是他洗钱,都需要证明主观要件的成立。② 具体到司法实践中,在"明知"术语被删除后,我们仍然需要认定洗钱罪的主观要件,否则就会陷入"客观归罪"的泥潭。对此,我们必须对司法适用的理念予以澄清和坚持。另外,《刑法修正案(十一)》在删除《刑法》第 191 条第 1 款原先位于句首的"明知"术语的同时,又将原规定中的"为掩饰、隐瞒"之表述,调整至现在第 191 条第 1 款规定之首,这主要是为了加强适用该条的法律指示效果,提示司法机关在认定洗钱罪时,不能忽视对行为人掩饰、隐瞒犯罪所得及其收益的认识把握。③

从国际宏观视野看,联合国颁布的《禁毒公约》《打击跨国有组织犯罪公约》和《反腐败公约》以及 FATF 早期版本的《40 项建议》均将主观要件列为洗钱罪的构成要素,要求可以根据客观事实情况予以推定,并没有基于打击洗钱的需要而不设定洗钱罪的主观构成要素。如上所述,FATF 在对我国进行第四轮互评估时,对于我国认定主观要件的"明知"的高标准,也只是建议我国"降低",而不是要求"取消主观要件",这是两个内容和等级均完全不同的国际评估标准。

---

① 参见刘艳红:《洗钱罪删除"明知"要件后的理解与适用》,载《当代法学》2021 年第 4 期。
② 同上。
③ 参见卫磊:《〈刑法修正案(十一)〉对洗钱犯罪刑法规制的新发展》,载《青少年犯罪问题》2021 年第 2 期。

综上所述，在我国目前将自洗钱入罪的情形下，鉴于"自洗钱"与"他洗钱"的行为模式和犯罪主体有所差异，对于洗钱犯罪行为人的主观认识，我们需要界分为"自洗钱"与"他洗钱"两种情形来认定，在证明标准的认定上也有所不同。这具体表现如下：

（1）在"自洗钱"的情形下：上游犯罪本犯在实施法定七类上游犯罪时，对源于上游犯罪的所得及其产生的收益具有主观认识，是应有之义，必然会认识到洗钱对象的来源和性质，其实施自洗钱行为本身就建立在对"黑钱"具备主观认识的基础之上。换而言之，在自洗钱的客观行为当中，就蕴含着对洗钱对象的来源和性质之认识，自洗钱犯罪的主客观要件之间存在天然的血脉联系，不可割裂。在司法证明活动中，对自洗钱的行为方式进行调查和司法认定，实质上也就是揭示本犯的主观认识的过程。因此，从证明标准看，"自洗钱"情形下不存在对行为人主观认识的证明问题。

（2）在"他洗钱"的情形下：由于犯罪主体是上游犯罪本犯之外的第三方行为人，并没有亲自实施法定的七类上游犯罪，其对自己为他人洗钱的对象的来源和性质并不必然成立主观认识，存在着多种可能性。从主客观相统一的刑法原则出发，对于"他洗钱"的司法认定依然需要证明行为人主观认识的成立。这不仅是《刑法修正案（十一）》施行前认定洗钱罪的既有模式，也是将来在司法实践中要继续沿袭的重心。

需要指出的是，在《刑法修正案（十一）》删除"明知"术语之后，新的司法解释文件以及司法机关在认定洗钱行为人的主观认识时，相对应地不能再使用"明知"一词，但可以要求司法人员在认定"他洗钱"犯罪时，能够证明行为人在主观上知道或者应当知道洗钱对象是法定七类上游犯罪的所得及其收益。同时，2009年《司法解释》第1条第2款列举了7种客观情形作为认定"明知"成立的证明标准。这是我国司法解释普遍采用的认定模式，虽然有助于司法人员"对号入座"而易于操作，但也只能反映出在当时相对成熟的客观情形，并不能覆盖新出现的情况，容易束缚司法人员进行能动司法认定的手脚。有鉴于此，对于"他洗钱"行为人主观认识的认定，本书建议不采用"列举式"模式，有关司法解释只需规定司法人员应该综合审查判断的"证据板块"，这具体包括：行为人所接触的信息，接受他人犯罪所得及其产生的收益的情况，犯罪所得及其产生的收益的种类、数额和转移、转换方式,交易行为、资金账户的异常情况,行为人与上游犯罪人之间的关系、行为人的认知能力以及其供述和辩解,同案人指证和证人证言等客观和主观因素,最后由司法人员据此作出自己的判定。但是,有证据证明行为人确实不知道的除外。

从违法性认识理论看,违法性认识在程度上既包括确定性认识,也包含可能性认识。因此,在行为人具有主观认识的基础上,对于主观认识的程度可以划分为"必然认识"与"可能认识"两种类型。具体到洗钱罪中,行为人对于洗钱对象的来源和性质之认识,包括"必然是黑钱"与"可能是黑钱"两种情形。通俗地说,就是"认识到东西肯定不是或者可能不是好来的"。据此,司法人员在认定"他洗钱"行为人的主观认识时,不应仅仅局限在"必然认识"的绝对性标准,也应适用"可能认识"的高概率性标准,从而拓宽对主观认识的司法认定幅度。

三、共犯认定的变化:以"通谋内容"为标准的深入界分

关于洗钱罪与上游犯罪之间的共犯认定问题,立足于1997年《刑法》关于"他洗钱"的单一模式规定,刑法理论界一般认为,洗钱行为在本质上属于上游犯罪的事后共犯,只是因为缺乏事前和事中的共谋,故不被认定为共犯。如果洗钱行为人与上游犯罪行为人有共谋,则应当认为是上游犯罪的共犯,而不是洗钱罪;否则,就是洗钱罪。[1]

从规范意义上看,《刑法》第156条对于走私罪的共犯认定问题明确规定,与走私罪犯通谋,为其提供贷款、资金、账号、发票、证明,或者为其提供运输、保管、邮寄或者其他方便的,以走私罪的共犯论处。

再例如,根据最高人民法院《关于审理掩饰、隐瞒犯罪所得、犯罪所得收益刑事案件适用法律若干问题的解释》第5条的规定,行为人事前与盗窃、抢劫、诈骗、抢夺等犯罪分子通谋,掩饰、隐瞒犯罪所得及其产生的收益的,以盗窃、抢劫、诈骗、抢夺等犯罪的共犯论处。

由此可见,对于提供资金账号、掩饰、隐瞒犯罪所得及其产生的收益的行为,虽然其在客观行为方面符合洗钱罪的成立要件,但我们不能"一刀切"地简单定性为洗钱罪,首先要以"是否存在通谋"为标准,优先考察

---

[1] 参见黎宏:《刑法学》,法律出版社2012年版,第569页。

洗钱行为人与上游犯罪行为人之间是否存在共犯关系。

综上所述,在《刑法修正案(十一)》颁行之前,对于洗钱罪与上游犯罪的共犯认定问题,在理论层面与规范意义上,均以"是否存在通谋"为标准来界定,区分的逻辑线条是清晰明确的,在司法实践中一般也不存在认识不统一的问题。

但是,在《刑法修正案(十一)》将自洗钱入罪之后,对于处于共同犯罪一方的上游犯罪行为人来说,在过去的单一上游犯罪行为形态下,又增加了洗钱的新行为样态,这就打破了其与处于另外一方的洗钱行为人在认定共犯时的既往行为结构,从而导致洗钱罪与上游犯罪的共犯认定问题趋于复杂化。例如,在《刑法修正案(十一)》实施之前,洗钱行为人与走私罪犯进行通谋,为走私罪犯提供资金账号,两方的通谋内容只有走私罪。相比较而言,在自洗钱入罪之后,洗钱行为人与走私罪犯进行通谋的内容,除了走私罪之外,还包括洗钱罪。这会致使"是否存在通谋"的既往区分标准发生明显的变化,我们需要结合共同犯罪原理进行科学的类型化解析。

具体而言,对于洗钱行为人与上游犯罪本犯的共犯认定问题,我们需要在坚持"是否存在通谋"的既往标准之基础上,进一步地以"通谋内容"为标准,按以下三种情形进行深入的界分:

(1)双方就上游犯罪通谋,行为人实施《刑法》第191条规定的洗钱行为的,成立为上游犯罪的共犯。这是对既往的共犯认定标准之沿用。

(2)双方就洗钱犯罪通谋,行为人实施《刑法》第191条规定的洗钱行为的,构成洗钱罪的共犯。

(3)双方就上游犯罪和洗钱犯罪通谋,既实施上游犯罪,又实施《刑法》第191条洗钱行为的,对于上游犯罪本犯来说,这属于自洗钱的范畴,如前所述,应该依据数罪并罚的规定处罚;对于洗钱行为人而言,根据其行为性质,应在"禁止重复评价原则"的指引下进行区分认定处罚。

第四节 洗钱罪与赃物犯罪之关系:体系性思考

在我国1979年《刑法》中,窝赃、销赃罪是典型的赃物犯罪,1997年

《刑法》则修订为第 312 条规定的"窝藏、转移、收购、销售赃物罪",在罪名体系上位于"妨碍司法罪"。虽然洗钱罪与赃物犯罪均属于下游犯罪类型,但两者处于不同的刑法体系性位置,在一般情形下不难区分两者。后来,出于打击洗钱犯罪和满足国际标准的特殊考量,我国立法者在 2006 年颁行的《刑法修正案(六)》中,将《刑法》第 312 条修订为"掩饰、隐瞒犯罪所得、犯罪所得收益罪"(以下简称"掩隐罪"),并且纳入广义的反洗钱罪名体系中,由此导致了对洗钱罪与赃物犯罪之间关系的理解分歧问题。特别是《刑法修正案(十一)》将自洗钱入罪,却没有对《刑法》第 312 条予以修订,故在理论界产生了新的争论焦点。这就需要我们围绕刑事立法的背景和实然规定,从体系性的角度来辨析洗钱罪与赃物犯罪的关系问题。

一、双重属性:《刑法》第 312 条"掩隐罪"的再定位

在本质属性上,"掩隐罪"属于典型的传统赃物罪。对此,刑法学术界不存在任何争议。但是,通过全面梳理《刑法修正案(六)》修订《刑法》第 312 条的背景和旨趣可以看出,我国立法者又对"掩隐罪"赋予了反洗钱的次生属性。

具体而言,自 2002 年起,我国为了将反洗钱融入国际合作框架,积极争取加入 FATF。在 FATF 颁布的反洗钱通行国际标准《40 项建议》中,对于第 1 项核心标准"洗钱犯罪",FATF 要求各国尽可能地包括最大范围的上游犯罪,同时划定了上游犯罪范围的强制性"门槛"条件,即至少应包括指定犯罪类型中的 20 种犯罪。然而,在规范的合规性层面,在我国准备接受 FATF 于 2006 年进行的反洗钱工作的实地评估前,我国当时《刑法》第 191 条规定的洗钱罪只确定了 4 类上游犯罪,距离所要求的标准甚远。对此,立法机关会同司法机关和有关部门研究后认为:

> 刑法第 191 条规定的洗钱犯罪……针对一些通常可能有巨大犯罪所得的严重犯罪而为其洗钱的行为所作的特别规定;除此之外,按照刑法第 312 条的规定……都按犯罪追究刑事责任,只是具体罪名

不称为洗钱罪……这实质上也符合有关国际公约要求。①

在此思路下,对于我国洗钱罪中的上游犯罪范围与 FATF 强制要求之间存在的"鸿沟",《刑法修正案(六)》在对《刑法》第 191 条洗钱罪增设三种上游犯罪类型的同时,还对《刑法》第 312 条从犯罪对象、行为方式和法定刑等三个方面进行了修订,以便覆盖将《刑法》第 191 条之外的其他上游犯罪的犯罪所得和收益作为行为对象的洗钱行为,从而满足我国加入 FATF 的基本要求。

对于我国这种立法完善措施,FATF 在互评估报告中予以认可,认为《刑法》第 191 条的洗钱罪适用于特定的严重犯罪;至于该条规定的上游犯罪之差距,FATF 认为被采用所有犯罪为上游犯罪的《刑法》第 312 条罪名所弥补②,故没有对此问题提出疑问。最后,在该互评估报告的基础上,我国在 2007 年 6 月成为 FATF 的正式成员。另外,在 2009 年,为了回应 FATF 在互评估报告中对"掩隐罪"只能由自然人构成,而单位却能构成《刑法》第 191 条洗钱罪的犯罪主体,由此在洗钱罪名体系上出现不协调的批评,《刑法修正案(七)》又再次对《刑法》第 312 条予以修改,将单位增设为《刑法》第 312 条"掩隐罪"的犯罪主体。

综上所述,对于长期处于稳定状态的赃物犯罪,我国立法者之所以自 2006 年起"突然"对其进行两次修订,其立法动因就在于需要将其纳入我国反洗钱的罪名体系。后来,我国立法机关在《刑法修正案(十一)》的制定和修改说明中再次指出:

> 作上述修改以后,我国刑法第一百九十一条、第三百一十二条等规定的洗钱犯罪的上游犯罪包含所有犯罪。③

由此可见,在我国的立法视域中,《刑法》第 312 条属于惩治洗钱犯罪

---

① 《关于〈中华人民共和国刑法修正案(六)(草案)〉的说明》(2005 年 12 月 24 日)。
② FATF, *First Mutual Evaluation Report on Anti-Money Laundering and Combating the Financing of Terrorism on the People's Republic of China*, 29 June 2007, para. 87.
③ 《关于〈中华人民共和国刑法修正案(十一)(草案)〉修改情况的汇报》(2020 年 10 月 13 日)。

的体系范畴。概而言之,《刑法》第 312 条的体系位置是既"身在"妨害司法罪,又在立法和司法层面"肩扛"反洗钱的大旗,"掩隐罪"由此具有传统赃物犯罪和反洗钱的双重属性。

经过刑事立法变迁,我国刑法已形成由三个罪名组成的区别打击洗钱犯罪的罪名体系:对于涉及毒品犯罪等法定七类严重上游犯罪的洗钱行为,适用《刑法》第 191 条的洗钱罪,予以较严厉的刑事处罚;对于涉及上述七类上游犯罪之外的洗钱行为,分别适用《刑法》第 312 条的"掩隐罪"或者第 349 条的窝藏、转移、隐瞒毒品、毒赃罪。对此结论,我们还可以从以下规范性文件中得以再次印证:

第一,FATF 在 2007 年和 2019 年两次对中国反洗钱和反恐怖融资工作的进行互评估时,都是在洗钱罪名体系的范畴内进行的,认为我国通过《刑法》第 191 条、第 312 条和第 349 条三个条文将洗钱犯罪化,其适用范围各有不同,而且大部分洗钱活动的定罪是以《刑法》第 312 条为依据的。①

第二,最高人民法院在 2009 年颁行的《关于审理洗钱等刑事案件具体应用法律若干问题的解释》也是以上述罪名体系为底蕴进行法律适用解释的,并没有局限在《刑法》第 191 条规定的洗钱罪上。

第三,中国人民银行每年发布的《中国反洗钱报告》对打击洗钱犯罪的统计均是按照洗钱罪名体系进行的。例如,在《中国反洗钱报告》(2021)的第五部分"打击洗钱犯罪取得新成绩"中,将洗钱罪、"掩隐罪"和《刑法》第 349 条的窝藏、转移、隐瞒毒品、毒赃罪共同地纳入了批捕、起诉和审判的数据范畴。

第四,2021 年 4 月,最高人民法院发布《关于修改〈关于审理掩饰、隐瞒犯罪所得、犯罪所得收益刑事案件适用法律若干问题的解释〉的决定》(法释〔2021〕8 号,以下简称《决定》),修正于 2015 年 5 月颁行的《关于审理掩饰、隐瞒犯罪所得、犯罪所得收益刑事案件适用法律若干问题的解释》(法释〔2015〕11 号),其具体内容是:

> 第一条第一款第(一)项、第二款和第二条第二款规定的掩饰、隐

---

① FATF, *First Mutual Evaluation Report on Anti-Money Laundering and Combating the Financing of Terrorism on the People's Republic of China*,29 June 2007,para. 2,75.

瞒犯罪所得、犯罪所得收益罪的数额标准不再适用。人民法院审理掩饰、隐瞒犯罪所得、犯罪所得收益刑事案件,应综合考虑上游犯罪的性质、掩饰、隐瞒犯罪所得及其收益的情节、后果及社会危害程度等,依法定罪处罚。

可见,该《决定》在全盘保留原先司法解释的基础上,修改的唯一内容只是取消《刑法》第 312 条"掩隐罪"两档法定刑的数额标准。最高人民法院之所以会"突然"打破惯例进行上述修改,就是为了使我国对标整改 FATF 在 2019 年对我国反洗钱工作进行互评估后指出的问题。FATF 认为我国未将自洗钱入罪且存在惩治洗钱罪的入罪起点金额,故将核心标准"洗钱犯罪"评分为"部分合规"。为了有针对性地改正上述问题,除了《刑法修正案(十一)》将自洗钱入罪之外,最高人民法院还需要对前述司法解释进行细微的修改,这也再次说明"掩隐罪"是我国反洗钱罪名体系的重要组成部分。值得欣喜的是,2021 年 10 月,FATF 公布对我国的第二次后续评估报告,认可我国在解决所存在的缺陷方面已取得进展,例如自洗钱已入罪、确定一项行为是否构成犯罪的金额范围不再适用,故认为我国仅剩下一些轻微缺陷,将"洗钱犯罪"项目重新评级为"大致合规"。① 这可谓我国有关部门共同协力而取得的重要成果。

与上述结论形成鲜明反差的是,张明楷教授认为:"在现行立法例之下,说赃物犯罪也是一种洗钱犯罪或者是洗钱犯罪体系中的罪名之一,缺乏法律根据。"② 通过对比可见,张明楷教授明显地忽略了我国立法者对赃物犯罪进行修改的国际外在压力背景,依然静态地停留在"掩隐罪"属于赃物犯罪的单一属性认识上。

从一定意义上讲,在反洗钱的研究过程中,如果忽略 FATF 颁行的《40 项建议》和其互评估报告的强制性整改要求,将会失去资料的完整性和权威性,也难以理解我国、德国等许多国家多次修改反洗钱罪名的国际背景。例如,在秉持传统赃物犯罪理论的德国,在早期的刑法中并没有将

---

① FATF, *Anti-Money Laundering and Counter-Terrorist Financing Measures—People's Republic of China*, 2nd Enhanced Follow-Up Report & Technical Compliance Re-Rating, October 2021.

② 参见张明楷:《自洗钱入罪后的争议问题》,载《比较法研究》2022 年第 5 期。

自洗钱入罪,但德国作为FATF的成员,有义务遵守FATF《40项建议》有关自洗钱入罪的规定,并对FATF互评估报告发现的问题进行整改,故在1998年对洗钱罪予以修订,将上游犯罪的本犯纳入洗钱罪的主体范畴。另外,为了应对欧洲议会和欧盟理事会《关于通过刑法反洗钱的指令》(2018/1673)的国内法转化要求,德国议会在2021年3月9日通过了《刑事反洗钱改善法》,对洗钱罪进行了历来最大幅度的修正。根据统计,德国自1992年设立洗钱罪以来,对洗钱罪进行了32次修改,其频繁修法的关键推力在于反洗钱的全球政策走向和国际压力。①

二、法条竞合关系之证立

关于洗钱罪与赃物犯罪的关系,张明楷教授认为:"由于洗钱罪与赃物犯罪的保护法益不同,也不存在重合关系,故也不能认为洗钱罪与赃物犯罪是法条竞合的特别关系。"②对此结论,本书认为需要从以下几个方面进行商榷和证立:③

第一,从刑事立法的旨趣看,如前所述,基于我国申请加入FATF以融入国际反洗钱合作框架的立法需要,全国人大常委会法工委经同有关部门研究,考虑到《刑法》第191条洗钱罪所规定上游犯罪的局限性,认为有必要将《刑法》第312条传统的赃物犯罪条款改造成洗钱犯罪的一般性条款,以此确保所有的洗钱行为均可依法追究刑事责任,可以说立法机关修订《刑法》第312条的立法意图是非常清楚的。据此,最高人民法院在2009年《关于审理洗钱等刑事案件具体应用法律若干问题的解释》中说明,根据立法本意,将《刑法》第191条与第312条的关系定位为特别法与一般法的关系,强调两者区分的关键在于上游犯罪的不同。④ 由此可见,从具有法律效力的规范性文件看,洗钱罪与赃物犯罪属于特别罪名与普通罪名的法条竞合关系,这是非常明确的。

第二,2022年11月,最高人民检察院发布了5件惩治洗钱犯罪典型

---

① 参见王芳凯:《评介德国洗钱罪的最新修正》,载《月旦法学杂志》2022年9月第328期。
② 参见张明楷:《自洗钱入罪后的争议问题》,载《比较法研究》2022年第5期。
③ 参见王新:《洗钱罪的基础问题辨析——兼与张明楷教授商榷》,载《法学评论》2023年第3期。
④ 参见刘为波:《〈关于审理洗钱等刑事案件具体应用法律若干问题的解释〉的理解与适用》,载《人民司法》2009年第23期。

案例,具有指导司法实践的法律效力。其中,"马某益受贿、洗钱案"的"典型意义"明确指出:

> 刑法第一百九十一条规定的洗钱罪与刑法第三百一十二条规定的掩饰、隐瞒犯罪所得、犯罪所得收益罪是刑法特别规定与一般规定的关系,掩饰、隐瞒犯罪所得及其产生的收益,构成刑法第一百九十一条规定的洗钱罪,同时又构成刑法第三百一十二条规定的掩饰、隐瞒犯罪所得、犯罪所得收益罪的,依照刑法第一百九十一条洗钱罪的规定追究刑事责任。①

第三,张明楷教授的立论依据有两个,其中之一是"洗钱罪与赃物犯罪的保护法益不同"。另外,张明楷教授论述的洗钱罪的双重保护法益中,也没有包含赃物犯罪的元素②,其分析的出发点是将《刑法》第 312 条规定的赃物犯罪定位在妨碍司法的犯罪。这实质上还是停留在传统赃物犯罪的单一属性来思考,也由此认为赃物犯罪与洗钱罪不存在重合关系,这是其立论依据之二。通过前述分析,我们可以看到"掩隐罪"在保持传统赃物犯罪的基础上,又衍生出反洗钱的新型属性,其与《刑法》第 191 条规定的洗钱罪都属于我国惩治洗钱犯罪"大家庭"的共同成员,两者存在着一定程度重合的立法关系,在司法实践中也需要进行区别认定。实际上,张明楷教授在其他著述中,也认为"掩隐罪"与洗钱罪不是对立关系,两者既有联系,也有区别。③ 因此,张明楷教授的两个立论依据需要我们结合赃物犯罪在我国的发展特征来进行动态的辨析。

第四,张明楷教授在阐述"赃物犯罪的成立范围"时,全文引用了林东茂教授在 2007 年反对我国台湾地区"洗钱防制法"将自洗钱入罪的一段论述,并且认为这完全适合作为对"自掩饰、自隐瞒"构成赃物犯罪的观点

---

① 孙风娟、柴春元:《"自洗钱"首次入选最高检典型案例》,载《检察日报》2022 年 11 月 4 日,第 1 版。
② 参见张明楷:《洗钱罪的保护法益》,载《法学》2022 年第 5 期。
③ 参见张明楷:《刑法学》(第 6 版下),法律出版社 2021 年版,第 1450 页。

的异议。^①但是,需要指出的是,林东茂教授在 2018 年修订出版的著述中,彻底删除了张明楷教授原文引用的这段表述。^②同时,张明楷教授在此段所引用的我国台湾地区"洗钱防制法",是在 2003 年第一次修正后实施的法案,特别是其引用的第 2 条第 1 款规定中还含有"因自己重大犯罪"的陈旧术语。实际上,我国台湾地区自 1996 年 10 月制定"洗钱防制法"之后,为了强化洗钱防治体制和增进其与其他国家或地区的合作,又陆续多次进行修正,其中最新的修正发生在 2018 年 11 月,第 1 条制定目的和第 2 条关于洗钱的定义与 2003 年的版本相比出现了重大的修正。综上可见,张明楷教授的立论材料值得商榷和更新。

三、"自掩隐":应然与实然的冲突与解决

上游犯罪的行为人(本犯)能否成为处于下游犯罪的洗钱罪与赃物犯罪的主体,也可以简称为自洗钱与"自掩隐"的关系问题,是刑事立法和刑法理论中的基础问题。

从规范层面看,1997 年《刑法》第 191 条设置的洗钱罪的罪状分别在主客观方面使用了"提供(资金账户)""协助(将资金转换、转移和汇往境外)"和"明知"等帮助型术语,这说明洗钱罪的主体只能是处于第三方的自然人和单位(他犯),上游犯罪的本犯进行自洗钱时,不能构成洗钱罪。从立法技术看,《刑法修正案(十一)》通过删除《刑法》第 191 条客观行为方式中三个"协助"和主观方面的"明知"等术语,解除了原先洗钱罪的帮助犯结构的限制性框架,从而"波澜不惊"地将自洗钱纳入了洗钱罪的打击范围,法定七类上游犯罪的本犯可以成为洗钱罪的犯罪主体。

以我国反洗钱罪名架构的体系性解释为切入点,在《刑法》第 191 条

---

① 我国台湾地区"洗钱防制法"第 2 条第 1 款规定:"本法所称洗钱,指掩饰或隐匿因自己重大犯罪所得财产或财产上利益者。"林东茂教授对此指出:"这规定也是错误。掩饰或隐匿自己的犯罪所得,只是持续享受犯罪成果而已,并未侵害其他法益,刑法概念上称为'不罚的事后行为','洗钱防制法'竟规定为有罪。要求毒犯或贪污犯不能隐匿自己的犯罪所得,等于要求缴出,也等于必须向司法机关招认自己犯罪,不招认即成立洗钱罪。如这规定并未违反'不自证己罪原则',那么一切重大犯罪皆可规定为:'不自首者,处五年以下有期徒刑。'罪加一条,也是追查重大犯罪的方案之一。"张明楷:《自洗钱入罪后的争议问题》,载《比较法研究》2022 年第 5 期。

② 参见林东茂:《刑法分则》,台湾一品文化出版社 2018 年版,第 235 页。需要说明的是,为了核实林东茂教授在新书中删除原书表述的缘由,著者在 2022 年 11 月 15 日专门致电林东茂教授进行咨询,他解释到是出于尊重现有生效法律规定的考虑。

修订为自洗钱入罪的基础上,从应然角度看,《刑法》第312条也应将"自掩隐"入罪,否则会产生理论体系的不自洽问题。但是,《刑法修正案(十一)》并没有对《刑法》第312条进行修改。从该条的罪状表述看,存有"代为销售""明知"等术语,可以说依然保持着"掩隐罪"的帮助犯之结构。据此,从实然角度看,"掩隐罪"的基础属性还是定位在传统赃物犯罪的范畴,只能由第三方的行为人(他犯)构成,法定七类上游犯罪之外的本犯不存在适用"掩隐罪"的法律依据。本书赞同张明楷教授关于《刑法》第312条中"成立赃物犯罪的文字障碍没有删除,就不能认为《刑法修正案(十一)》对洗钱罪的修改同时也是对赃物犯罪的修改"[①]之分析结论。

对于"自掩隐"出现上述应然与实然之间冲突的问题,本书认为,在我国反洗钱罪名体系的立法框架下,特别是基于立法的特殊考虑而将《刑法》第312条赋予传统赃物犯罪和反洗钱之"双重属性"的底蕴上,该问题是不可避免的,也难以在刑法教义学上进行诠释,根本性的解决路径还要回到立法的源头。

如前所述,为了弥补《刑法》第191条洗钱罪的上游犯罪范围与国际性强制标准的差距,《刑法修正案(六)》通过对《刑法》第312条的修订,在"掩隐罪"隶属于赃物犯罪的传统属性上,又附加了反洗钱的次要属性,这可以说在立法上带有临时性的"救急"之时代特点。如果洗钱罪的上游犯罪问题能够在本体部分得以彻底解决,《刑法》第312条也将失去反洗钱的次要属性之立法价值。例如,德国为了应对国际压力,在2021年3月9日通过了《刑事反洗钱改善法》,对《德国刑法典》第261条规定的洗钱罪进行了重大的修正,特别是在上游犯罪的范围上放弃"目录罪行模式",改采"一切犯罪模式",由此洗钱罪的上游犯罪可以是刑法(包括附属刑法)中的任何一种犯罪行为。[②]

2019年,FATF对我国反洗钱工作进行互评估时,我国有关部门解释大多数的洗钱犯罪都是依据《刑法》第312条定罪的,而且该条在司法适用中的88.6%案件均与洗钱有关,希望将此列入对标的有效性评估

[①] 参见张明楷:《自洗钱入罪后的争议问题》,载《比较法研究》2022年第5期。
[②] 参见王芳凯:《评介德国洗钱罪的最新修正》,载《月旦法学杂志》2022年9月第328期。

中,但 FATF 国际评估团采取了谨慎态度。① 这从侧面说明,在国际评估的司法实践层面,《刑法》第 312 条已经基本失去其价值。因此,我国相关部门在后续的整改工作中,应将反洗钱的司法效果聚焦在《刑法》第 191 条规定的洗钱罪上,《刑法》第 312 条只具有在立法层面满足洗钱犯罪中上游犯罪范围的国际标准之意义。

我们应该看到,对于我国洗钱罪的上游犯罪问题,虽然《刑法修正案(十一)》没有涉及以往几个修正案一直持续"扩军"的事项,但国务院办公厅发布的《三反意见》第 10 条明确规定,"推动研究完善相关刑事立法,修改惩治洗钱犯罪和恐怖融资犯罪相关规定。按照我国参加的国际公约和明确承诺执行的国际标准要求,研究扩大洗钱罪的上游犯罪范围"。可以想象,在将来的刑事立法落实上述顶层设计方案后,《刑法》第 312 条也就不存在立法层面的价值,由此可以脱离目前的反洗钱罪名体系框架,"正本清源"地回归传统赃物犯罪的单一属性,也就相应地解决了"自掩隐"所存在的纠结难点问题。

---

① FATF, *Anti-Money Laundering and Counter-Terrorist Financing Measures-People's Republic of China*, 4th Round Mutual Evaluation Report,April 2019,para. 177 and 180-181.

第七章 我国惩治洗钱罪的司法认定难点

为了落实反洗钱的国内顶层设计和应对国际外在压力,《刑法修正案(十一)》将自洗钱入罪。这种刑事立法发展改变了我国以往打击洗钱罪的"他洗钱"传统模式,必然会对洗钱罪的司法认定带来全新的挑战。许多长期未被理论界和实务界关注的具体认定问题,例如洗钱罪的上游犯罪范围、不同上游犯罪形态下洗钱的行为对象、"自洗钱"模式中关于洗钱的客观行为方式和主观认识等问题,也被新形势下打击洗钱罪的司法实践所激活。这需要我们结合司法实践所提炼的问题意识,在刑事立法目的和刑法教义学理论层面进行解析。

第一节 上游犯罪:打击"半径"的司法认定

作为下游犯罪,洗钱罪与上游犯罪存在紧密的联系。从一定意义上讲,刑事立法对上游犯罪范围的划定,直接关系到洗钱罪的司法打击"半径"。这也是司法认定洗钱罪的首要问题。

在刑事立法层面,我国1997年《刑法》在第191条首次专门设置洗钱罪时,对于洗钱罪的上游犯罪,确立了由"毒品犯罪、黑社会性质的组织犯罪、走私犯罪"组成的"三罪鼎立"格局。后来,为了严厉打击恐怖活动犯罪,2001年12月通过的《刑法修正案(三)》作出快速的刑事立法反应,考虑到洗钱被国际社会公认为恐怖分子隐藏其收入和获取资金的渠道,在第7条对洗钱罪进行修改,在洗钱罪的上游犯罪范围中增加了"恐怖活动犯罪"。随着时间的推移,为了满足我国申请加入FATF关于洗钱罪的上游犯罪范围要求,2006年6月通过的《刑法修正案(六)》再次对洗钱罪予以修订,表现为继续扩张上游犯罪的类型,增设了"贪污贿赂犯罪、破坏金融管理秩序犯罪、金融诈骗犯罪"三种类型的犯罪,至此形成了目前认定洗钱罪的法定七类上游犯罪框架。

2017年9月,为了落实和推进中央全面深化改革领导小组第34次会议关于完善"三反"机制的重点任务,国务院办公厅发布了《三反意见》,第10条明确要求:"推动研究完善相关刑事立法,修改惩治洗钱犯罪和恐怖融资犯罪相关规定。按照我国参加的国际公约和明确承诺执行的国际标准要求,研究扩大洗钱罪的上游犯罪范围……"这在顶层设计上明确了我国完善洗钱罪刑事立法的参照标准和路线图。虽然在2020年12月通过的《刑法修正案(十一)》在自洗钱、行为方式、"明知"要件和罚金刑等方面,对洗钱罪进行了重大的修订,但没有涉及上游犯罪的扩大问题。

通过上述概览我国洗钱罪的刑事立法变迁,我们可以看出,我国前两个《刑法修正案》对洗钱罪的修改,主要聚焦在上游犯罪的"扩军",形成洗钱罪的法定七类上游犯罪格局,这在刑事立法层面是十分明确的。根据罪刑法定原则的基本要求,我们在司法认定洗钱罪时,不能超越法定七类上游犯罪的外围"红线"。

在司法适用上,对于洗钱罪的法定七类上游犯罪之内涵,我们还需要予以进一步的刑法教义学解析:

首先,细分这七类上游犯罪,其中的毒品犯罪、走私犯罪、贪污贿赂犯罪、破坏金融管理秩序犯罪、金融诈骗犯罪等五类犯罪,在我国刑法分则中都是法定的"章罪名"或者"节罪名"。但是,黑社会性质的组织犯罪、恐怖活动犯罪这两种类型,则难以在我国刑法分则中找到法定的节罪名或者章罪名之归类位置。对此,我们应看到,《刑法》第191条关于法定七类上游犯罪的落脚点,是"犯罪",而不是"罪"。有鉴于此,从定性角度看,上述七类犯罪是指犯罪行为,而不是罪名,即对其认定应采取"行为说",而不是"罪名说"。这同理于全国人大常委会法工委在《关于已满十四周岁不满十六周岁的人承担刑事责任范围问题的答复意见》(法工委复字〔2002〕12号)中的定性,即"刑法第十七条第二款规定的八种犯罪,是指具体犯罪行为而不是具体罪名"①。

其次,从定量角度看,对于毒品犯罪、走私犯罪、贪污贿赂犯罪、破坏金融管理秩序犯罪、金融诈骗犯罪等法定的五类犯罪,其项下所包含的个罪,均可以在对应的章罪名或者节罪名中进行检索,这在理论界和司法实践中不会产生认识上的分歧。但是,鉴于黑社会性质的组织犯罪、恐怖活动犯罪不属于我国刑法分则法定的节罪名,这两类犯罪具体包含多少个罪名,尚需在理论上予以进一步的分析。

关于黑社会性质的组织犯罪,《刑法》第294条规定以下三个典型意义的个罪名:组织、领导、参加黑社会性质组织罪,入境发展黑社会组织罪和包庇、纵容黑社会性质组织罪。另外,对于"黑社会性质的组织",《刑法》第294条第5款规定应当同时具备以下特征:

(一)形成较稳定的犯罪组织,人数较多,有明确的组织者、领导者,骨干成员基本固定;(二)有组织地通过违法犯罪活动或者其他手段获取经济利益,具有一定的经济实力,以支持该组织的活动;(三)以暴力、威胁或者其他手段,有组织地多次进行违法犯罪活动,为非作恶,欺压、残害群众;(四)通过实施违法犯罪活动,或者利用国家工作人员的包庇或者纵容,称霸一方,在一定区域或者行业内,形成非法控制或者重大影响,严重破坏经济、社会生活秩序。

从刑事立法的沿革看,上述四个特征由于《刑法修正案(八)》第43条吸纳全国人大常委会《关于〈中华人民共和国刑法〉第二百九十四条第一

---

① 该"意见"的出台有一个特殊的立法解释考量。在相对刑事责任年龄段的已满14周岁不满16周岁的人承担刑事责任之八种法定情形中,《刑法》第17条第2款并没有列举出绑架罪。同时,对于行为人在犯绑架罪后杀害被绑架人的危害性极大的情形,1997年《刑法》第239条第1款规定以绑架罪论处,由此就产生立法的实然规定(不能追究刑事责任)与实践的应然需求(应该承担刑事责任)之矛盾。为了解决该问题,最高人民法院刑一庭审判长会议在2001年《关于已满14周岁不满16周岁的人绑架并杀害被绑架人的行为如何适用法律问题的研究意见》中指出:《刑法》第17条第2款中的"故意杀人"泛指一种犯罪行为,而不是特指故意杀人罪这一具体罪名;所谓"绑架并杀害被绑架人的",实质上是绑架和故意杀人两个行为的结合规定。虽然已满14周岁不满16周岁的人不对绑架行为负刑事责任,但仍应对故意杀人行为负刑事责任,故应以故意杀人罪追究其刑事责任;至于已满16周岁的人绑架并杀害被绑架人的,仍应直接以绑架罪定罪处罚。对于最高人民法院的上述意见,最高人民检察院并不认同,便向全国人大常委会提交解释。对此,全国人大常委会法工委作出该答复意见。

款的解释》的规定,体现了"打早打小"的刑事政策,这可以概括为组织特征、经济特征、行为特征和非法控制(危害性)特征等四个方面。从广义的角度看,只要是具备上述四个特征的黑社会性质组织实施的具体犯罪,都应属于黑社会性质的组织犯罪。[①] 我国也有学者认为,黑社会性质的组织犯罪,是指以黑社会性质组织及其成员为主体实施的各种犯罪。[②] 因此,从表象的体系性位置看,抢劫、敲诈勒索等侵犯财产犯罪,以及诸如强迫交易等经济犯罪,在形式上不处于洗钱罪的上游犯罪之列。但是,如果这些犯罪是以黑社会性质组织的形式而实施,则可以理解为黑社会性质的组织犯罪。

至于恐怖活动犯罪,在刑法分则第二章"危害公共安全罪"中,设置了以下五个典型意义的个罪名:组织、领导、参加恐怖组织罪,资助恐怖活动罪,劫持航空器罪,劫持船只、汽车罪和暴力危及飞行安全罪。我国也有学者将以上罪名称为纯正恐怖活动犯罪,即只能由恐怖活动犯罪构成。[③]《刑法修正案(九)》对"资助恐怖活动罪"进行修改,"两高"据此将该罪更名为"帮助恐怖活动罪",并且增设了准备实施恐怖活动罪,宣扬恐怖主义、极端主义、煽动实施恐怖活动罪,利用极端主义破坏法律实施罪,强制穿戴宣扬恐怖主义、极端主义服饰、标志罪,非法持有宣扬恐怖主义、极端主义物品罪等5个罪名,从而形成了拥有10个罪名的反恐怖活动犯罪的罪名体系。这些均属于具有典型意义的恐怖活动犯罪。

同时,依据《反恐怖主义法》第3条,"恐怖主义"是指通过暴力、破坏、恐吓等手段,制造社会恐慌、危害公共安全、侵犯人身财产,或者胁迫国家机关、国际组织,以实现其政治、意识形态等目的的主张和行为。"恐怖活动",是指恐怖主义性质的下列行为:① 组织、策划、准备实施、实施造成或者意图造成人员伤亡、重大财产损失、公共设施损坏、社会秩序混乱等严重社会危害的活动的;② 宣扬恐怖主义,煽动实施恐怖活动,或者非法持有宣扬恐怖主义的物品,强制他人在公共场所穿戴宣扬恐怖主义的服

---

① 参见贾宇、舒洪水:《洗钱罪若干争议问题研究》,载张智辉、刘远主编:《金融犯罪与金融刑法新论》,山东大学出版社2006年版,第270页。
② 参见张明楷:《刑法学》(第6版下),法律出版社2021年版,第1021页。
③ 参见赵秉志主编:《国际恐怖主义犯罪及其防治对策专论》,中国人民公安大学出版社2005年版,第147页。

饰、标志的；③ 组织、领导、参加恐怖活动组织的；④ 为恐怖活动组织、恐怖活动人员、实施恐怖活动或者恐怖活动培训提供信息、资金、物资、劳务、技术、场所等支持、协助、便利的；⑤ 其他恐怖活动。由此可见，《反恐怖主义法》采用"大恐怖活动"的立场，其核心点是落脚在"恐怖主义性质"。据此，从广义的角度看，由恐怖组织或者恐怖活动人员为主体所实施的具有恐怖性质的放火罪、决水罪、爆炸罪、投放危险物质罪、以危险方法危害公共安全罪、破坏交通工具罪、破坏交通设施罪、破坏电力设备罪、破坏易燃易爆设备罪、故意杀人罪、故意伤害罪、绑架罪等犯罪，也应纳入恐怖活动犯罪的范围。我国有学者将以上罪名称为不纯正恐怖活动犯罪，不仅可由恐怖活动犯罪构成，也可以由其他普通刑事犯罪构成。① 作为洗钱罪的上游犯罪，恐怖活动犯罪是指以恐怖活动组织的形式所犯的其他犯罪。② 黑社会性质的组织犯罪和恐怖活动犯罪并不局限于杀人、爆炸、绑架等暴力性犯罪，还包括这些组织实施的破坏经济领域的经济性犯罪。③

综上所述，对于黑社会性质的组织犯罪、恐怖活动犯罪，我们不仅要从狭义的角度来理解刑法所规定的典型个罪，还需要从实质的广义角度来认识具有这两类犯罪特征的非典型个罪，否则会人为地缩小洗钱罪的上游犯罪圈，乃至不必要地限缩对洗钱罪的打击"半径"。

第二节 行为对象的界定：以走私罪为切入点

在汉语语法上，"洗钱"属于动宾结构的词组。从洗钱罪的构造看，表现在行为人针对法定七类上游犯罪的所得及其收益，实施掩饰、隐瞒的处置行为，由此出现了对洗钱罪行为对象的司法认定问题。

一、洗钱罪的行为对象：内涵厘定

从通俗的表述看，"黑钱"是洗钱称谓的宾语，也是洗钱的行为对象。

---

① 参见赵秉志主编：《国际恐怖主义犯罪及其防治对策专论》，中国人民公安大学出版社2005年版，第147页。
② 参见陈兴良：《协助他人掩饰毒品犯罪所得行为之定性研究——以汪照洗钱案为例的分析》，载《北方法学》2009年第4期。
③ 参见周光权：《刑法各论》（第4版），中国人民大学出版社2021年版，第320页。

但是,从法律规范的层面看,依据《刑法》第 191 条的规定,法定七类上游犯罪的犯罪所得及其产生的收益是洗钱罪的行为对象。另外,从我国反洗钱的罪名体系看,基于我国自 2002 年起申请加入 FATF 以融入国际反洗钱合作框架的立法需要,我国有关部门研究后考虑到《刑法》第 191 条洗钱罪所规定上游犯罪范围的局限性,认为有必要将《刑法》第 312 条传统的赃物犯罪条款改造成洗钱犯罪的一般性条款,以此确保所有的洗钱行为均可依法追究刑事责任。据此,《刑法》第 312 条是洗钱罪名体系中的一般条款,其与《刑法》第 191 条是一般法与特别法的关系。① 具体而言,《刑法修正案(六)》对《刑法》第 312 条的修订主要体现在三个方面,其中在行为对象上,为了与洗钱罪保持一致,拓宽了本罪的行为对象,将原先的"犯罪所得的赃物"修订为"犯罪所得及其产生的收益"。由此可见,在刑事立法层面,洗钱罪的行为对象包括犯罪所得及其产生的收益,这是法定的要求和没有歧义的,也与国际反洗钱的规范文件相一致。

所谓行为对象,也称犯罪对象、行为客体,一般是指构成要件行为所作用的物、人、组织(机构)、制度等客观存在的现象。② 关于洗钱罪行为对象的内涵,在最高人民法院 2009 年颁布的《关于审理洗钱等刑事案件具体应用法律若干问题的解释》中没有涉及。但是,在我国反洗钱罪名体系的整体框架下,根据最高人民法院 2015 年颁行、2021 年修正的《关于审理掩饰、隐瞒犯罪所得、犯罪所得收益刑事案件适用法律若干问题的解释》第 10 条的规定,所谓"犯罪所得",是指通过犯罪直接得到的赃款、赃物。至于"犯罪所得产生的收益"③,是指上游犯罪的行为人对犯罪所得进行处理后得到的孳息、租金等。另外,从国际性法律规范文件看,依据《联合国打击跨国有组织犯罪公约》第 2 条(e)项,"犯罪收益"系指直接或间接地通过犯罪而产生或获得的任何财产。

在借鉴上述规范性文件以及《刑法修正案(十一)》修订内容的基础上,同时考虑到洗钱罪的特殊性质,本书认为,所谓"犯罪所得",是指通过

---

① 参见刘为波:《〈关于审理洗钱等刑事案件具体应用法律若干问题的解释〉的理解与适用》,载《人民司法》2009 年第 23 期。
② 参见张明楷:《刑法学》(第 6 版上),法律出版社 2021 年版,第 210 页。
③ 这可以简称为"犯罪收益"。"两高"对《刑法》第 312 条的"掩饰、隐瞒犯罪所得、犯罪所得收益罪"之罪名称谓,也可以简洁地修改为"掩饰、隐瞒犯罪所得、犯罪收益罪"。

犯罪直接获取的资产或财产性利益,俗称"第一桶黑金";至于"犯罪产生的收益"(以下简称"犯罪收益"),是指对犯罪所得进行处置后获取的任何资产或财产性利益,俗称"第二桶乃至第 N 桶黑金"。本书之所以要将上述两个概念的落脚点界定为"资产或财产性利益",主要是基于以下考虑点:

第一,"赃款、赃物"是《刑法》第 312 条关于传统赃物罪的表述,并不能完全沿用到洗钱罪的行为对象。虽然洗钱罪与掩饰、隐瞒犯罪所得、犯罪所得收益罪同处于反洗钱罪名体系的"大家庭",但两者存有许多差异点,不能完全等同。

第二,《刑法修正案(十一)》对《刑法》第 191 条第 1 款第 4 项进行修改,将原先的"协助将资金汇往境外"修改为"跨境转移资产",其中从转移的行为对象看,"资金"一词被修订为"资产"。虽然两者只有一字之差,但"资产"的外延要远大于"资金",这会导致打击面也完全不一样,有利于加强国际合作和打击腐败犯罪。①

第三,对于"财产性利益",若干司法解释在界定贿赂犯罪的行为对象"财物"时,均将"财产性利益"纳入其中,认为"财物"不仅包括货币、物品等传统的有形物,还包括财产性利益。例如,依据 2016 年最高人民法院、最高人民检察院《关于办理贪污贿赂刑事案件适用法律若干问题的解释》第 12 条的规定,"财产性利益"包括可以折算为货币的物质利益,诸如房屋装修、债务免除等,以及需要支付货币的其他利益。这对于我们界定洗钱罪的行为对象具有重要的借鉴价值。

从时空特征看,对于黑社会性质的组织犯罪、恐怖活动犯罪的所得及其产生的收益,应理解为黑社会性质的组织、恐怖组织在形成、发展的过程中,该组织及其组织成员通过违法犯罪活动或其他不正当手段聚敛的全部资产、财产性利益及其孳息、收益。

二、洗钱罪行为对象的司法认定:以走私罪为例

鉴于洗钱罪的法定七类上游犯罪各具自己的特征,在厘定了洗钱罪

---

① 参见王新:《〈刑法修正案(十一)〉对洗钱罪的立法发展和辐射影响》,载《中国刑事法杂志》2021 年第 2 期。

行为对象的内涵之后,在司法实践中如何具体认定依然是难点问题之一,特别是表现在最为复杂的走私犯罪中,这还需要我们进行深入的解析。

对于走私犯罪,经过我国的刑事立法发展,在《刑法》分则第三章的第二节规定了以下 10 个涉及走私的罪名:走私武器、弹药罪;走私核材料罪;走私假币罪;走私文物罪;走私贵重金属罪;走私珍贵动物、珍贵动物制品罪;走私国家禁止进出口的货物、物品罪;走私淫秽物品罪;走私废物罪;走私普通货物、物品罪。另外,从广义上看,"走私毒品罪"和"走私制毒物品罪"也属于走私类犯罪,只是在体系上归入第六章第七节的毒品犯罪中。《刑法修正案(十一)》增设的"走私人类遗传资源材料罪"也属于走私类犯罪,在体系上归入第六章第五节的危害公共卫生罪。

从动宾词组的罪名结构看,走私犯罪的以上 13 个罪名主要体现在行为对象的差异,即走私货物、物品的种类之不同。鉴于武器、弹药等 12 种货物、物品与国计民生紧密相关,为了强化对这些特殊货物、物品的刑法保护,立法者对它们单独设置了走私罪名。对于该范围之外的普通货物、物品,则设立了一个"兜底"的走私普通货物、物品罪①,从而形成了拥有 13 个罪名的走私犯罪罪名体系。如图 7-1 所示:

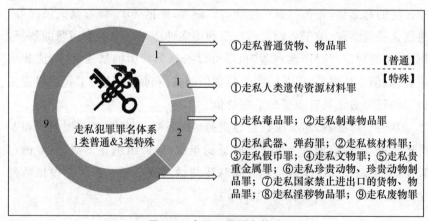

图 7-1　走私犯罪罪名体系

面对走私犯罪对象的多样属性和复杂的走私方式,经过长期的司法

---

① 《刑法》第 153 条在列举"走私普通货物、物品罪"的行为对象时,并没有列出《刑法》第 350 条的走私制毒物品罪,这属于刑事立法上的重大瑕疵,应予以改进。

实践积累,实务界对于走私犯罪所得及其产生收益的认定,主要有以下三种观点①：

（1）获利说：认为走私犯罪所得应为走私人通过走私犯罪所获得的非法利润。无论是走私普通货物、物品还是禁止进口的货物、物品,均属供犯罪所用的本人财物,是走私犯罪的成本,而不是走私犯罪所得,在认定犯罪所得时应扣除这部分犯罪成本。

（2）总额说：认为走私犯罪所得应为实施走私犯罪直接或者间接产生、获得的任何财产,不扣除走私犯罪成本,包括走私货物本身（无论禁限类或普通类）、走私货物变现价款、走私劳务所得等,以及上述直接所得转变、转化后的财产。

（3）折中说：认为对于走私普通货物、物品罪,犯罪所得应以偷逃税款认定；对于走私国家禁止进出口的货物、物品,该货物、物品本身属于走私犯罪所得；对于走私国家限制进口的货物,行为人走私的货物在行政许可或者配额的数量之内,犯罪所得应为偷逃的应缴税款。如果在行政许可或者配额的数量之外,则犯罪所得应为货物本身。

另外,对于走私的犯罪所得是否包括作为犯罪对象的走私货物、物品本身,实务界在具体认定时也存在着争论,主要有以下三种观点：

第一,否定说：认为在行政法领域,一般只将实施违法行为的获利部分认为是违法所得,排除走私货物、物品本身。基于法秩序统一原理,走私行为的犯罪所得并不包括货物、物品本身。②

第二,肯定说：认为不论从立法原意还是司法实践出发,都应将私货本身认定为走私犯罪中的违法所得。"违禁品"只是某些种类私货的特别属性,"违法所得"却是所有种类私货的一般属性,私货本身均可视为"违法所得"而予以追缴没收。③

---

① 参见周国良等：《"走私洗钱犯罪法律适用问题研讨会"研讨观点综述》,载《中国检察官》2021年第22期。另外,关于违法所得及其收益,在理论界长期存在"纯益主义"（扣除成本的违法所得）与"总额主义"（不扣除成本的违法所得）之争。参见张明楷：《论刑法中的没收》,载《法学家》2012年第3期。

② 参见周宜俊：《涉走私洗钱犯罪司法适用问题研究》,载《青少年犯罪问题》2022年第1期。

③ 参见杨义林、闫丽勤：《论走私罪所得及其产生的收益》,载《中国检察官》2021年第22期。

第三,区分说:认为应区分不同的走私货物和走私方式来分别认定。至于区分的标准,包括进口走私与出口走私、绕关走私与通关走私+走私货物或物品的性质为区别标准等多种类型。①

综上所述,从司法实践的角度出发,上述观点依据不同的标准和切入点,对走私罪的犯罪所得进行类型化的司法分析,以便准确认定在走私领域发生的洗钱罪,这值得肯定。但是,仔细透析上述的各种观点,在总体上均立足于一个共同的思维分析路径,即都将走私领域洗钱的认定问题聚焦在行为对象上,意图以行为对象作为认定洗钱罪的"过滤网"。

本书认为,认识观点的繁多,本身就表明认识对象的复杂性,不能希冀用一个一劳永逸的标准来解决问题。在理论上,行为对象必须被行为所作用,"作用"的内容主要是使对象的性质、数量、结构、状态发生变化。② 有鉴于此,我们可以跳出在行为对象上的单一、静态的争论,将走私犯罪所得及其收益置于动态"漂白"的洗钱行为中理解,以此从整体框架上来考察洗钱罪的成立问题。

具体而言,我们应立足于前述所厘定的洗钱罪行为对象的内涵,防止在学理分析上缩小洗钱罪的适用范围。据此,本书赞同上述观点纷争中的"总额说"和"肯定说",这也体现在具有法律效力的司法解释中。例如,最高人民法院、最高人民检察院、海关总署于2019年颁行的《打击非设关地成品油走私专题研讨会会议纪要》第1条"关于定罪处罚"规定:

> 对不构成走私共犯的收购人,……向非直接走私人购买走私的成品油的,根据其主观故意,分别依照刑法第一百九十一条规定的洗钱罪或者第三百一十二条规定的掩饰、隐瞒犯罪所得、犯罪所得收益罪定罪处罚。

据此,上述规定将"走私的成品油"定性为走私犯罪的"犯罪所得",即走私货物本身也已成为洗钱罪的行为对象。

我国有学者分析认为,走私犯罪的货物只是犯罪对象,不属于洗钱罪

---

① 参见陈鹿林、战晓宁:《买卖走私货物过程中的洗钱犯罪问题研究》,载《中国检察官》2021年第22期;扈小刚、姜聪:《论洗钱罪的犯罪对象与罪数认定——以走私犯罪案件中洗钱罪为视角》,载《中国检察官》2021年第22期。

② 参见张明楷:《刑法学》(第6版上),法律出版社2021年版,第210页。

的犯罪所得。只有走私货物变现后所产生的违法收入,才是洗钱行为针对的对象。据此,走私行为人销售走私货物以及间接收购走私货物的行为,不能成立洗钱罪。对走私对象的处置,不侵犯新的社会关系,没有独立评价的必要性,更不会成立洗钱罪。① 仔细分析上述观点,该学者是基于对犯罪对象与犯罪所得的区分,聚焦在行为对象上分析洗钱罪是否成立。对此,本书认为,在司法实践中,对于走私货物通关进境后,货主将走私货物直接销售或者加工处理后销售的情形,在形式要件层面,符合洗钱罪的行为对象,并且符合通过买卖方式转移、转换犯罪的所得及其收益的"以其他方法"之行为形态。但是,我们还需要从实质层面看到,走私行为人通常不会为了"摆设"而走私货物,他们销售走私入境的货物,是其走私行为的必然后续行为,这也是走私犯罪行为人获取不法利益的必然选择,故应被处于上游犯罪的走私罪所吸收,不能再同时认定为下游的洗钱罪,否则有违"禁止重复评价原则"。概而言之,本书是在肯定走私犯罪的货物可以成为洗钱罪的行为对象之前提下,通过对处于"作用力"的洗钱行为方式予以进一步的分析,在整体上进行定性判断。

三、关于洗钱行为对象中"犯罪"一词的理解:事实成立说

从规范意义上看,立法者在"犯罪所得"和"犯罪收益"的术语中,均冠以"犯罪"一词的限定。在司法认定时,这涉及对洗钱行为对象中的关键词"犯罪"之理解。

从实体判断的角度出发,洗钱犯罪与上游犯罪是密不可分的,上游犯罪是洗钱犯罪成立的前提。而在刑事程序意义上,在上游犯罪未经判决确认时,司法机关能否对洗钱犯罪案件进行办理和认定洗钱犯罪成立呢?对于实践中普遍存在分歧的该问题,最高人民法院在制定司法解释时经过研究后认为②:

(1)上游犯罪与洗钱犯罪的侦查、审查起诉以及审判活动很难做到同步进行。此外,实践中还存在一些因上游犯罪人在境外、死亡等客观原

---

① 参见刘晓光、金华捷:《洗钱罪的犯罪认定问题研究——以上游犯罪和洗钱罪构成要件的联系为切入》,载《青少年犯罪问题》2022年第1期。

② 参见刘为波:《〈关于审理洗钱等刑事案件具体应用法律若干问题的解释〉的理解与适用》,载《人民司法》2009年第23期。

因而难以对上游犯罪人诉诸刑事程序的情形。如果一律要求上游犯罪经定罪判刑后才能审判洗钱犯罪，既不符合立法精神，也不利于打击犯罪。

（2）上游犯罪事实是否存在，完全可以在洗钱犯罪的审判中一并予以审查，而不必依赖于上游犯罪的有罪判决。例如，汪照洗钱案、潘儒民等洗钱案。① 这已经成为司法实践中的一般处理原则。

（3）是否存在上游犯罪和是否属于特定上游犯罪的犯罪所得及其收益，主要是一个实体判断问题，有关国际性法律文件和法律对此并未作出程序要件的限定。例如，FATF的《40＋9项建议》就明确要求将洗钱犯罪在程序上作为一个独立自足的犯罪来处理。

最高人民法院立足于以上考虑，为了解除实践中存在的顾虑，在关于洗钱犯罪的认定问题上，认为洗钱犯罪"应当以上游犯罪事实成立为认定前提"，即采取了上游犯罪的"事实成立说"，并且在2009年《关于审理洗钱等刑事案件具体应用法律若干问题的解释》第4条第1、2、3款中细化地提出了"三个不影响"的规定：

>……上游犯罪尚未依法裁判，但查证属实的，<u>不影响刑法第一百九十一条、第三百一十二条、第三百四十九条规定的犯罪的审判</u>。上游犯罪事实可以确认，因行为人死亡等原因依法不予追究刑事责任的，<u>不影响刑法第一百九十一条、第三百一十二条、第三百四十九条规定的犯罪的认定</u>。上游犯罪事实可以确认，依法以其他罪名定罪处罚的，<u>不影响刑法第一百九十一条、第三百一十二条、第三百四十九条规定的犯罪的认定</u>。

有鉴于此，在刑事程序上，对于查处与洗钱罪紧密相关的上游犯罪，应赋予处理程序的相对独立性。如果上游犯罪事实可以确认，则对于洗钱犯罪的查处和认定可以与上游犯罪同步进行，并非要坐等上游犯罪的生效判决，即不应采取"罪名说"。

---

① 例如，在汪照洗钱案判决前，区丽儿、区伟能所实施的上游犯罪——毒品犯罪是另案处理的，尚未审结。在此情况下，法院根据事实证据判处汪照构成洗钱罪。再例如，在潘儒民等洗钱案中，虽然实施金融诈骗犯罪的上游犯罪人"阿元"未被司法机关抓获归案，但是根据被害人的陈述、被告人的供述以及有关书证材料足以认定金融诈骗犯罪的上游犯罪成立，故法院直接判处潘儒民等人构成洗钱罪。

另外，最高人民检察院、中国人民银行在 2021 年 3 月联合发布的"陈某枝洗钱案"中，认为本案的"典型意义"还在于：

> 上游犯罪查证属实，尚未依法裁判，或者依法不追究刑事责任的，不影响洗钱罪的认定和起诉。在追诉犯罪过程中，可能存在上游犯罪与洗钱犯罪的侦查、起诉以及审判活动不同步的情形，或者因上游犯罪嫌疑人潜逃、死亡、未达到刑事责任年龄等原因出现暂时无法追究刑事责任或者依法不追究刑事责任等情形。洗钱罪虽是下游犯罪，但是仍然是独立的犯罪，从惩治犯罪的必要性和及时性考虑，存在上述情形时，可以将上游犯罪作为洗钱犯罪的案内事实进行审查，根据相关证据能够认定上游犯罪的，上游犯罪未经刑事判决确认不影响对洗钱罪的认定。①

综上所述，虽然洗钱位于下游犯罪，但具有相对的"独立性"，并不完全依附于上游犯罪。这种司法理念的确立，有利于我们切实转变司法实践长期以来存在的"重上游犯罪，轻洗钱犯罪"的陈旧理念。

第三节 洗钱客观行为：罪质构造与认定红线

对于洗钱罪的客观行为，1997 年《刑法》第 191 条沿袭我国长期通行的"列举＋兜底"的立法技术，设置以下五种方式：① 提供资金账户；② 协助将财产转换为现金、金融票据；③ 通过转账或者其他结算方式协助资金转移；④ 协助将资金汇往境外；⑤ 以其他方法掩饰、隐瞒犯罪所得及其收益的性质和来源。具体而言，该条所列举的前四种洗钱行为方式，均聚焦在通过金融机构的载体来对"黑钱"进行转换、转移，这在刑事立法上反映了我国当时和国际社会的典型洗钱形态。同时，鉴于"列举式"挂一漏万，而且滞后于洗钱手法翻新变化的高快频次，具有高度概括性的第五种"兜底式"规定，就起到了补充和归纳的作用，其中"其他方法"的关键词是落脚在"掩饰、隐瞒"。

---

① 孙风娟：《最高检央行联合发布惩治洗钱犯罪典型案例》，载《检察日报》2021 年 3 月 20 日，第 1 版。

后来,《刑法修正案(十一)》出于将自洗钱入罪的立法考量,删除《刑法》第 191 条第 1 款第 2、3、4 项内容中"协助"的术语,并且与时俱进地对第 3、4 项的内容进行一定的修订,但在总体上依然保持了原先关于洗钱行为方式的基本模块。这是我们认识洗钱罪的本质特征和罪质构造的规范基础。

一、洗钱罪的罪质构造:认定的必要条件和基础

透析《刑法》第 191 条所规定的五种洗钱方式,均实质性地落脚在行为人对法定七类上游犯罪的所得及其收益的处置上,具体表现在行为人积极地实施了转移、转换、掩饰、隐瞒等动态的"漂白"行为,切断了"黑钱"源自上游犯罪的来源和性质,使其呈现出"化学反应"。在这种情形下,行为人的处置行为表现出完全有别于上游犯罪的行为特征,超越了对上游犯罪"黑钱"的事后消极处分行为,不再是上游犯罪的自然延伸,衍生出传统赃物犯罪之外的特征。这是《刑法》第 191 条所规定的洗钱行为的本质属性,也是洗钱罪的罪质构造。①

与此相反,如果行为人对"黑钱"实施了诸如获取、持有、窝藏、保管等处置行为,这在性质上只是物理意义上的静态处置行为,并没有实行动态的"漂白"行为,不涉及资金来源和性质的变化,"黑钱"还处于上游犯罪实施后的"物理反应"之自然延伸状态,这符合传统赃物罪的特征,属于"不可罚的事后行为",不应认定为《刑法》第 191 条所规定的洗钱行为。可以说,罪质构造是认定洗钱罪成立的必要条件,也是区分洗钱罪与《刑法》第 312 条关于掩饰、隐瞒犯罪所得、犯罪所得收益罪的"黄金分割线"。

从国际视野看,在表述洗钱的概念时,《禁毒公约》《打击跨国有组织犯罪公约》和《反腐败公约》均采用列举式的立法技术,将洗钱的行为方式列为以下七种:转换(conversion)、转让(transfer)、隐瞒(concealment)、掩饰(disguise)、获取(acquisition)、占有(possession)以及使用(use)。其中,联合国三个公约所列出的转换、转让、隐瞒、掩饰等四种方式属于强制性的规定,而获取、占有、使用等三种方式则属于选择性规定,缔约国可以

---

① 参见王新:《自洗钱入罪后的司法适用问题》,载《政治与法律》2021 年第 11 期。

"在不违背其宪法原则及其法律制度基本概念的前提下"①,将它们规定为国内法中的刑事犯罪。与此相比较,我国《刑法》第 191 条所列举的五种行为方式满足了联合国三个公约所规定的转换、转让、隐瞒、掩饰等四种强制性方式的要求。至于国际公约所规定的获取、占有、使用三种形态,虽然《刑法》第 191 条所列举的洗钱方式没有出现这三种行为的表述,但我国有关部门认为,获取、使用与占有是密不可分和互为条件的,窝藏即为典型的占有行为,这与《刑法》第 312 条规定中的窝藏等行为具有直接对应性。我国刑法与公约文件的规定只是文字表述上的差异,在具体内容上并无实质不同。对于国际公约文件的规定,应结合国内情况进行甄别取舍,不盲目照搬。如果将获取、占有、使用行为单列出来,反而会破坏现有立法规定的整体协调性,并且给司法实践带来不必要的混乱,故无须在立法上或者司法上将单纯的获取、占有、使用行为单独处理。② 因此,在司法实践中,我们从我国目前反洗钱的罪名体系角度出发,对于行为人不具有掩饰、隐瞒上游犯罪所得及其收益之故意内容,而获取、占有或者使用的行为,可以依照《刑法》第 312 条的规定定罪处罚。

二、禁止重复评价原则:认定的充分条件和红线

所谓"禁止重复评价",是刑法评价中应当遵循的重要原则,是指在定罪量刑时,禁止对同一犯罪构成事实予以两次或两次以上的法律评价。③ 该原则是法的正义性的题中之义,属于罪刑均衡原则的派生内容,体现了犯罪与刑罚之间的均衡性。④ 具体而言,在某种因素(如行为、结果等)已被评价为一个犯罪的事实根据时,不能再将该因素作为另一个犯罪的事实根据。⑤ 从一个事物成立所应该具备的充要条件看,某个行为具备洗钱罪的罪质构造,仅仅是认定洗钱罪成立的必要条件,我们还需要进一步地考察充分条件,即遵循"禁止重复评价原则",才能符合认定洗钱罪成立

---

① 参见《禁毒公约》第 3 条第 1 款(c)项。
② 参见刘为波:《〈关于审理洗钱等刑事案件具体应用法律若干问题的解释〉的理解与适用》,载《人民司法》2009 年第 23 期。
③ 参见陈兴良:《禁止重复评价研究》,载《现代法学》1994 年第 1 期。
④ 参见陈兴良:《论黑社会性质组织的行为特征》,载《政治与法律》2020 年第 8 期;石经海:《黑社会性质组织犯罪的重复评价问题研究》,载《现代法学》2014 年第 6 期。
⑤ 参见张明楷:《刑法格言的展开》(第 3 版),北京大学出版社 2013 年版,第 527 页。

的充要条件标准，避免机械地理解和适用法律，从而防止不适当地扩大洗钱罪的评价范围。

例如，《刑法》第 384 条将"挪用公款归个人使用"确定为挪用公款罪的客观构成要件。在司法实践中，挪用公款罪"归个人使用"的类型是多种多样的，其中包括购买房屋、理财产品和贵重金属等典型的洗钱方式。在自洗钱的框架下，这些行为方式均符合洗钱的罪质构造。但是，鉴于这种以洗钱形态出现的"归个人使用"的情形，是成立挪用公款罪的组成部分，已经被处于上游犯罪的挪用公款罪评价完毕，就不应再认定为洗钱罪，否则在法律适用上违反"禁止重复评价原则"。①

再例如，依据《刑法》第 155 条第 1 项的规定，直接向走私人非法收购国家禁止进口物品的，或者直接向走私人非法收购走私进口的其他货物、物品，数额较大的，以走私罪论处。对于这种"一手购私人"，在他们对走私货物予以"非法收购"的行为形态中，会涉及《刑法》第 191 条所规定的洗钱方式，例如通过典当、租赁、买卖、投资、购买金融产品等方式，转移、转换走私犯罪的所得及其产生的收益，这符合有关司法解释关于"以其他方法"的细化规定，在形式认定层面上满足自洗钱的罪质构造，可以定性为洗钱罪。但是，我们还需要从充分条件上予以进一步的考察和排除。从司法实践看，"一手购私人"必然要对走私货物进行"非法收购"的行为，否则难以完成《刑法》第 155 条第 1 项规定的走私行为，这是对他们"以走私罪论处"的必不可少之构成要素，在定性上应以上游犯罪的走私罪来进行法律评价，不应再将该"非法收购"的行为作为构成洗钱罪的事实根据，这是"禁止重复评价原则"的应有之义，否则几乎会将"一手购私人"全部容纳在洗钱罪的定性范围，有过于扩大打击范围之嫌。

张明楷教授在一篇文章里，为了论证自己"不排除上游犯罪与洗钱罪构成想象竞合的情形"的结论，举出了一个例子：

> 乙有求于国家工作人员甲，甲要求乙将行贿款直接汇往境外的银行账户的，甲的行为是受贿罪与洗钱罪的想象竞合，乙的行为是行贿罪与洗钱罪的想象竞合，均应当从一重罪处罚。②

---

① 参见王新：《盗刷信用卡并转移犯罪所得的司法认定》，载《人民检察》2022 年第 6 期。
② 参见张明楷：《自洗钱入罪后的争议问题》，载《比较法研究》2022 年第 5 期。

但在本书看来,这在定性上存在分析错误的商榷之处。具体而言,在构成要件上,本案例中"乙将行贿款直接汇往境外的银行账户"的行为,在表象上符合跨境转移资产的洗钱客观行为方式,但在实质上属于行贿罪的必不可缺的客观构成要素,已经被处于上游实行行为的行贿罪评价完毕,就不应再将该行为作为构成洗钱罪的事实根据,由此不应再认定为洗钱罪(暂且不论在主观上是否具备掩饰、隐瞒的故意),否则属于对同一犯罪构成事实予以两次以上的法律评价,这违反"禁止重复评价"的基本原则。另外,既然乙将行贿款直接汇往境外的行为是"上游犯罪既遂的必要条件,不宜重复认定为洗钱行为"①,但如果按照"大竞合理论"的底蕴而对乙从一重罪处罚,假定乙在表象上构成洗钱罪的行为之刑罚重于行贿罪,则对乙应认定为洗钱罪而非行贿罪,这在法律适用上明显存在瑕疵。

三、关于"提供资金账户"的理解与认定

从国际社会和我国反洗钱的实践看,"资金账户"是毒品犯罪分子等通过金融机构进行洗钱的最早和最为主要的渠道,也是国家主管部门有针对性地抗制洗钱的主战场,由此也将金融机构置于洗钱与反洗钱的博弈焦点。

一般认为,在洗钱的完整流程里,包括以下三个阶段:存放(Placement)、分层(Layering)、整合(Integration)。其中,"提供资金账户"是存放阶段的主要方式,可谓毒品等上游犯罪所得进入金融机构循环系统的重要入口,是最为常见的洗钱犯罪手法。例如,洗钱是毒品交易衍生的怪胎。在早期的"以现金易货"的毒品交易中,毒品交易所获取的大量所得都以现金形式出现。为了逃脱缉毒机构的追踪和"合法地"取得、利用贩毒赃款,贩毒集团通常是先将现金存入银行,并且通过账户将赃款进行周转和流通。

在我国打击洗钱的司法实践中,以洗钱罪定罪的第二起和第三起案件,均体现为"提供资金账户"的作案手段:

【蔡怀泽、蔡建立涉毒洗钱案】2002年8月至2004年4月,在贩卖毒

---

① 冯某才等人贩卖毒品洗钱案,检察机关惩治洗钱犯罪典型案例(最高人民检察院 2022年11月3日发布)。参见孙风娟、柴春元:《"自洗钱"首次入选最高检典型案例》,载《检察日报》2022年11月4日,第1版。

品犯罪分子的指使下,蔡怀泽、蔡建立分别以各自名义开设个人账户,并将明知是毒品犯罪所得的赃款存入上述账户。其中,蔡怀泽在账户存入赃款共计350余万元,蔡建立在账户存入赃款660余万元。福建省泉州市中级人民法院以洗钱罪判处被告人蔡建立有期徒刑3年,并处罚金33万元;判处被告人蔡怀泽有期徒刑2年6个月,并处罚金17.5万元。①

【黄广锐洗钱案】从2003年5月至2004年8月,黄广锐明知黄某等人托其汇转的款项是走私香烟所得,仍向黄某等人提供以其虚假身份在银行开设的系列账户,转入巨额走私款,并分散提取资金1.13亿元交给他人转往黄某等人指定的香港账户中,以代黄某等人支付走私香烟的货款。2006年3月8日,广西壮族自治区北海市中级人民法院公开宣判,以洗钱罪判处被告人黄广锐有期徒刑5年,没收违法所得100万元,并处罚金600万元。广西壮族自治区高级人民法院作出终审判决,维持原判。② 这是我国第三起以洗钱罪宣判的案件,也是首例以走私罪作为上游犯罪而以洗钱罪定罪的案件。

追溯我国长期惩治"他洗钱"模式下洗钱活动的刑事规制过程,我们可以看出,对"提供资金账户"的司法认定不会产生歧义,也积累了相对比较成熟的司法实践经验。但是,在《刑法修正案(十一)》打破原先"他洗钱"的单一模式之后,我们需要在"自洗钱"的模式下解析"提供资金账户"的司法认定问题。

首先,从规范意义看,1997年《刑法》在第191条第1款对于洗钱罪在客观行为方式的叙述,采用了"提供(资金账户)"和"协助(将资金转换、转移和汇往境外)"的帮助型语义结构,这在立法层面将洗钱罪界定在"他洗钱"的范畴,犯罪主体只能由上游犯罪本犯之外的第三方构成,自洗钱是不能成立洗钱罪的。随着反洗钱国内外形势的发展,为了将自洗钱纳入洗钱罪的打击范围,《刑法修正案(十一)》在第191条既有的"列举式"模块上,通过删除客观行为中第2、3、4项的三个"协助"以及主观方面中"明知"的术语,解除了洗钱罪只能由他犯构成的限制性框架,以"微创手

---

① 参见李恩树、许晓晗:《〈财经〉专稿 | 公安发力追查涉地下钱庄上游犯罪》,载财经网,https://www.mycaijing.com/article/detail/211304,最后访问时间:2023年6月5日。

② 参见中国人民银行:《2006年中国反洗钱报告》,第五章"反洗钱监测分析和洗钱案件查处"。

术"完成了洗钱罪的结构转型。但是,我们明显可以看到,对于客观行为方式中的第1项"提供资金账户"的规定,《刑法修正案(十一)》没有进行任何调整,依然保留了原先属于帮助型犯罪结构的规定。如果从《刑法修正案(十一)》将自洗钱入罪的整体框架看,这可以说是残留的"他洗钱"术语,有些不协调。我国有学者认为,这是立法者的疏漏和技术失误,但无关紧要。① 但是,我们必须尊重既有刑事立法的实然规定。法律不是用来怀疑的,这是司法适用的基本立场。

其次,从立法效果看,如前所述,对于1997年《刑法》第191条第1款列举的前四种"帮助型"结构的行为方式,《刑法修正案(十一)》删除了其中三种"协助"术语,可以说在整体上满足了自洗钱入罪的条件。从比例原则看,沿袭"提供资金账户"的原先规定并没有从整体上影响自洗钱入罪的框架。

最后,从罪质构造看,"提供资金账户"不符合"自洗钱"的成立条件。从文义解释看,"提供"一词属于典型的帮助型术语,是典型的指向第三人称的表述,不包括主语的本体在内,由此排除"自己为自己提供"的文义内涵。如果将上游犯罪本犯也列入"提供资金账户"的主体,则"提供"一词就演绎为"使用",这里的"提供资金账户"就会扩张为"使用资金账户",这具有类推解释的倾向。退而言之,在"提供资金账户"的情形下,流入账户的资金与当初犯罪行为的关联性并未被切断,这与洗钱罪的掩饰、隐瞒之要件有所不符。除非提供资金账户本人或与其相关的上游犯罪行为人在取得财物后,另有掩饰、转换、转移等行为,例如将账户内的资金分散至多个其他账户或将资金从账户内提现,足以切断资金与当初犯罪行为的关联性,才能构成洗钱罪。因此,在司法实践中,需要对资金账户所发挥的具体客观作用再作区分,部分资金账户仅用于收取犯罪所得,因没有制造资金流向的断点,不构成洗钱罪。② 例如,某贪污贿赂犯罪行为人利用自己或者他人的账户收取受贿款,在单一的自洗钱模式中,不存在"(自己为自己)提供资金账户"的解释余地,其收取受贿款的行为是上游犯罪的受

---

① 参见吴诗昕:《洗钱罪立法修正与适用问题审思——从〈刑法修正案(十一)〉切入》,载《江西警察学院学报》2021年第3期。
② 参见李光林、陶维俊:《提供资金账户式洗钱行为的司法认定》,载《检察日报》2021年7月23日,第3版。

贿罪构成要件，而利用账户是收取受贿款行为的载体和有机组成部分，这应被置于受贿罪项下予以法律评价，不能既评价为上游犯罪的受贿行为，又认定为下游的洗钱行为，否则有违"禁止重复评价原则"。有鉴于此，上游犯罪的本犯为自己实施"提供资金账户"的行为，不应纳入洗钱罪的评价范围之内。

综上所述，在《刑法修正案（十一）》未修改"提供资金账户"的情形下，从刑事立法的实然规定和刑法教义学出发，该洗钱行为形态只能适用"他洗钱"模式，而不能适用"自洗钱"情形。

【谷某贩卖、运输毒品和洗钱案】2021年3月，被告人谷某收取侯某（另案处理）17万元用于购买毒品，指使陶某（另案处理）运送毒品。谷某为掩饰、隐瞒其向侯某贩卖毒品的犯罪所得的来源和性质，指使陶某提供其名下的农业银行账户帮助接收毒资，并通过银行柜台取现方式支取上述毒资17万元。公诉机关认为，对被告人谷某应以贩卖、运输毒品罪追究其刑事责任；被告人谷某使用他人资金账户，掩饰、隐瞒其贩卖毒品犯罪所得的来源和性质，应以洗钱罪追究其刑事责任。北京市东城区人民法院判决被告人谷某犯贩卖、运输毒品罪，判处有期徒刑15年；犯洗钱罪，判处有期徒刑1年3个月，并处罚金2万元；数罪并罚决定执行有期徒刑16年，罚金2万元，没收个人财产5万元。同时，继续追缴被告人谷某违法所得17万元，予以没收。①

在该案中，被告人谷某使用他人资金账户的行为，属于其接收毒资的"管道"，这是其贩卖毒品的有机组成部分，这与以现金形式收取毒资并没有实质性的区别，并没有对贩卖毒品的犯罪所得产生隐瞒、隐藏的客观效果，故不符合自洗钱模式下的"提供资金账户"行为方式。从全案的流程看，谷某通过银行柜台以取现方式支取毒资的后续行为，才起到了掩饰、隐瞒贩卖毒品的犯罪所得之作用，切断了毒资源于贩卖毒品的来源和性质。在洗钱行为方式的定性上，这应该适用《刑法》第191条第1款第2项"将财产转换为现金"，而不是第1项"提供资金账户"。当然，在自洗钱框架下的共同犯罪情形中，如果被告人谷某与陶某之间就洗钱犯罪存在

---

① 参见白宇：《北京首例"自洗钱"案—审宣判　贩毒、洗钱数罪并罚》，载微信公众号"京法网事"，2023年4月18日。

通谋关系,并且由陶某提供账户来接收毒资,则可以适用"提供资金账户"的行为类型,双方构成洗钱罪的共犯。

由此可以看出,在司法实践中,对犯罪所得及其收益的处置行为是十分复杂的。正如有的检察官所言,对于上游犯罪本犯利用他人账户接收犯罪所得之后再获取犯罪所得的行为定性,需要做进一步的分析。如果在取得犯罪所得的过程中掺杂了其他掩饰、隐瞒其来源和性质的行为,例如上游犯罪本犯要求提供资金账户收款的人员转账至其他账户,该行为已经超出上游犯罪的评价范围,符合洗钱罪的构成,可以认定为自洗钱。①

第四节 关于"为掩饰、隐瞒"术语的理解

在我国反洗钱的司法实践中,对洗钱行为人在主观要件方面的认定,一直是取证难和认定难的最为棘手问题,严重制约了司法机关对洗钱犯罪的查处。根据有关权威部门的分析,洗钱定罪数量偏少的现状,既有洗钱罪的主观方面认定标准严格等原因,也有在执行中基层办案机关缺少洗钱犯罪侦查经验等原因。② 从立法技术看,《刑法修正案(十一)》对"明知"术语的删除,主要是出于将自洗钱入罪的立法考量。但是,这并不意味着对洗钱罪的认定就不需要考虑主观要件。虽然《刑法修正案(十一)》删除了"明知"术语,但这只是降低对洗钱行为对象事实的证明标准,弱化了事实证明的重要性,丝毫不影响洗钱罪的主观要件,并未改变洗钱罪的主观方面依然是故意的基础事实。无论是自洗钱,还是他洗钱,都需要证明主观要件的成立。③ 从主观构成要件看,行为人必须是出自故意,即对源于法定七类上游犯罪的所得及其收益具有主观认识。具体到司法实践中,在"明知"术语被删除后,基于主客观相统一的刑法基本立场,司法机关在认定洗钱罪时仍需认定行为人具备主观认识,否则就会陷入"客观归罪"的泥潭。对此,我们必须在司法适用的理念上予以坚持。

---

① 参见姜昕等:《借用POS机盗刷信用卡并转移犯罪所得的行为是否构成自洗钱》,载《人民检察》2022年第6期。
② 参见刘宏华:《全力推动反洗钱工作向纵深发展》,载《中国金融》2020年第11期。
③ 参见刘艳红:《洗钱罪删除"明知"要件后的理解与适用》,载《当代法学》2021年第4期。

在规范层面,我国 1997 年《刑法》第 191 条在洗钱罪的罪状描述上,使用"为掩饰、隐瞒其来源和性质"的术语。据此,我国刑法理论界的传统观点认为,这表明我国立法者将洗钱罪界定为法定目的犯。如果行为人明知是七类法定上游犯罪的所得及其产生的收益,在客观上实施了洗钱行为,但是主观上不具有掩饰、隐瞒上游犯罪所得及其收益之目的,则不构成洗钱罪。① 后来,《刑法修正案(十一)》对洗钱罪进行重大修改,在删除"明知"术语的同时,将原先规定的"为掩饰、隐瞒"的表述调整至现在第 191 条第 1 款规定之首。我国有学者认为这是意在加强适用该条的法律指示效果,提示司法机关在认定洗钱罪时,不能忽视对行为人掩饰、隐瞒犯罪所得及其产生的收益的认识之把握。② 由此可见,对"为掩饰、隐瞒"术语的理解,直接关系到洗钱罪的刑事立法是否属于目的犯模式,并且会对惩治洗钱罪的司法实践产生波及力,需要我们从立法、司法和理论等多维角度进行重新审视。

在刑法理论界,关于"为掩饰、隐瞒"术语的体系性定位,不同学者的观点存有较大的差异。例如,我国有学者认为,尽管《刑法》第 191 条没有明确规定相应的特定目的,但从"为掩饰、隐瞒其来源和性质"的罪状表述上,可以直接读出立法者所要求的不同于犯罪故意的主观要素,这实际上也就是犯罪的相应目的。洗钱罪是非典型法定目的犯。③ 与此相反,陈兴良教授认为,鉴于洗钱罪的行为本身就是掩饰、隐瞒其来源和性质,不能同时又把这一内容当作主观的超过要素,即目的犯的目的。刑法条文中出现的"为掩饰、隐瞒其来源和性质"一语,容易使人将其误解为主观目的,但它实际上是对刑法所列举的五种洗钱的具体行为方式所加的限制,这不同于刑法理论上的目的犯。④

从比较视角看,围绕着洗钱罪中"为掩饰、隐瞒"展开的学术争论,也

---

① 参见贾宇、舒洪水:《洗钱罪若干争议问题研究》,载张智辉、刘远主编:《金融犯罪与金融刑法新论》,山东大学出版社 2006 年版,第 274 页;徐汉明、贾济东、赵慧:《中国反洗钱立法研究》,法律出版社 2005 年版,第 236 页。

② 参见卫磊:《〈刑法修正案(十一)〉对洗钱犯罪刑法规制的新发展》,载《青少年犯罪问题》2021 年第 2 期。

③ 参见付立庆:《中国刑法中的典型的法定目的犯:描述、追问与评价》,载《法学杂志》2006 年第 1 期。

④ 参见陈兴良:《协助他人掩饰毒品犯罪所得行为之定性研究——以汪照洗钱案为例的分析》,载《北方法学》2009 年第 4 期。

同样出现在论述受贿罪中"为他人谋取利益"的激烈碰撞中,这也有助于我们在思辨中开阔和澄清思路。具体而言,关于"为他人谋取利益"在受贿罪中的体系性位置,刑法理论界存在不同的观点交锋。这主要体现在"客观说"与"主观说"之争上。"旧客观说"认为,"为他人谋取利益"是指客观上有为他人谋取利益的行为。① "新客观说"则主张,只要国家工作人员有为他人谋取利益的许诺即可,不要求客观上有为他人谋取利益的实际行为。② 与此相反,"主观说"认为,"为他人谋取利益"是行贿人与受贿人之间就货币与权力交换达成的一种默契,只是受贿人的一种心理状态。③ 国家工作人员为他人谋取利益的行为,只是该主观意图的客观显示。④ 除了上述学说之外,还有观点认为,受贿罪中的"为他人谋利益",既是主观构成要素,又是客观构成要素,因为其既反映了受贿人的主观心理状态,又是客观存在的行为。⑤

本书认为,在刑法理论解释的路径上,对于洗钱罪中"为掩饰、隐瞒"的立法术语的理解,同理于上述"客观说"对受贿罪中"为他人谋取利益"的性质界定。从洗钱的本质特征和罪质构造看,无论洗钱的行为方式如何变化和发展,其实质脉络和中心点都是行为人对犯罪所得和犯罪收益(即"黑钱")的来源和性质进行"掩饰、隐瞒",使得"黑钱"披上"合法"的外衣。这已成为不同国际组织和国家反洗钱的共识。⑥ 由此可见,掩饰、隐瞒其来源和性质本身就是洗钱罪在客观行为方面的核心要素,自然也就不应被重复界定为目的犯中的内容,更不应当据此将洗钱罪推入"目的犯"的范畴。

从我国惩治洗钱罪的司法适用现状看,在 2013 年至 2017 年期间,我国仅有 87 人以洗钱罪定罪。据此,FATF 在对我国进行第四轮互评估时认为,与大量的上游犯罪相比,定罪人数较少,故对第 7 项直接目标"洗钱

---

① 参见林准主编:《中国刑法教程》,人民法院出版社 1989 年版,第 640—641 页。
② 参见张明楷:《论受贿罪中的"为他人谋取利益"》,载《政法论坛》2004 年第 5 期。
③ 参见王作富、陈兴良:《受贿罪构成新探》,载《政法论坛》1991 年第 1 期。
④ 参见陈兴良:《贪污贿赂犯罪司法解释:刑法教义学的阐释》,载《法学》2016 年第 5 期。
⑤ 参见毕志强等编著:《受贿罪定罪量刑案例评析》,中国民主法制出版社 2003 年版,第 39 页。
⑥ 参见王新:《总体国家安全观下我国反洗钱的刑事法律规制》,载《法学家》2021 年第 3 期。

的调查和起诉"的有效性给予的评级为"中等"。① 对此,我国必须在互评估的后续整改期内采取措施来改进。面对上述不能满足我国反洗钱要求的司法"答卷",我们势必要审视,前述关于我国洗钱罪属于法定目的犯的认知是否会束缚司法机关认定洗钱罪的司法实践。

在理论上,犯罪目的具有主观性、抽象性和复杂性等典型特征,表现在诉讼证明上是证明的标准难以把握,这是在实操层面长期困扰司法人员的认定难点问题。例如,对于金融诈骗罪中"以非法占有为目的"的认定问题,为指导各地法院的正确理解和适用,最高人民法院在先后颁布的一系列司法解释②中,以列举客观情形的方式,将行为人是否具有"非法占有"的法定目的外化为若干具体的客观行为,这已经成为目前司法解释解决目的犯认定问题的"标配"模式。但是,该司法认定难点问题依然存在。对于将金融犯罪设立为目的犯的立法模式,在早期我国就有学者认为,这严重阻碍了对金融犯罪的追诉、审判工作的顺利进行,反而成为犯罪人逃避刑罚的辩词,造成金融刑事法网的疏漏,故有必要取消目的犯的限制。③ 在立法层面,金融犯罪属于法定目的犯范畴。上述观点针对司法适用的薄弱局面而提出立法"解套"的建议思路,值得我们参考。同时,我们更应该看到,在洗钱罪并不属于法定目的犯的情形下,如果在学理上将该罪划定为目的犯的范畴,从打击洗钱犯罪的司法实践来说,只会再度增加司法人员的举证责任,限制自己的手脚,徒增诉累。

另外,最高人民检察院在 2022 年 11 月颁行惩治洗钱犯罪典型案例的"冯某才等人贩卖毒品、洗钱案"中,认为本案的"典型意义"还在于:

> 要坚持主观因素与客观因素相统一的刑事责任评价原则,"为掩饰、隐瞒上游犯罪所得及其产生的收益的来源和性质"和"有下列行为之一"都是构成洗钱罪的必要条件,主观上具有掩饰、隐瞒犯罪所得及其产生的收益来源和性质的<u>故意</u>,客观上实施了掩饰、隐瞒犯罪

---

① FATF, *Anti-Money Laundering and Counter-Terrorist Financing Measures—People's Republic of China*, 4th Round Mutual Evaluation Report, April 2019, para. 196.
② 例如,最高人民法院 2001 年颁行的《全国法院审理金融犯罪案件工作座谈会纪要》、2010 年颁行的《关于审理非法集资刑事案件具体应用法律若干问题的解释》等。
③ 参见刘守芬、申柳华:《金融犯罪刑事抗制之思考》,载张智辉、刘远主编:《金融犯罪与金融刑法新论》,山东大学出版社 2006 年版,第 112—113 页。

所得及其产生的收益的来源和性质的行为,同时符合主客观两方面条件的,应当承担刑事责任,并与上游犯罪数罪并罚。①

从上述最高人民检察院对该典型案例的描述看,在主观内容的落脚点上使用"故意"一词,在某种程度上刻意地回避"目的"之术语,体现出没有将洗钱罪界定为目的犯之蕴意。

综上所述,在体系性位置上,对于我国《刑法》第191条中"为掩饰、隐瞒"的立法术语,不应理解为洗钱罪是目的犯之表述信号。有鉴于此,在司法实践中,我们应当准确定位"为掩饰、隐瞒"术语的性质,避免在表象上据此将洗钱罪纳入目的犯的认识误区,从而不必要地增加目的犯认定之诉累,影响打击洗钱犯罪的司法实践效果。

第五节 案例解析:借用 POS 机盗刷信用卡并转移犯罪所得

一、案情简介②

李某是 POS 机的推广人员,曾为刘某办理 2 台 POS 机。后刘某以 POS 机不好用为由,要求李某办理 POS 机解绑手续,李某则借机要求刘某提供绑定的信用卡、身份证及手机。2019 年 10 月至 2020 年 1 月,李某在刘某不知情的情况下,利用本人的 POS 机在某便利店内以消费形式分 15 次盗刷刘某 3 张信用卡合计人民币 1.4 万余元。

2019 年 11 月至 2021 年 5 月,李某先后多次在某店面内,利用帮助陈某提升信用卡额度和降低 POS 机刷卡费率之际,趁陈某不注意,利用信用卡小额免密支付功能,使用其携带的 POS 机盗刷陈某名下 8 张信用卡合计人民币 7.9 万余元。其间,李某盗刷刘某信用卡被发现后,其本人的 POS 机即被扣押。取保候审期间,李某采取借用他人 POS 机的方式继续实施诈骗行为。

---

① 孙风娟、柴春元:《"自洗钱"首次入选最高检典型案例》,载《检察日报》2022 年 11 月 4 日,第 1 版。

② 参见姜昕等:《借用 POS 机盗刷信用卡并转移犯罪所得的行为是否构成自洗钱》,载《人民检察》2022 年第 6 期。

2021年3月1日至5月3日，李某借用同事吴某的POS机，盗刷陈某信用卡资金19笔共计1.8万余元，资金到账至吴某POS机绑定的某银行账户。收到盗刷款项后，吴某在李某的指使下，按日将所收到的多笔盗刷款项合并计数、扣除费率，再采用微信转账的方式将所结算出的款项转还给李某。

二、分歧意见

关于李某借用吴某POS机接收盗刷信用卡款项的行为，第一种意见认为，李某使用吴某POS机接收盗刷他人信用卡款项，仍然属于"冒用他人信用卡"行为的一个组成部分，因而以"信用卡诈骗罪"一罪即可实现充分评价；后续李某要求吴某将款项转还自己的行为，方式简单，不具有掩饰、隐瞒犯罪所得的实际效果，应看作上游犯罪的"事后不可罚"行为。

第二种意见认为，李某使用吴某POS机接收上游犯罪所得，后续再要求吴某通过微信转账的方式将款项转还自己的行为，增强了上游犯罪所得及其收益的隐蔽性，本质上是一种"漂白黑钱"的行为，侵害了金融管理秩序这一独立法益，需对其按照洗钱罪单独评价，并和上游犯罪一起数罪并罚。

第三种意见认为，李某使用他人POS机盗刷信用卡，属于实施一个行为同时侵犯多个不同的法益、触犯数个罪名的情形，应按照想象竞合犯的处断原则从一重罪处断，即按照信用卡诈骗罪处理。至于李某要求吴某将款项转还自己的行为，则应作为"事后不可罚"行为不再单独评价。

关于吴某出借POS机给李某使用，后按照李某要求将收到的款项扣除费率后以微信转账方式转还李某的行为，第一种意见认为，吴某并不知悉李某借用POS机的具体目的，对收到款项的性质也不存在"明知"，不能认为其具有掩饰、隐瞒犯罪所得的来源和性质的目的，因而不构成犯罪。

第二种意见认为，按照有关司法解释的规定，"没有正当理由，通过非法途径协助转换或者转移财物"的行为，在没有明确证据证明行为人确实不知道的情况下，可以认定行为人"明知"财物系犯罪所得及其收益。吴某一方面出借POS机给李某使用，另一方面又将李某盗刷的信用卡款项返还李某，帮助李某实施了利用信用卡交易套现后转移财物的非法行为，可以认定其对李某牟利所得的不法性具有"明知",应对其按照洗钱罪的共犯予以处理。

三、疑案精解①

被告人李某借用吴某的 POS 机,盗刷他人名下信用卡中的 19 笔资金(共计人民币 1.8 万余元),并且流入吴某 POS 机绑定的银行账户中。后吴某按照李某的要求,将上述收到的盗刷款扣除费率后,以微信转账的方式转还给李某。对于被告人李某实施上游犯罪,又借助他人转移犯罪所得的行为,应如何定性?该案是一起在《刑法修正案(十一)》将"自洗钱"入罪改变我国长期施行"他洗钱"单一模式后发生的案件,涉及自洗钱行为的入罪界限、与上游犯罪的关系、主观方面、共犯等系列问题,需要我们进行辩证的解析。

(一)"自洗钱"的罪质构造与司法适用原则

在"自洗钱"的情形下,犯罪主体是法定七类上游犯罪的实施者(本犯),不同于"他洗钱"的主体,是处于上游犯罪的第三方。为了合理把握自洗钱的司法认定标准,我们应该立足于自洗钱的罪质构造,同时遵循"禁止重复评价原则"。

自洗钱的罪质构造主要体现为本犯对法定上游犯罪的违法所得及其收益(以下简称"黑钱")的处置方式中,具体可以划分为以下两类:

(1)本犯实施法定七类上游犯罪,又对"黑钱"实施获取、持有、窝藏等后续处置行为。由于本犯并没有实施动态的"漂白"行为,"黑钱"还处于上游犯罪实施后的"物理反应"之自然延伸状态,这符合传统赃物犯罪的特征,属于"不可罚的事后行为",不应认定为洗钱。

(2)本犯实施上游行为,又对"黑钱"实施掩饰、隐瞒、转移、转换等动态的"漂白"行为,切断了其来源和性质,使其呈现出"化学反应"。在这种情形下,本犯的后续处置行为就表现为完全有别于上游犯罪的行为特征,不再是上游犯罪的自然延伸,超出传统赃物犯罪的特征,已经具备洗钱的本质属性。

从本案看,李某借用吴某 POS 机盗刷他人的信用卡资金,属于未经

---

① 参见王新:《盗刷信用卡并转移犯罪所得的司法认定》,载《人民检察》2022 年第 6 期。

合法持卡人的同意或授权,而以持卡人的名义使用其真实有效的信用卡的行为,构成信用卡诈骗罪,这符合洗钱罪在上游犯罪层面的罪质标准。但是,本案的疑难和焦点问题在于,如何认定李某后来要求吴某通过微信转账方式将盗刷款项转给自己的行为。具体分析,李某在完成上游犯罪的信用卡诈骗罪之后,又进一步借助吴某的微信转账,不仅获取了犯罪所得,而且此过程还具有通过转账方式转移资金的"漂白"性质,切断了"黑钱"源于上游犯罪的来源和性质,致使"黑钱"发生了"化学反应",属于《刑法》第191条第1款第3项所规定的"通过转账方式转移资金"之洗钱行为方式。在行为性质上,李某的后续处置行为不再是信用卡诈骗罪的自然延伸,已经具备自洗钱在行为方面的罪质构造。

我们还应看到,具备了自洗钱的罪质构造,只是认定洗钱罪成立的必要条件,还需要考察充分条件。鉴于洗钱罪作为下游犯罪与上游犯罪存在紧密的联系,我们就必须遵循"禁止重复评价原则",防止不适当地扩大洗钱罪的适用范围。例如,"挪用公款归个人使用",是挪用公款罪的客观构成要件之一。其中,以购买房屋、理财产品和贵重金属等典型的洗钱方式进行个人使用,虽然在行为方面符合自洗钱的罪质构造,但鉴于这种以洗钱形态出现的归个人使用的情形是挪用公款罪的组成部分,已经被上游犯罪评价完毕,就不应再将其认定为洗钱罪,否则有违"禁止重复评价原则"。

"禁止重复评价原则"适用的基础条件,是"同一犯罪构成事实"。具体到本案,李某要求吴某转移的盗刷款源自上游犯罪的信用卡诈骗罪,两者形成上下游的紧密关系。但是,李某要求吴某通过微信转账方式给自己盗刷款的行为,在本质上属于掩饰、隐瞒犯罪所得的来源和性质之洗钱行为,具有新的犯罪构成事实,这与上游犯罪并不形成"同一犯罪构成事实",并不具备适用"禁止重复评价原则"的前提条件。同时,该行为破坏了国家金融管理秩序,这与上游犯罪的信用卡诈骗罪的评价内容并不完全相同,而且超出信用卡诈骗罪的法益侵害范围和程度,需要单独进行刑法评价。

综上所述,李某实施处于上游犯罪的信用卡诈骗罪,同时还实施符合自洗钱的罪质构造之洗钱罪,从"禁止重复评价原则"和罪数理论的分析看,李某的行为涉嫌构成信用卡诈骗罪和洗钱罪,应依照数罪并罚的规定处罚。另外，在北京市的首例自洗钱案件①中，被告人谷某指使陶某运送毒品，并指使陶某提供其名下的银行账户帮助接收毒资，并通过银行柜台取现方式支取上述毒资 17 万元。由于被告人谷某在信用卡诈骗犯罪完成后又实施了取现转换的洗钱行为，在自洗钱入罪后，其不仅构成上游犯罪，还成立洗钱罪，应实行数罪并罚。

（二）"自洗钱"与"他洗钱"二元模式下的主观认定

《刑法修正案（十一）》删除洗钱罪原先罪状中的"明知"措辞，主要是为了解除将自洗钱入罪的主观术语障碍。但是，这种修订并没有改变洗钱罪是故意犯的基础要素，我们仍然需要认定洗钱罪的主观要件，否则会陷入"客观归罪"的泥潭。鉴于"自洗钱"与"他洗钱"的行为模式和犯罪主体有所差异，对于洗钱行为人的主观认识，我们应分为"自洗钱"与"他洗钱"两种模式来理解适用。这具体表现如下：

（1）在"自洗钱"的情形下，本犯在实施法定七类上游犯罪时，必然会认识到洗钱对象的来源和性质，这是应有之义，故不存在对主观认识的证明问题。

（2）在"他洗钱"的情况下，由于行为人并没有亲自实施法定的七类上游犯罪，其对自己为他人洗钱的对象来源和性质并不必然成立主观认识，从主客观相统一的刑法原则出发，对于"他洗钱"的司法认定，依然需要证明行为人主观认识的成立。

在本案中，李某属于"自洗钱"的行为人，其要求吴某将盗刷的信用卡资金转给自己的行为中就已经蕴含着对源于信用卡诈骗的盗刷款来源和性质之认识。对自洗钱的行为方式进行调查和司法认定，实质上就是揭示本犯的主观认识的过程。从证明标准看，对于李某"自洗钱"的主观心态，就不存在专门的证明问题。

对于借用 POS 机给李某使用的吴某，他是信用卡诈骗罪之外的第三方行为人，属于"他洗钱"的主观认定范畴，这是司法认定的难点问题。目前，2009 年《关于审理洗钱等刑事案件具体应用法律若干问题的解释》采

---

① 参见白宇：《北京首例"自洗钱"案今在东城法院开庭审理》，载北京市东城区人民法院网站，https://dcqfy.chinacourt.gov.cn/article/detail/2022/01/id/6482746.shtml，最后访问时间：2023 年 3 月 13 日。

取"可反驳的客观推定"的范式,在第 1 条规定,"应当结合被告人的认知能力,接触他人犯罪所得及其收益的情况,犯罪所得及其收益的种类、数额,犯罪所得及其收益的转换、转移方式以及被告人的供述等主、客观因素进行认定"。另外,从违法性认识理论看,吴某对于以微信转账方式转给李某的资金之来源和性质,存在认识到"必然是黑钱"与认识到"可能是黑钱"两种情形。据此,在认定吴某的主观认识时,不应仅仅局限在"必然认识"的绝对性标准,也应适用"可能认识"的高概率性标准,从而拓宽"他洗钱"模式下的主观认定幅度。

(三)"自洗钱"入罪后的共犯认定问题

从规范意义上看,《刑法》第 156 条对于走私罪的共犯认定问题明确规定,与走私罪犯通谋,为其提供贷款、资金、账号、发票、证明,或者为其提供运输、保管、邮寄或者其他方便的,以走私罪的共犯论处。因此,虽然提供资金账号、协助转移转换财产者的行为在客观行为方面符合洗钱罪的成立要件,但我们不能"一刀切"地将其定性为洗钱罪,首先应以"是否存在通谋"为标准来考察是否存在共犯关系,这种区分的逻辑线条是清晰明确的。具体到本案,吴某借 POS 机给李某使用,后来按照李某要求,将收到的资金用微信转还给李某。对此,如果吴某与李某之间存在通谋,则吴某成立信用卡诈骗罪的共犯;倘若没有通谋,则吴某通过转账方式转移资金的行为,在具备主观"明知"要件的前提下,涉嫌单独构成洗钱罪。

但是,《刑法修正案(十一)》将自洗钱入罪会导致"是否存在通谋"的既往区分标准发生变化。在本案中,鉴于吴某与李某进行通谋的内容除了信用卡诈骗罪之外,也可能包括洗钱罪在内,我们就需要进一步地以"通谋内容"为标准,结合共同犯罪原理进行科学的类型化解析:

(1)双方就上游犯罪通谋,行为人实施《刑法》第 191 条规定的洗钱行为的,成立为上游犯罪的共犯。这是对既往的共犯认定标准之沿用。

(2)双方就洗钱罪通谋,行为人实施《刑法》第 191 条规定的洗钱行为的,构成洗钱罪的共犯。

(3)双方就上游犯罪和洗钱罪通谋,既实施上游犯罪,又实施《刑法》第 191 条规定的洗钱行为的,对于上游犯罪本犯来说,这属于自洗钱的范畴,应依据数罪并罚的规定处罚;但是,对于洗钱行为人而言,根据其行为性质,应在"禁止重复评价原则"的指引下进行区分认定处罚。

四、该案的示范意义

《刑法修正案(十一)》将"自洗钱"入罪,是为了落实关于完善我国反洗钱监管体制机制的顶层设计要求,履行反洗钱国际组织对我国进行互评估后的后续整改义务,可谓在国内和国际的双重压力下的刑事立法反应和重大进步。在2014年我国确立总体国家安全观理念之后,反洗钱成为落实总体国家安全观的重要组成部分,是推进国家治理体系和治理能力现代化、维护经济社会安全稳定的重要保障。对此,我们首先应该提高"政治站位",发挥能动检察职能,加大洗钱犯罪的惩治力度。

其次,在我国长期打击洗钱的司法实践中,对于作为下游犯罪的洗钱罪,司法人员往往以追踪资金流向来查明上游犯罪。针对这种现象,最高人民检察院在观念和工作机制上,明确要求切实转变"重上游犯罪,轻洗钱犯罪"的做法,办理上游犯罪案件时要同步审查是否涉嫌洗钱犯罪。本案就是在办理信用卡诈骗罪案件的过程中,在坚持"一案双查"和同步审查是否构成涉嫌洗钱犯罪时发现线索,并且予以补充起诉,值得充分肯定。

最后,《刑法修正案(十一)》将自洗钱入罪,在理论上突破了传统赃物罪的思路,这是刑事立法理念的新发展。有鉴于此,我们不应再保守和机械地封闭于传统赃物罪的教条限制,需要对洗钱罪进行与时俱进的理解和司法适用。

附录一 联合国反洗钱文件

一、《联合国禁止非法贩运麻醉药品和精神药物公约》

(1988年12月19日在联合国通过禁止非法贩运麻醉药品和精神药物公约会议的第六次全会上通过)

(节录)

....

第三条 犯罪和制裁

1. 各缔约国应采取可能必要的措施将下列故意行为确定为其国内法中的刑事犯罪:

(a)(一)违反《1961年公约》、经修正的《1961年公约》或《1971年公约》的各项规定,生产、制造、提炼、配制、提供、兜售、分销、出售、以任何条件交付、经纪、发送、过境发送、运输、进口或出口任何麻醉药品或精神药物;

(二)违反《1961年公约》和经修正的《1961年公约》的各项规定,为生产麻醉药品而种植罂粟、古柯或大麻植物;

(三)为了进行上述(一)目所列的任何活动,占有或购买任何麻醉药品或精神药物;

(四)明知其用途或目的是非法种植、生产或制造麻醉药品或精神药物而制造、运输或分销设备、材料或表一和表二所列物质;

(五)组织、管理或资助上述(一)、(二)、(三)或(四)目所列的任何犯罪;

(b)(一)明知财产得自按本款(a)项确定的任何犯罪或参与此种犯罪的行为,为了隐瞒或掩饰该财产的非法来源,或为了协助任何涉及此种犯罪的人逃避其行为的法律后果而转换或转让该财产;

(二)明知财产得自按本款(a)项确定的犯罪或参与此种犯罪的行为,隐瞒或掩饰该财产的真实性质、来源、所在地、处置、转移、相关的权利或所有权;

(c)在不违背其宪法原则及其法律制度基本概念的前提下,

(一)在收取财产时明知财产得自按本款(a)项确定的犯罪或参与此种犯罪的行为而获取、占有或使用该财产;

(二)明知其被用于或将用于非法种植、生产或制造麻醉药品或精神药物而占有设备、材料或表一和表二所列物质;

(三)以任何手段公开鼓动或引诱他人去犯按照本条确定的任何罪行或非法使用麻醉药品或精神药物;

(四)参与进行,合伙或共谋进行,进行未遂,以及帮助、教唆、便利和参谋进行按本条确定的任何犯罪。

2.各缔约国应在不违背其宪法原则和法律制度基本概念的前提下,采取可能必要的措施,在其国内法中将违反《1961年公约》、经修正的《1961年公约》或《1971年公约》的各项规定,故意占有、购买或种植麻醉药品或精神药物以供个人消费的行为,确定为刑事犯罪。

3.构成本条第1款所列罪行的知情、故意或目的等要素,可根据客观事实情况加以判断。

4.(a)各缔约国应使按本条第1款确定的犯罪受到充分顾及这些行罪行的严重性质的制裁,诸如监禁或以其他形式剥夺自由,罚款和没收。

(b)缔约国还可规定除进行定罪或惩罚外,对犯有按本条第1款确定的罪行的罪犯采取治疗、教育、善后护理、康复或回归社会等措施。

(c)尽管有以上各项规定,在性质轻微的适当案件中,缔约国可规定作为定罪或惩罚的替代办法,采取诸如教育、康复或回归社会等措施,如罪犯为嗜毒者,还可采取治疗和善后护理等措施。

(d)缔约国对于按本条第2款确定的犯罪,可以规定对罪犯采取治疗、教育、善后护理、康复或回归社会的措施,以作为定罪或惩罚的替代办法，或作为定罪或惩罚的补充。

5. 缔约国应确保其法院和拥有管辖权的其他主管当局能够考虑使按照第1款所确定的犯罪构成特别严重犯罪的事实情况，例如：

（a）罪犯所属的有组织的犯罪集团涉及该项犯罪；

（b）罪犯涉及其他国际上有组织的犯罪活动；

（c）罪犯涉及由此项犯罪所便利的其他非法活动；

（d）罪犯使用暴力或武器；

（e）罪犯担任公职，且其所犯罪行与该公职有关；

（f）危害或利用未成年人；

（g）犯罪发生在监禁管教场所，或教育机构或社会服务场所，或在紧邻这些场所的地方，或在学童和学生进行教育、体育和社会活动的其他地方；

（h）以前在国外或国内曾被判罪，特别是类似的犯罪，但以缔约国国内法所允许的程度为限。

6. 缔约国为起诉犯有按本条确定的罪行的人而行使其国内法规定的法律裁量权时，应努力确保对这些罪行的执法措施取得最大成效，并适当考虑到需要对此种犯罪起到威慑作用。

7. 缔约国应确保其法院或其他主管当局对于已判定犯有本条第1款所列罪行的人，在考虑其将来可能的早释或假释时，顾及这种罪行的严重性质和本条第5款所列的情况。

8. 各缔约国应酌情在其国内法中对于按本条第1款确定的任何犯罪，规定一个长的追诉时效期限，当被指称的罪犯已逃避司法处置时，期限应更长。

9. 各缔约国应采取符合其法律制度的适应措施，确保在其领土内发现的被指控或被判定犯有按本条第1款确定的罪行的人，能在必要的刑事诉讼中出庭。

10. 为了缔约国之间根据本公约进行合作，特别包括根据第五、六、七和九条进行合作，在不影响缔约国的宪法限制和基本的国内法的情况下，凡依照本条确定的犯罪均不得视为经济犯罪或政治犯罪或认为是出于政治动机。

11. 本条规定不得影响其所述犯罪和有关的法律辩护理由只应由缔约国的国内法加以阐明以及此种犯罪应依该法予以起诉和惩罚的原则。

············

二、《联合国打击跨国有组织犯罪公约》
（节录）

············

第六条 洗钱行为的刑事定罪

一、各缔约国均应依照其本国法律基本原则采取必要的立法及其他措施，将下列故意行为规定为刑事犯罪：

（一）1. 明知财产为犯罪所得，为隐瞒或掩饰该财产的非法来源，或为协助任何参与实施上游犯罪者逃避其行为的法律后果而转换或转让财产；

2. 明知财产为犯罪所得而隐瞒或掩饰该财产的真实性质、来源、所在地、处置、转移、所有权或有关的权利；

（二）在符合其本国法律制度基本概念的情况下：

1. 在得到财产时，明知其为犯罪所得而仍获取、占有或使用；

2. 参与、合伙或共谋实施，实施未遂，以及协助、教唆、促使和参谋实施本条所确立的任何犯罪。

二、为实施或适用本条第一款：

（一）各缔约国均应寻求将本条第一款适用于范围最为广泛的上游犯罪；

（二）各缔约国均应将本公约第二条所界定的所有严重犯罪和根据本公约第五条、第八条和第二十三条确立的犯罪列为上游犯罪。缔约国立法中如果明确列出上游犯罪清单，则至少应在这类清单中列出与有组织犯罪集团有关的范围广泛的各种犯罪；

（三）就（二）项而言，上游犯罪应包括在有关缔约国刑事管辖权范围之内和之外发生的犯罪。但是，如果犯罪发生在一缔约国刑事管辖权范围以外，则只有该行为根据其发生时所在国本国法律为刑事犯罪，而且若发生在实施或适用本条的缔约国时根据该国法律也构成刑事犯罪时才构成上游犯罪；

（四）各缔约国均应向联合国秘书长提供其实施本条的法律以及这类法律随后的任何修改的副本或说明；

（五）如果缔约国本国法律基本原则要求，则可以规定本条第一款所列犯罪不适用于实施上游犯罪的人；

（六）本条第一款所规定的作为犯罪要素的明知、故意或目的可根据客观实际情况推定。

第七条　打击洗钱活动的措施

一、各缔约国均应：

（一）在其力所能及的范围内，建立对银行和非银行金融机构及在适当情况下对其他特别易被用于洗钱的机构的综合性国内管理和监督制度，以便制止并查明各种形式的洗钱。这种制度应强调验证客户身份、保持记录和报告可疑的交易等项规定；

（二）在不影响本公约第十八条和第二十七条的情况下，确保行政、管理、执法和其他负责打击洗钱的当局（本国法律许可时可包括司法当局）能够根据其本国法律规定的条件，在国家和国际一级开展合作和交换信息，并应为此目的考虑建立作为国家级中心的金融情报机构，以收集、分析和传播有关潜在的洗钱活动的信息。

二、缔约国应考虑采取切实可行的措施调查和监督现金和有关流通票据出入本国国境的情况，但须有保障措施以确保情报的妥善使用且不致以任何方式妨碍合法资本的流动。这类措施可包括要求个人和企业报告大额现金和有关流通票据的跨境划拨。

三、在建立本条所规定的国内管理和监督制度时，吁请缔约国在不影响本公约的任何其他条款的情况下将各种区域、区域间和多边组织的有关反洗钱倡议作为指南。

四、缔约国应努力为打击洗钱而发展和促进司法、执法和金融管理当局间的全球、区域、分区域和双边合作。

……………

三、《联合国反腐败公约》
（节录）

....

第十四条 预防洗钱的措施

一、各缔约国均应当：

（一）在其权限范围内，对银行和非银行金融机构，包括对办理资金或者价值转移正规或非正规业务的自然人或者法人，并在适当情况下对特别易于涉及洗钱的其他机构，建立全面的国内管理和监督制度，以便遏制并监测各种形式的洗钱，这种制度应当着重就验证客户身份和视情况验证实际受益人身份、保持记录和报告可疑交易作出规定；

（二）在不影响本公约第四十六条的情况下，确保行政、管理、执法和专门打击洗钱的其他机关（在本国法律许可时可以包括司法机关）能够根据本国法律规定的条件，在国家和国际一级开展合作和交换信息，并应当为此目的考虑建立金融情报机构，作为国家中心收集、分析和传递关于潜在洗钱活动的信息。

二、缔约国应当考虑实施可行的措施，监测和跟踪现金和有关流通票据跨境转移的情况，但必须有保障措施，以确保信息的正当使用而且不致以任何方式妨碍合法资本的移动。这类措施可以包括要求个人和企业报告大额现金和有关流通票据的跨境转移。

三、缔约国应当考虑实施适当而可行的措施，要求包括汇款业务机构在内的金融机构：

（一）在电子资金划拨单和相关电文中列入关于发端人的准确而有用的信息；

（二）在整个支付过程中保留这种信息；

（三）对发端人信息不完整的资金转移加强审查。

四、吁请缔约国在建立本条所规定的国内管理和监督制度时，在不影响本公约其他任何条款的情况下将区域、区域间和多边组织的有关反洗钱举措作为指南。

五、缔约国应当努力为打击洗钱而在司法机关、执法机关和金融监管机关之间开展和促进全球、区域、分区域及双边合作。

……………

第二十三条 对犯罪所得的洗钱行为

一、各缔约国均应当根据本国法律的基本原则采取必要的立法和其他措施,将下列故意实施的行为规定为犯罪：

（一）1.明知财产为犯罪所得,为隐瞒或者掩饰该财产的非法来源,或者为协助任何参与实施上游犯罪者逃避其行为的法律后果而转换或者转移该财产；

2.明知财产为犯罪所得而隐瞒或者掩饰该财产的真实性质、来源、所在地、处分、转移、所有权或者有关的权利；

（二）在符合本国法律制度基本概念的情况下：

1.在得到财产时,明知其为犯罪所得而仍获取、占有或者使用；

2.对本条所确立的任何犯罪的参与、协同或者共谋实施、实施未遂以及协助、教唆、便利和参谋实施。

二、为实施或者适用本条第一款：

（一）各缔约国均应当寻求将本条第一款适用于范围最为广泛的上游犯罪；

（二）各缔约国均应当至少将其根据本公约确立的各类犯罪列为上游犯罪；

（三）就上文第（二）项而言,上游犯罪应当包括在有关缔约国管辖范围之内和之外实施的犯罪。但是,如果犯罪发生在一缔约国管辖权范围之外,则只有当该行为根据其发生地所在国法律为犯罪,而且根据实施或者适用本条的缔约国的法律该行为若发生在该国也为犯罪时,才构成上游犯罪；

（四）各缔约国均应当向联合国秘书长提供其实施本条的法律以及这类法律随后的任何修改的副本或说明；

（五）在缔约国本国法律基本原则要求的情况下,可以规定本条第一款所列犯罪不适用于实施上游犯罪的人。

……………

第五十二条 预防和监测犯罪所得的转移

一、在不影响本公约第十四条的情况下,各缔约国均应当根据本国法律采取必要的措施,以要求其管辖范围内的金融机构核实客户身份,采取合理步骤确定存入大额账户的资金的实际受益人身份,并对正在或者曾经担任重要公职的个人及其家庭成员和与其关系密切的人或者这些人的代理人所要求开立或者保持的账户进行强化审查。对这种强化审查应当作合理的设计,以监测可疑交易从而向主管机关报告,而不应当将其理解为妨碍或者禁止金融机构与任何合法客户的业务往来。

二、为便利本条第一款所规定措施的实施,各缔约国均应当根据其本国法律和参照区域、区域间和多边组织的有关反洗钱举措:

(一)就本国管辖范围内的金融机构应当对哪类自然人或者法人的账户实行强化审查,对哪类账户和交易应当予以特别注意,以及就这类账户的开立、管理和记录应当采取哪些适当的措施,发出咨询意见;

(二)对于应当由本国管辖范围内的金融机构对其账户实行强化审查的特定自然人或者法人的身份,除这些金融机构自己可以确定的以外,还应当酌情将另一缔约国所请求的或者本国自行决定的通知这些金融机构。

三、在本条第二款第(一)项情况下,各缔约国均应当实行措施,以确保其金融机构在适当期限内保持涉及本条第一款所提到人员的账户和交易的充分记录,记录中应当至少包括与客户身份有关的资料,并尽可能包括与实际受益人身份有关的资料。

四、为预防和监测根据本公约确立的犯罪的所得的转移,各缔约国均应当采取适当而有效的措施,以在监管机构的帮助下禁止设立有名无实和并不附属于受监管金融集团的银行。此外,缔约国可以考虑要求其金融机构拒绝与这类机构建立或者保持代理银行关系,并避免与外国金融机构中那些允许有名无实和并不附属于受监管金融集团的银行使用其账户的金融机构建立关系。

五、各缔约国均应当考虑根据本国法律对有关公职人员确立有效的财产申报制度,并应当对不遵守制度的情形规定适当的制裁。各缔约国还应当考虑采取必要的措施,允许本国的主管机关在必要时与其他国家主管机关交换这种资料,以便对根据本公约确立的犯罪的所得进行调查、主张权利并予以追回。

六、各缔约国均应当根据本国法律考虑采取必要的措施,要求在外国银行账户中拥有利益、对该账户拥有签名权或者其他权力的有关公职人员向有关机关报告这种关系,并保持与这种账户有关的适当记录。这种措施还应当对违反情形规定适当的制裁。

……

第五十八条　金融情报机构

缔约国应当相互合作,以预防和打击根据本公约确立的犯罪而产生的所得的转移,并推广追回这类所得的方式方法。为此,缔约国应当考虑设立金融情报机构,由其负责接收、分析和向主管机关转递可疑金融交易的报告。

……

附录二 打击洗钱、恐怖融资与扩散融资的国际标准：FATF 建议

2012年2月16日 FATF 全会通过 2019年6月26日更新①
（节录）

四十项建议一览表

新建议	旧建议†	
		A. 反洗钱与反恐怖融资政策和协调
1	—	评估风险与运用风险为本的方法*
2	R.31	国家层面的合作与协调*
		B. 洗钱与没收
3	R.1 & R.2	洗钱犯罪*
4	R.3	没收与临时措施*
		C. 恐怖融资与扩散融资
5	SRII	恐怖融资犯罪*
6	SRIII	与恐怖主义和恐怖融资相关的定向金融制裁*
7		与扩散相关的定向金融制裁*
8	SRVIII	非营利组织*
		D. 预防措施
9	R.4	金融机构保密法
		客户尽职调查与记录保存
10	R.5	客户尽职调查*
11	R.10	记录保存
		针对特定客户和活动的额外措施
12	R.6	政治公众人物*
13	R.7	代理行业务*
14	SRVI	资金或价值转移服务*
15	R.8	新技术*

---

① 此为2019年 FATF 对我国进行互评估时所依据的版本,此后 FATF 分别于2019年7月5日、2020年3月5日、2020年9月14日、2021年3月3日、2021年6月29日、2021年10月28日、2022年7月26日、2023年3月10日、2023年11月16日对《40项建议》的部分条款进行了修改。

(续表)

新建议	旧建议†	
16	SRVII	电汇*
		依托第三方的尽职调查、内部控制和金融集团
17	R.9	依托第三方的尽职调查*
18	R.15 & R.22	内部控制、境外分支机构和附属机构*
19	R.21	高风险国家*
		可疑交易报告
20	R.13 & SRIV	可疑交易报告*
21	R.14	泄密与保密
		特定非金融行业和职业
22	R.12	特定非金融行业和职业：客户尽职调查*
23	R.16	特定非金融行业和职业：其他措施*
E. 法人和法律安排的透明度和受益所有权		
24	R.33	法人的透明度和受益所有权*
25	R.34	法律安排的透明度和受益所有权*
F. 主管部门的权力、职责及其他制度性措施		
		监督和管理
26	R.23	对金融机构的监管*
27	R.29	监管机构的权力
28	R.24	对特定非金融行业和职业的监管*
		操作与执法
29	R.26	金融情报中心*
30	R.27	执法和调查部门的职责*
31	R.28	执法和调查部门的权力
32	SRIX	现金跨境运送*
		一般要求
33	R.32	数据统计
34	R.25	指引与反馈
		处罚
35	R.17	处罚
G. 国际合作		
36	R.35 & SRI	国际公约
37	R.36 & SRV	双边司法协助
38	R.38	双边司法协助：冻结和没收*
39	R.39	引渡
40	R.40	其他形式的国际合作*

注：† 旧建议指2003年版FATF建议的内容。R表示建议主，SR表示特别建议。
* 表示此项建议有释义，应将建议与释义对照阅读。
本版于2012年2月15日通过。

3. 洗钱犯罪

各国（地区）应当以《维也纳公约》与《巴勒莫公约》为基础，将洗钱行为规定为犯罪。各国（地区）还应当将洗钱犯罪适用于所有严重犯罪，旨在涵盖最广泛的上游犯罪。

....

建议 3 的释义（洗钱犯罪）

1. 各国（地区）应当以 1988 年《联合国禁止非法贩运麻醉药品和精神药物公约》（简称《维也纳公约》）、2000 年《联合国打击跨国有组织犯罪公约》（简称《巴勒莫公约》）为基础，将洗钱行为规定为刑事犯罪。

2. 各国（地区）应当将洗钱罪适用于所有的严重犯罪，以涵盖最为广泛的上游犯罪。上游犯罪可以规定为所有犯罪；或规定为特定类型严重犯罪的组合；或规定为量刑在一定刑期以上的严重犯罪（量刑起点法）；或列出上游犯罪清单；或这些方法的组合。

3. 在各国（地区）采用量刑起点法的情形下，上游犯罪应至少包括本国（地区）法律规定的所有严重犯罪，或者应当包括可判处一年以上监禁的罪行；对于法律制度存在最低犯罪起点的国家（地区），上游犯罪应当包括所有可至少判处六个月以上监禁的罪行。

4. 无论采用何种方法，各国（地区）上游犯罪至少应当包括每一种指定的犯罪类型。洗钱犯罪应当扩展到任何类型的财产，无论其价值大小以及是否直接或间接代表犯罪收益。在证明财产是犯罪收益时，当事人以上游犯罪被定罪不是必要条件。

5. 洗钱的上游犯罪应当扩展到在其他国家（地区）发生并在其他国家（地区）构成犯罪，若该行为发生在本国（地区）也同样构成上游犯罪的行为。各国（地区）可以规定，唯一的先决条件是若该行为发生在本国（地区）会构成上游犯罪。

6. 如本国（地区）的基本法律原则有要求，各国（地区）可以规定洗钱罪不适用于实施上游犯罪的人。

7. 各国（地区）应当确保：

（a）证明洗钱罪所要求的故意和明知要件可以通过客观实际情况推断。

（b）对判决为犯洗钱罪的自然人采取有效的、适当的和劝诫性的刑事处罚。

(c) 法人应当承担刑事责任和处罚,在承担刑事责任不可行时(鉴于本国(地区)法律的基本原则),应当承担民事或行政责任和处罚。在允许适用多种责任的国家(地区),不应排除对法人同时适用刑事、民事和行政程序。这些措施不应与自然人承担的刑事责任有所区别。所有的处罚应当有效、适当且具有劝诫性。

(d) 除非本国(地区)法律的基本原则不允许,应当规定洗钱犯罪的附属性犯罪,包括参与,合伙或共谋实施,实施未遂,以及帮助、教唆、便利、参谋实施罪行。

....

术语表(节选)

术语	定义
指定的犯罪类型 (designated categories of offences)	指定的犯罪类型指: • 参加有组织犯罪团伙和敲诈活动; • 恐怖主义活动,包括恐怖融资; • 贩卖人口和偷渡; • 性虐待,包括儿童性虐待; • 非法贩卖麻醉药品和精神药物; • 非法贩卖军火; • 非法贩卖盗窃所得及其他物品; • 腐败和贪污受贿; • 诈骗; • 伪造货币; • 伪造和盗版产品; • 环境犯罪; • 谋杀、情节严重的人身伤害; • 绑架、非法拘禁和劫持人质; • 抢劫或盗窃; • 走私(包括与海关税收和关税有关的税收); • 税务犯罪(与直接税和间接税有关的); • 敲诈勒索; • 伪造; • 海盗活动; • 内幕交易和市场操纵。 在根据上述上游犯罪确定作为上游犯罪的犯罪范围时,各国(地区)可根据本国(地区)法律自行决定如何定义这些罪名,以及将这些犯罪规定为严重犯罪的特定要素的性质。

....

附录三　FATF 对中国第四轮互评估报告关于技术性合规评估概要:关键缺陷[①]

(Summary of Technical Compliance—Key Deficiencies)

Compliance with FATF Recommendations 金融行动特别工作组建议的合规情况		
Recommendations 建议	Rating 评级	Factor(s) underlying the rating 评级所依据的因素
1. Assessing risks & applying a risk-based approach 1. 评估风险与运用风险为本的方法	LC 大致合规	• Notable gaps in China's assessment of risk relate to the very recent designation of DNFBPs and the lack of oversight for DNFBPs in terms of AML/CFT obligations. In addition, no assessment of risk by DNFBPs of their products nor clients has been made. ➢ 由于对特定非金融行业和职业的认定过晚,以及缺乏对特定非金融行业和职业反洗钱和反恐怖融资义务的监管,因此中国在风险评估方面存在着明显不足。另外,特定非金融机构未对其产品或客户开展风险评估。 • There is currently no effective oversight or monitoring to ensure that DNFBPs are implementing their obligations under R. 1. ➢ 目前,中国未采取有效的监管或监测措施来确保特定非金融机构履行建议 1 项下的义务。 • DNFBPs have not been designated under the AML Law and therefore are not subject to AML/CFT risk assessment obligations.

[①] FATF, Anti-Money Laundering and Counter-Terrorist Financing Measures—People's Republic of China, 4th Round Mutual Evaluation Report, April 2019. 关于 FATF 互评估后我国的整改及其提标的内容,请参见本书第四章第四节。

(续表)

Compliance with FATF Recommendations 金融行动特别工作组建议的合规情况		
Recommendations 建议	Rating 评级	Factor(s) underlying the rating 评级所依据的因素
		➢《反洗钱法》未界定特定非金融行业和职业的范围,因此特定非金融行业和职业无须履行前述反洗钱和反恐融资的风险评估义务。 • Payment institutions are not subject to a general requirement to have policies, controls and procedures approved by senior management to enable them to manage and mitigate identified risks. ➢ 支付机构未被一般性地要求制定经高级管理层批准的政策、控制措施或程序,以管理和降低已识别的风险。
2. National cooperation and coordination 2. 国家层面的合作与协调	C 合规	• The Recommendation is fully met. ➢ 完全符合该建议。
3. Money laundering offences 3. 洗钱犯罪	PC 部分合规	• Arts. 191 and 312 of the PC criminalising ML do not cover "possession". ➢《刑法》第191条和第312条将洗钱行为犯罪化,但未规定"持有"。 • China follows the all-crimes approach under Art. 312 of the PC, however provinces and autonomous regions can also place a value range to determine if the behaviour is criminal. ➢ 中国在《刑法》第312条中规定的行为类型包括所有的洗钱手段,但各省和自治区可以设定不同的数额标准来认定该行为是否构成犯罪。 • Some of the predicate offences under Art. 312 of the PC are too narrow. ➢《刑法》第312条项下对上游犯罪范围的规定过于狭窄。 • Self-laundering is not criminalised in China. ➢ 中国未将自洗钱行为犯罪化。

(续表)

Compliance with FATF Recommendations 金融行动特别工作组建议的合规情况		
Recommendations 建议	Rating 评级	Factor(s) underlying the rating 评级所依据的因素
		• Prison sanctions are proportionate compared to other financial crimes, but low compared to the penalties for some of the main predicate offences that the third-party ML criminalisation aims to deter. ➤ 洗钱行为监禁刑设置与其他金融犯罪相比是成比例的,但低于一些主要上游犯罪的法定刑,而他洗钱行为犯罪化正是为了威慑这些上游犯罪。 • Legal entities are not criminally liable and it is unclear if sanctions for legal persons are proportionate and dissuasive. ➤ 法律实体不承担洗钱罪行的刑事责任,另外,对法人实施的处罚措施是否具备适当性并起到惩戒作用尚未明确。
4. Confiscation and provisional measures 4. 没收与临时措施	C 合规	• The Recommendation is fully met. ➤ 完全符合该建议。
5. Terrorist financing offence 5. 恐怖融资犯罪	C 合规	• The wording of the TF offence in Art. 120A of the PC is very general and lacks the level of detail of the TF Convention, which makes it somewhat difficult to assess the requirements. ➤《刑法》第120条之一中关于恐怖融资行为的用语十分笼统,未达到《制止向恐怖主义提供资助的国际公约》所要求的明确程度,这使得按照评估方法的要求进行评估存在些许困难。 • Not all required conduct listed in three Conventions Annexed to the TF Conventions has been criminalised as terrorist conduct. ➤《制止向恐怖主义提供资助的国际公约》附件中三项公约所列举的行为,并非都需要予以犯罪化的处理。 • With respect to the terrorist related offences mentioned in the Annex of the TF convention there are three conventions where, not all conduct, has been criminalised as terrorist conduct.

(续表)

<table>
<tr><th colspan="3">Compliance with FATF Recommendations
金融行动特别工作组建议的合规情况</th></tr>
<tr><th>Recommendations
建议</th><th>Rating
评级</th><th>Factor(s) underlying the rating
评级所依据的因素</th></tr>
<tr><td></td><td></td><td>➢ 关于《制止向恐怖主义提供资助的国际公约》附件中提到的与恐怖主义有关的罪行，三项公约并未将其中所有的行为都作为恐怖主义行为而予以犯罪化。
• Art. 120A of the PC seems to cover only direct assistance and not the wilful collection of funds.
➢ 第120条之一似乎仅涵盖了直接资助，但未涉及故意筹资行为。</td></tr>
<tr><td>6. Targeted financial sanctions related to terrorism & TF
6. 与恐怖主义和恐怖融资相关的定向金融制裁</td><td>PC
部分合规</td><td>• There are no legal provisions that prohibit legal persons and entities from making funds available to designated entities (i.e., a prohibition).
➢ 缺少禁止法人和法律实体向列名实体提供资金的法律条款（禁令）。
• There is no legal requirement to freeze assets that extends to all assets of a designated person or entity.
➢ 法律未要求将被列名个人或实体的资产冻结范围延展至所有类型的资产。
• The legal framework, in general, lacks some of the details that R. 6 requires, such as designation criteria set by the UNSCRs.
➢ 法律框架整体上缺少建议6所要求的部分详细信息，如联合国安理会决议规定的列名标准。
• There are no legal provisions or mechanisms that ensure that authorities operate ex parte against entities designated by the UNSCR or against entities to be proposed to the UN, or against entities designated upon a foreign request or a domestic proposal.
➢ 未制定法律条款或建立机制，以确保主管部门单方面对联合国安理会决议项下所列名的实体，或拟向联合国提交列名申请的实体，或外国列名请求及国内列名提议中所涉的实体采取打击措施。</td></tr>
</table>

(续表)

Compliance with FATF Recommendations 金融行动特别工作组建议的合规情况		
Recommendations 建议	Rating 评级	Factor(s) underlying the rating 评级所依据的因素
		• The freezing requirements in the Counter Terrorism Law and in Notice 187/2017, are incomplete in scope and only apply to FIs and designated DNFBPs. ➢《反恐怖主义法》和银发〔2017〕187号文件中冻结要求的实施范围不完整，并且仅适用于金融机构和列名的特定非金融行业和职业。 • The relevant legal provisions do not allow for freezing without delay and without prior notice. ➢法律条款未规定可在不事先通知的情况下无延迟地采取冻结措施。 • Not all UNSCRs and UNSC designations are communicated to the financial sector and DNFBPs immediately upon taking such actions. ➢中国未将所有联合国安理会决议和列名清单在发布后及时通报给金融机构和特定非金融行业和职业。 • Publicly known procedures to handle so called false positives are in place, but only apply to those sectors that are designated under the AML Law. ➢中国已制定和实施了处理"错报"问题的公开程序，但仅适用于《反洗钱法》确定的行业。 • De-listing and unfreezing communications suffer from the same deficiencies as designation/freezing communications, and there is no guidance on how to handle such events. ➢除名和解冻的通报方式存在与列名/冻结通报方式相同的缺陷，而且未见关于如何应对上述事件的操作指南。
7. Targeted financial sanctions related to proliferation 7. 与扩散相关的定向金融制裁	NC 不合规	• There are no legal provisions that prohibit legal persons and entities from making funds available to designated entities (i. e., a prohibition). ➢缺少禁止法人和法律实体向列名实体提供资金的法律条款(禁令)。

(续表)

Compliance with FATF Recommendations 金融行动特别工作组建议的合规情况		
Recommendations 建议	Rating 评级	Factor(s) underlying the rating 评级所依据的因素
		• There is no legal requirement to freeze assets that extends to all assets of a designated person or entity. ➤ 法律未要求将被列名人员或实体的资产冻结范围延展至所有类型的资产。 • The framework, in general, lacks some of the details that R. 6 requires, such as designation criteria set by the UNSCRs. ➤ 法律框架整体上缺少建议6要求的部分详细信息,如联合国安理会决议规定的列名标准。 • The freezing requirements in Notice 187/2017, are incomplete in scope and only apply to FIs and designated DNFBPs. ➤ 银发〔2017〕187号文件中冻结要求的实施范围不完整,仅适用于金融机构和列名的特定非金融行业和职业。 • The legal provisions do not allow for freezing without delay and without prior notice. ➤ 法律并未规定在无事先通知的情况下可以毫不延迟地实施冻结措施的条款。 • Not all UNSCRs and UNSC designations are communicated to the financial sector and DNFBPs immediately upon taking such actions. ➤ 中国未将所有联合国安理会决议和列名清单在发布后及时通报给金融机构和特定非金融行业和职业。 • Publicly known procedures to handle so called false positives are in place, but only apply to those sectors that are designated under the AML Law. ➤ 中国已制定和实施解决所谓的"误报"问题的公开程序,但其仅适用于《反洗钱法》确定的行业。 • De-listing and unfreezing communications suffer from the same deficiencies as designation/freezing communications, and there is no guidance on how to handle such events. ➤ 除名和解冻的通报方式存在与列名/冻结通报方式相同的缺陷,而且未见关于如何应对上述事件的操作指南。

(续表)

Compliance with FATF Recommendations 金融行动特别工作组建议的合规情况		
Recommendations 建议	Rating 评级	Factor(s) underlying the rating 评级所依据的因素
8. Non-profit organisations 8. 非营利组织	PC 部分合规	• China has not attempted to identify the subset of organisations within its broader NPO sector in an effort to identify those organisations that meet the FATF definition of an NPO and are therefore at risk of TF abuse. ➢ 中国尚未明确非营利组织的子分类，以确定哪些组织符合金融行动特别工作组对非营利组织的定义，以及因此面临着恐怖融资被滥用的风险。 • No information was provided with respect to how outreach is conducted nor how China raises awareness of the donor community about the potential vulnerabilities of NPOs to TF abuse and TF risks. ➢ 中国未提供关于宣传活动开展情况的信息，也未解释中国如何提高捐助机构对非营利组织被滥用于恐怖融资，以及应对恐怖融资风险的意识。 • China does not have a risk-based monitoring mechanism to address the risk of TF within this sector and has not demonstrated that it conducts outreach specific to the risk of TF abuse. ➢ 中国未建立以风险为本的监控机制，以应对行业内部的恐怖融资风险，并且中国也未证明其已针对所述恐怖融资滥用风险开展了宣传活动。 • It is unclear if there is sufficient investigative expertise and capabilities to examine NPOs suspected of either being exploited by, or actively supporting, terrorist activity, or terrorist organisations. ➢ 尚不清楚中国是否具有充足的调查手段和能力，以检查非营利组织是否被恐怖组织利用或主动支持恐怖活动。

(续表)

Compliance with FATF Recommendations 金融行动特别工作组建议的合规情况		
Recommendations 建议	Rating 评级	Factor(s) underlying the rating 评级所依据的因素
9. Financial institution secrecy laws 9. 金融机构保密法	C 合规	• The Recommendation is fully met. ➢ 完全符合该建议。
10. Customer due diligence 10. 客户尽职调查	LC 大致合规	• Payment institutions are not required to undertake CDD measures when carrying out occasional transactions in several operations that appear to be linked for a total exceeding the equivalent of USD/EUR 15 000. ➢ 并未要求支付机构在明显多次相互关联且总金额超过1.5万美元/欧元的一次性交易中采取客户尽职调查措施。 • Payment institutions are not required to verify that any person purporting to act on behalf of the customer is so authorised and identify and verify the identity of that person. ➢ 未规定支付机构应确认代理关系的存在,识别并核实代理人身份。 • FIs are not explicitly required to identify the natural person who ultimately owns a customer that is a legal person or a legal arrangement. ➢ 未明确要求金融机构识别最终拥有法人或法律安排客户的自然人身份。 • There is no explicit requirement for payment institutions to ensure that documents, data, or information collected under the CDD process is kept up-to-date and relevant. ➢ 未明确要求支付机构确保在客户尽职调查过程中获取的文件、数据或信息持续更新且相关。 • For customers that are legal persons or legal arrangements, the FIs are required to understand the nature of the customer's business and its ownership and control structure but requirement seems to be unduly limited to taking reasonable measures.

(续表)

Compliance with FATF Recommendations 金融行动特别工作组建议的合规情况		
Recommendations 建议	Rating 评级	Factor(s) underlying the rating 评级所依据的因素
		➢ 对于客户为法人或法律安排的,金融机构应当了解客户的业务性质与股权和控制权结构,但是对执行这些措施的要求似乎仅限于采取合理措施。 • There is no requirement to collect information on the place of business of legal arrangements. ➢ 未要求收集有关法律安排的营业地址信息。 • For life and other investment-related insurance policies where a beneficiary is designated by characteristics or by class or by other means, insurance institutions are not required to obtain sufficient information on the beneficiary to be able to establish the identity at the time of the pay-out. Measures of verification of the identity of the beneficiary are subject to thresholds and limited to specific types of payments. ➢ 对于通过特征、类型或者其他方式信息指定受益人的寿险或其他具有投资功能的保险单,未要求保险机构给付保险金时获取受益人的充足信息并识别受益人身份。核实受益人身份的措施有一定的门槛,并且仅限于特定类型的支付方式。 • FIs are not required to take enhanced measures, beyond enhanced customer-identification measures, if they determine that a beneficiary who is a legal person or a legal arrangement presents a higher risk. ➢ 但是,当保单受益人为法人或法律安排的且具有较高风险时,除采取强化客户身份识别措施,金融机构并未被要求采取其他强化措施。 • It is unclear whether the requirements governing the situation where low-risk customers are allowed to utilise the business relationship prior to verification are mandatory.

(续表)

Compliance with FATF Recommendations 金融行动特别工作组建议的合规情况		
Recommendations 建议	Rating 评级	Factor(s) underlying the rating 评级所依据的因素
		➢ 无法确定低风险客户在身份核实前建立业务关系的有关规定是否为强制性要求。 • The requirement to supplement or update CDD information of existing customers is not based on materiality, nor should be done at appropriate times. ➢ 未规定补充或更新存量客户的尽职调查信息应基于重要程度还是在适当时间进行。 • The implementation of CDD for existing relationships of payment institutions is not required on the basis of materiality and risk, or at appropriate times. ➢ 未要求支付机构根据重要程度和风险状况适时对存量客户关系开展客户尽职调查。 • It is not clear whether the requirement to apply enhanced measures in situations where ML/TF risks are high are mandatory. ➢ 无法确定金融机构是否应在洗钱和恐怖融资风险较高领域采取强化措施。
11. Record keeping 11. 记录保存	C 合规	• The Recommendation is fully met. ➢ 完全符合该建议。
12. Politically exposed persons 12. 政治公众人物	PC 部分合规	• There are no requirements for the use of risk management systems to determine whether a beneficial owner is a PEP. ➢ 未建立适当的风险管理机制,以判断受益所有人是否为政治公众人物。 • It is not mandatory for FIs to take reasonable measures to establish the source of wealth of PEPs or conduct ongoing monitoring of business relationships with foreign PEPs. ➢ 未强制要求金融机构采取合理措施,以确定政治公众人物的财产来源,或者持续监控其与外国政治公众人物的业务关系。

(续表)

Compliance with FATF Recommendations 金融行动特别工作组建议的合规情况		
Recommendations 建议	Rating 评级	Factor(s) underlying the rating 评级所依据的因素
		• Financial institutions are not required to implement specific due diligence requirements for domestic PEPs, family members or close associates of domestic PEPs. ➢ 未要求金融机构对国内政治公众人物、其家庭成员或关系密切的人员采取特定尽职调查措施。 • Insurance institutions are not required to take reasonable measures to determine whether the beneficiaries and/or, where required, the beneficial owner of the beneficiary, are PEPs. ➢ 未要求保险机构采取合理措施,以判断受益人和/或(必要时)受益人的受益所有人是否为政治公众人物。
13. Correspondent banking 13. 代理行业务	LC 大致合规	• Financial institutions are not explicitly required to verify whether the respondent institution has been subject to a ML/TF investigation or regulatory action. ➢ 未明确要求金融机构须核实代理机构是否因洗钱或恐怖融资受到调查或监管。 • Financial institutions are not clearly required to satisfy themselves that respondent financial institutions do not permit their accounts to be used by shell banks. ➢ 未明确要求金融机构应当保证其代理金融机构不向空壳银行提供账户服务。
14. Money or value transfer services 14. 资金或价值转移服务	LC 大致合规	• Banks are not explicitly required to include agents in their AML/CFT programs and monitor them for compliance with such programs. ➢ 未明确要求银行将代理商纳入其反洗钱和反恐怖融资机制,并对代理商是否遵守有关制度的情况进行监督。

(续表)

Compliance with FATF Recommendations 金融行动特别工作组建议的合规情况		
Recommendations 建议	Rating 评级	Factor(s) underlying the rating 评级所依据的因素
15. New technologies 15. 新技术	PC 部分合规	• There are no requirements on new technologies for payment institutions. ➢ 尚未明确规定支付机构在新技术方面的要求。
16. Wire transfers 16. 电汇	PC 部分合规	• There is no obligation to verify originator information obtained on cross-border transfers denominated in yuan unless the amount of the transfer exceeds the yuan equivalent of USD 1 467. ➢ 在跨境汇款金额等值在1467美元以下时,金融机构无须核实跨境汇款中汇款人身份信息。 • There is no obligation to verify beneficiary information related to cross-border transfers denominated in yuan that are below the yuan equivalent of USD 1 467. ➢ 在跨境汇入款金额等值在1467美元以下时,收款机构无须核实收款人身份信息。 • There is no requirement to verify the identity of the beneficiary where there is suspicion of ML or other illegal activity. ➢ 当怀疑收款人涉嫌洗钱或其他违法活动时,义务机构没有义务对收款人身份进行核实。 • There is no requirement for an FI to verify their customer's information for transfers less or equivalent of USD 1 000. ➢ 对于外币等值在1000美元以下的跨境汇款,金融机构无须核实客户身份信息。 • As there is no requirement to verify originator information for cross-border transfers less than the yuan equivalent of USD 1 467, ordering institutions are not prohibited from executing transfers that do not meet the requirements of R. 16.1—16.7 in this regard. ➢ 由于未要求核实金额等值在1467美元以下跨境汇款的汇款人信息,所以在这种情况下,汇款机构如不能遵守建议16.1至建议16.7的有关要求,仍可以办理汇款业务。

(续表)

	Compliance with FATF Recommendations 金融行动特别工作组建议的合规情况	
Recommendations 建议	**Rating** 评级	**Factor(s) underlying the rating** 评级所依据的因素
		• In the case of a MVTS provider that controls both the ordering and the beneficiary side of a wire transfer, the MVTS provider is not required to file an STR in a country affected by the suspicious wire transfer and make relevant transaction information available to the FIU. ➤ 掌握汇款人和收款人双方信息的资金或价值转移服务提供商,无须向受可疑电汇影响的国家提交可疑交易报告,或向金融情报中心提供相关交易信息。 • Deficiencies in R. 6 prevent FIs to take freezing action and comply with prohibitions from conducting transactions with designated persons and entities, as per obligations set out in the relevant UNSCRs relating to the prevention and suppression of terrorism and terrorist financing. ➤ 建议6中存在的缺陷,不利于金融机构履行联合国安理会决议规定的有关遏制恐怖主义和恐怖融资的义务,采取冻结措施和遵守禁止不与特定的个人或实体进行交易的规定。
17. Reliance on third parties 17. 依托第三方的尽职调查	LC 大致合规	• While there is a requirement for FIs relying on 3rd party financial institutions to obtain immediately the necessary information of customer identification from the third-party institution, the relevant provisions do not contain any details as to what necessary information should be obtained. ➤ 金融机构依托第三方金融机构进行客户尽职调查的,应当在需要时立即从第三方机构处获取客户的身份识别信息,但相关条款未规定义务机构应立即从第三方获取何种必要信息。

(续表)

Compliance with FATF Recommendations 金融行动特别工作组建议的合规情况		
Recommendations 建议	Rating 评级	Factor(s) underlying the rating 评级所依据的因素
18. Internal controls and foreign branches and subsidiaries 18. 内部控制、境外分支机构和附属机构	PC 部分合规	• The obligations for FIs on establishing internal controls do not explicitly require having regard to the ML/TF risks and the size of the business. ➢ 未明确要求金融机构在建立内部控制制度时考虑洗钱和恐怖融资风险和业务规模。 • Payment institutions are not explicitly required to have an ongoing training program and an independent audit function. ➢ 未明确要求支付机构制定持续的培训计划，并建立独立的内部审计职能部门。 • Payment institutions are not required to appoint a compliance officer at the management level and apply screening procedures to ensure high standards when hiring employees. ➢ 未要求支付机构在高级管理层中设立合规专员以及建立筛选程序，以确保聘用员工时采用高标准。 • Financial institutions are not explicitly required to implement group-wide programs against ML/TF, including group-wide screening procedures when hiring employees and an ongoing employee training programme. ➢ 未明确要求金融机构执行集团层面的反洗钱和反恐怖融资机制，包括在聘用人员时使用集团筛选流程以及对现有员工适用持续的培训计划。 • Payment institutions are not required to implement group-wide programs against ML/TF. ➢ 未要求支付机构执行集团层面的反洗钱和反恐怖融资机制。 • If the host country does not permit the proper implementation of AML/CFT measures consistent with China's requirements, financial groups are not explicitly required to apply appropriate additional measures to manage the ML/TF risks.

(续表)

Compliance with FATF Recommendations 金融行动特别工作组建议的合规情况		
Recommendations 建议	Rating 评级	Factor(s) underlying the rating 评级所依据的因素
		➢ 如果所驻国家(地区)禁止适当实施符合中国要求的反洗钱和反恐怖融资措施，中国未明确要求金融集团可以适当采取其他的能够合理管控洗钱和恐怖融资风险的措施。
19. Higher-risk countries 19. 高风险国家	C 合规	• The Recommendation is fully met. ➢ 完全符合该建议。
20. Reporting of suspicious transaction 20. 可疑交易报告	LC 大致合规	• The minor deficiency regarding the scope of predicate offences for ML, as identified in the analysis of R.3, has a spill over on the reporting obligation. ➢ 如上文建议3中分析所述,涉及洗钱的上游犯罪的范围存在小缺陷,这对报告义务有影响。 • There are conflicting requirements regarding suspicious transaction reporting for payment institutions; namely, the requirement to "have reasonable cause to determine" is a higher threshold than suspicion and the period of ten days to file a report does not qualify as promptly. ➢ 规定支付机构自行报告可疑交易的标准存有矛盾,即"有合理理由判断"的要求比"怀疑"的门槛更高,并且规定的提交报告的10日的期限也并未达到"及时"的要求。
21. Tipping-off and confidentiality 21. 泄密与保密	LC 大致合规	• It is unclear whether the tipping-off provisions for payment institutions are not intended to inhibit information sharing under R.18. ➢ 尚不确定关于支付机构泄密的规定是否适用于建议18规定的信息共享。

（续表）

Compliance with FATF Recommendations 金融行动特别工作组建议的合规情况		
Recommendations 建议	Rating 评级	Factor(s) underlying the rating 评级所依据的因素
22. DNFBPs: Customer due diligence 22. 特定非金融行业和职业：客户尽职调查	NC 不合规	• With the exception of trust companies, which have the same requirements as FIs, and DPMs, DNFBPs are not yet designated and are not subject to CDD requirements. The deficiencies identified with regard to R.10, 11, 12, 15 and 17 equally apply to trust companies. In addition, there are serious deficiencies regarding most of the CDD requirements for DPMs. ➤ 除与金融机构和贵金属交易商有一致要求的信托公司外，尚存有许多未指定的其他特定非金融行业和职业，导致这些行业无须开展客户尽职调查。建议 10、11、12、15 和 17 中发现的缺陷同样适用于信托公司。此外，适用于贵金属交易商的大部分客户尽职调查要求均存在严重缺陷。
23. DNFBPs: Other measures 23. 特定非金融行业和职业：其他措施	NC 不合规	• With the exception of trust companies, which have the same requirements as FIs, and DPMs, DNFBPs are not yet designated and are not subject to CDD requirements. The deficiencies identified in R.20, 18, and 21 equally apply to trust companies. In addition, there are serious deficiencies regarding most of the relevant requirements for DPMs. ➤ 除与金融机构和贵金属交易商有一致要求的信托公司外，尚存有许多未指定的其他特定非金融行业和职业，导致这些行业无须开展客户尽职调查。建议 20、18 和 21 中发现的缺陷同样适用于信托公司。此外，适用于贵金属交易商的大部分相关要求均存在严重缺陷。
24. Transparency and beneficial ownership of legal persons 24. 法人的透明度和受益所有权	NC 不合规	• China's Company Law is open ended, and does not lists all possible types of legal entities. Some company creation information—but not all—is publicly available on the website of the State Administration for Market Regulation (SAMR).

(续表)

Recommendations 建议	Rating 评级	Factor(s) underlying the rating 评级所依据的因素
		▷ 中国的《公司法》是开放式的，未列举出所有可能存在的法律实体类型。国家市场监督管理总局(SAMR)在网站上公布了一些(但不是全部)公司成立的相关信息。 • The 2017 NRA contains insufficiently detailed information regarding ML/TF risks associated with all types of legal persons created or registered in China to be able to conclude that a comprehensive risk assessment had taken place. ▷ 2017年中国风险评估报告未包含充足的详细信息，以评估在中国成立或注册的所有类型法人的洗钱或恐怖融资风险，因此无法断定中国已就此进行了全面的风险评估。 • For LLCs and JSLCs, proof of incorporation is not required. ▷ 在中国，就有限责任公司和股份有限公司而言，不需要公司注册证明。 • It is unclear whether LLCs and JSLCs are required to maintain the information set out in c. 24.3. ▷ 尚不清楚有限责任公司和股份有限公司是否被要求保存标准24.3所规定的信息。 • The verification of the registered information on LLCs and JSLCs is undertaken through a random check, but there are no other mechanisms to ensure accuracy and timely updating of the information referred to in 24.3 and 24.4. ▷ 市场监督管理局通过随机抽查的方法，核验企业的注册信息，但没有其他机制确保标准24.3和24.4规定的信息的准确性和及时更新。

Compliance with FATF Recommendations
金融行动特别工作组建议的合规情况

(续表)

Compliance with FATF Recommendations 金融行动特别工作组建议的合规情况		
Recommendations 建议	Rating 评级	Factor(s) underlying the rating 评级所依据的因素
		• Beneficial ownership information is not required nor registered at company formation stage, or by the companies themselves. To comply with this criterion, authorities refer to the existing information obtained by FIs but their BO requirements are deficient in terms of timeliness. There is no BO information on a legal entity that is not a customer of a FI in China. ➤ 公司成立阶段不需要、也未登记受益所有权信息，公司内部也未保存此信息。为了本项标准合规，主管部门会参考金融机构获得的现有信息，但对受益所有人信息获取的时效性没有要求。如果不属于中国金融机构客户范围则无法获取其受益所有人信息。 • There are no specific additional requirements to ensure that companies cooperate with competent authorities to the fullest extent possible to determine the beneficial owner. ➤ 没有特定的额外要求确保公司与主管部门开展最大程度合作，以确定受益所有人。 • No beneficial ownership information is collected or maintained, but if beneficial ownership information was collected as part of CDD, then it must be kept for five years after the end of the business relationship. ➤ （公司）未收集或保存受益所有权信息。但如果（反洗钱义务机构）在客户尽职调查过程中收集了受益所有权信息，则必须在业务关系结束后继续保存5年。 • There are no measures for bearer shares, nominee shareholders and directors. ➤ 中国没有针对无记名股票、名义股东和名义董事的管理办法。 • The sanctions available only relate to basic information, not to beneficial ownership information.

(续表)

Compliance with FATF Recommendations 金融行动特别工作组建议的合规情况		
Recommendations 建议	Rating 评级	Factor(s) underlying the rating 评级所依据的因素
		➢ 可采取的处罚措施只与基础信息有关,而与受益所有权信息无关。 • International cooperation is limited because beneficial ownership information is not available and/or difficult to obtain and/or to exchange. ➢ 由于受益所有权信息无法获得和(或)难以获得和(或)难以交换,难以开展广泛的国际合作。
25. Transparency and beneficial ownership of legal arrangements 25. 法律安排的透明度和受益所有权	NC 不合规	• There are no obligations that require the identification of the settlor when establishing a civil trust and acting as a trustee, or the registration of the names of the settlor and beneficiary. ➢ 没有制定进一步的规定要求受托人在接受民事信托时须确认委托人身份,或者要求受托人登记委托人和受益人的姓名。 • There are no requirements regarding accurate record-keeping for domestic civil trusts and/or for foreign legal arrangements operating in China. ➢ 未要求国内民事信托和(或)在中国经营的外国法律安排准确地保存记录。 • There are no obligations requiring trustees of domestic civil trusts and/or of foreign legal arrangements operating in China to disclose their status to an FI or DNFBP. ➢ 未要求国内民事信托和(或)在中国经营的外国法律安排的受托人向金融机构或特定非金融行业和职业披露其身份。 • Law enforcement bodies and supervisors have powers to obtain all of the information that FIs and other businesses hold, but there are no specific legal obligations that set out that the three categories of information that this criterion requires are available for civil trusts and foreign legal arrangements.

（续表）

Compliance with FATF Recommendations 金融行动特别工作组建议的合规情况		
Recommendations 建议	**Rating** 评级	**Factor(s) underlying the rating** 评级所依据的因素
		➢ 执法机关和监管机构有权获得金融机构和其他企业持有的全部信息，但目前尚未有具体的法律规定其有权从民事信托和外国法律安排处获取本项标准规定的三类信息。 • There are no specific legal obligations that require information for civil trusts and foreign legal arrangements to be available for exchange with foreign partners. ➢ 没有规定与外国主管机关交换民事信托和外国法律安排的具体的法律法规。 • There are no rules for trustees of domestic civil trusts and/or of foreign legal arrangements operating in China regarding legal liability for failure to comply with obligations, and there are no sanctions available. ➢ 对于境内民事信托和/或在中国经营的外国法律安排的受托人未能履行义务的行为，中国未规定其应承担何种法律责任，也未规定相应的处罚措施。
26. Regulation and supervision of financial institutions 26. 对金融机构的监管	PC 部分合规	• The online lending sector is not subject to the AML Law and is not supervised for AML/CFT requirements. This scope issue has an impact on all aspects of R.26 (except c.26.2). ➢ 网络借贷行业不属于《反洗钱法》规定的义务机构范围，也不受反洗钱和反恐怖融资要求的监管。监管范围问题对建议26涉及的各方面均产生了一定影响（标准26.2除外）。 • The main shortcoming with regard to c.26.3 is that in most sectors the minimum period that directors and managers must be crime-free is limited to between three to five years. ➢ 标准26.3存在的主要问题是，对于大多数行业，仅要求其董事和管理人员在最近3年至5年内无犯罪记录。

(续表)

Compliance with FATF Recommendations 金融行动特别工作组建议的合规情况		
Recommendations 建议	Rating 评级	Factor(s) underlying the rating 评级所依据的因素
27. Powers of supervisors 27. 监管机构的权力	LC 大致合规	• Sanctions are not in line with the standards set out in R.35. ➢ 处罚措施与建议35所述标准不符。
28. Regulation and supervision of DNFBPs 28. 对特定非金融行业和职业的监管	NC 不合规	• There are no measures for regulation and supervision of DNFBPs, except for trust companies and DPMs. This scope issue has an impact on all aspects of R.28. ➢ 中国尚未对特定非金融行业和职业（不包括信托公司和贵金属交易商）实施有效的监督管理措施。监管范围问题对建议28涉及的各方面均产生了一定影响。
29. Financial intelligence units 29. 金融情报中心	PC 部分合规	• China's FIU arrangement does not fully qualify as a national centre for the receipt and analysis of STRs and other information relevant to ML, associated predicate offences and TF; and for the dissemination of the results of that analysis. ➢ 在接收和分析可疑交易报告及其他与洗钱、相关上游犯罪和恐怖融资有关的信息，以及分析移送结果方面，中国金融情报中心的设置不完全符合上述要求。 • The FIU components face limitations in terms of operational and strategic analyses, which use available and obtainable information, because of the stand-alone databases at the level of the PBC provincial branches and the limited access by these branches to CAMLMAC's database. ➢ 由于中国人民银行省级分支机构采用独立数据库，以及这些分支机构在访问中国反洗钱监测分析中心数据库时缺乏一定访问权限，金融情报中心的组成部门在运作、使用现有和可获得信息进行战略分析时受到限制。

(续表)

Recommendations 建议	Rating 评级	Factor(s) underlying the rating 评级所依据的因素
		• The provincial branches require the signature of the president of their branch for disseminations to competent authorities. This requirement has the potential to limit the FIU's authority to carry out its functions freely and its operational independence and autonomy. ➢ 省级分支机构在向主管部门移送信息前还需获得其分支机构行长的签字。该要求有可能会影响金融情报中心自由行使职能的权力，进而影响金融情报中心运作的独立性和自主性。 • China did not file an unconditional application for Egmont Group membership. ➢ 中国尚未向埃格蒙特集团提交无条件的加入申请。
30. Responsibilities of law enforcement and investigative authorities 30. 执法和调查部门的职责	C 合规	• The Recommendation is fully met. ➢ 完全符合该建议。
31. Powers of law enforcement and investigative authorities 31. 执法和调查部门的权力	C 合规	• The Recommendation is fully met. ➢ 完全符合该建议。
32. Cash couriers 32. 现金跨境运送	LC 大致合规	• There are no declaration requirements for traveller's checks in any currency and other types of BNI in foreign currency. This deficiency has an impact on China's compliance with each of the individual criteria of R. 32. ➢ 申报义务未涵盖任何币种的旅行支票和以外币为单位的其他类型的不记名可转让金融工具。该缺陷影响了中国在建议32的评估标准中的合规情况。

(续表)

Compliance with FATF Recommendations 金融行动特别工作组建议的合规情况		
Recommendations 建议	Rating 评级	Factor(s) underlying the rating 评级所依据的因素
		• The relevant information that the FIU receives from the customs authorities only covers declaration violation cases of excessive amounts and does not specifically extend to false declarations nor suspicions of ML and TF. ➤ 金融情报中心从海关获得的相关信息仅包含现金超额申报违规案件，不包括虚假申报或涉嫌洗钱和恐怖融资活动的情形。 • Coordination and information sharing mechanisms are in an early implementation stage. ➤ 协调合作与信息共享机制目前尚处于起步阶段。
33. Statistics 33. 数据统计	LC 大致合规	• While statistics are largely kept on the four main areas covered by R. 33, China was not always able to breakdown the statistics into meaningful sub-components and at times needed to rely on samples. ➤ 尽管大致上中国对建议33包含的四大领域均保存了相关统计数据，但中国并非总能将所有统计数据细分为有意义的子部分，而且有时需要依赖样本进行数据统计。
34. Guidance and feedback 34. 指南与反馈	PC 部分合规	• There is no guidance for online lending institutions. ➤ 未制定适用于网络借贷机构的指南。 • Guidance specifically directed to the provision of trustee services does not appear to be issued. ➤ 中国似乎未对信托服务提供商颁布专门指南。 • DNFBPs, (aside form trust companies and DPMs) are not subject to the AML law and hence related guidance is not applicable. ➤ 特定非金融行业和职业（不含信托公司和贵金属交易商）不属于《反洗钱法》规定的义务机构范围，因此相关指南不适用该行业。

(续表)

Compliance with FATF Recommendations 金融行动特别工作组建议的合规情况		
Recommendations 建议	Rating 评级	Factor(s) underlying the rating 评级所依据的因素
35. Sanctions 35. 处罚	PC 部分合规	• There are concerns that the sanctions applicable to the financial sector are not effective, dissuasive and proportionate given their low scale and cap compared to the size and composition of the financial sector in China. ➢ 考虑到中国金融行业的规模和构成，中国对金融业的制裁措施规模较小且上限较低，评估员担心现有处罚不能发挥有效、威慑和相称的作用。 • No sanctions applicable to designated DNFBPs. ➢ 现有处罚规定不适用于特定非金融行业和职业。
36. International instruments 36. 国际公约	LC 大致合规	• Not all offences set out in the international conventions are offences under the Chinese law. ➢ 中国法律未将公约规定的所有犯罪行为均纳入刑事犯罪。
37. Mutual legal assistance 37. 双边司法协助	LC 大致合规	• There are no clear processes for the timely prioritisation and execution of mutual legal assistance requests. ➢ 中国未制定关于及时优先处理和执行双边司法协助请求的程序。 • There is no legal provision requiring that fiscal and confidentiality issues cannot be grounds for refusal. ➢ 中国未在法律中明确规定，即使涉及财政事项或保密事项，也不能拒绝双边司法协助请求。 • Although China insists on using dual criminality as a condition for providing mutual legal assistance it can, in particular situations, negotiate with a foreign party on not using the basis of "dual criminality" as the condition for rendering assistance. ➢ 尽管中国坚持将"双重犯罪原则"作为提供双边司法协助的条件，但在特定情况下，中国可与外方商定不以"双重犯罪原则"作为提供协助的条件。

(续表)

Compliance with FATF Recommendations 金融行动特别工作组建议的合规情况			
Recommendations 建议	Rating 评级	Factor(s) underlying the rating 评级所依据的因素
38. Mutual legal assistance: freezing and confiscation 38. 双边司法协助：冻结和没收	PC 部分合规	• Beyond the legal provisions and procedures that apply for any MLA requests (see R. 37), there are no additional legal provisions or procedures to expedite foreign freezing, seizure, and confiscation requests. ➢ 除可适用于双边司法协助请求的法律规定和程序外（见建议 37），中国并没有其他加快处理外方冻结、扣押和没收请求的法律规定或程序。 • There is no legal provision for executing equivalent value seizures and confiscation requests in China. ➢ 中国未制定执行同等价值财产的扣押和没收请求的法律规定。 • There is no specific authority or procedures for providing MLA to requests made on the basis of foreign non-conviction-based confiscation proceedings—except in cases where the criminal suspect or defendant escapes [and cannot be present in court after being wanted for a year (including being missing)], or a criminal suspect or defendant dies. ➢ 当外国基于非定罪没收程序提出合作请求时，中国没有权威部门或程序能够为其提供双边司法协助，除非犯罪嫌疑人或被告人逃匿[并且在被通缉一年后不能出庭（包括失踪）]，或者犯罪嫌疑人或被告人死亡。
39. Extradition 39. 引渡	LC 大致合规	• There are no procedures for simplified extradition. ➢ 缺少简易引渡程序。
40. Other forms of international co-operation 40. 其他形式的国际合作	LC 大致合规	• Feedback from the Global Network suggests that it takes CAMLMAC on average between one to four months to provide foreign counterparts a response to their non-urgent information requests. This cannot be considered to be rapidly.

(续表)

		Compliance with FATF Recommendations 金融行动特别工作组建议的合规情况
		➢ 根据 FATF 全球网络中各国的反馈意见,在收到非紧急协查请求的情况下,中国反洗钱监测分析中心平均需要 1 到 4 个月的时间向境外金融情报中心提供协查反馈,这并不能视为迅速。 • Relevant laws do not specifically provide for international cooperation in the cases covered by criterion 5 of R. 40 in the Methodology. Information received from the Global Network points to a number of international requests for information that have not been honoured without supporting feedback from the Chinese authorities. ➢ 相关法律未明确规定涉及 FATF《评估方法》第 40 项的标准 5 中的国际合作。全球网络的信息表明,中国尚未执行某些国际信息请求,主管部门也未对此提供反馈。 • The CSRC and CBIRC cannot conduct inquires domestically and give feedback upon receiving requests from foreign counterparts. ➢ 中国证券监督管理委员会和中国银行保险监督管理委员会不能应外方要求在境内查询并反馈信息。 • Since there are deficiencies in collecting and maintaining BO information (see R. 24), and financial institutions are only required to take reasonable measures to identify BOs (see R. 10), it is likely that PBC will not be always be able to share BO information with other supervisors. ➢ 由于在收集和维护受益所有权信息方面存在缺陷(见建议 24),中国仅要求金融机构采取合理措施识别受益所有权(见建议 10),因此中国人民银行可能无法与其他监管机构共享受益所有权信息。

(续表)

Recommendations 建议	Rating 评级	Factor(s) underlying the rating 评级所依据的因素
		• The AML Law is silent on the PBC's power to investigate AML/CFT information and provide feedback, at the request of the foreign counterparts. ➢《反洗钱法》未规定中国人民银行有权应外国对口部门的请求,对反洗钱或反恐怖融资信息进行调查并反馈。 • There are no clear processes for the timely prioritisation and execution of requests. ➢ 对于及时优先处理和执行的请求,中国尚未制定明确的流程。

Compliance with FATF Recommendations
金融行动特别工作组建议的合规情况

附录四 关于洗钱罪司法适用的座谈和调研问题问答集

【著者按】自从 2020 年以来,在提高反洗钱政治站位的认识下,为了有力打击洗钱违法犯罪活动,我国多个部门协作配合,形成惩治洗钱犯罪的工作合力。在此大背景下,著者在全国多地应邀举行百余次关于惩治洗钱罪司法适用的专题讲座,并且参加十几次"洗钱刑事案件司法适用问题座谈会",与会方有来自人民银行、监察委、法院、检察院、公安、海关、律协等部门的相关负责同志和办案人员,并且不时收到承办检察官、法官、律师关于洗钱罪认定的电话和微信。现将著者在专题讲座和座谈会上对诸多关于洗钱罪司法适用问题予以回答的观点整理成集,谨供参考和批评。

【问题 1】上游犯罪的行为人以在直播间销售股权的方式从事非法吸收公众存款犯罪。从现有证据看,无法证明洗钱犯罪嫌疑人与上游犯罪行为人就上游犯罪进行商议。洗钱犯罪嫌疑人根据上游犯罪行为人的安排,在上游犯罪既遂后,提供账户收取佣金、对账、收发协议等事务性工作,并从中得到 10 万元好处费。在主观上,洗钱犯罪嫌疑人知道直播间销售股权违反股权交易规定,并且知道销售股权是为了募集资金。在此情形下,如何对洗钱犯罪嫌疑人进行定性?

【著者的观点】从时空特征看,作为下游犯罪,洗钱是在本犯实施上游犯罪既遂之后的犯罪行为。是否以上游犯罪共犯进行法律评价的关键在于,下游犯罪行为人与本犯是否就上游犯罪事先有通谋:有通谋,以上游犯罪的共犯进行评价;无通谋,则以下游犯罪予以评价。在本案中,在证据方面缺乏洗钱行为人与上游犯罪行为人就上游犯罪进行通谋的证据,故以非法吸收公众存款罪的共犯来认定洗钱犯罪嫌疑人,证据不足。至于能否推定明知的成立,首先应看行为人在实施《刑法》第191条所列的行为时有无获利,其次要看其对账户是否具有使用控制权,再结合其他证据综合判定。从本案的证据模块看,我个人认为可以推定洗钱嫌疑人的主观认知的成立。

【问题2】洗钱行为人的账户和洗钱行为均在外省,对于其涉嫌的洗钱犯罪行为,本地警方有无管辖权?

【著者的观点】2020年公安部《公安机关办理刑事案件程序规定》第15条第1款规定:"刑事案件由犯罪地的公安机关管辖。……"同时,第16条第1款规定:"犯罪地包括犯罪行为发生地和犯罪结果发生地。犯罪行为发生地,包括犯罪行为的实施地以及预备地、开始地、途经地、结束地等与犯罪行为有关的地点……犯罪结果发生地,包括犯罪对象被侵害地、犯罪所得的实际取得地、藏匿地、转移地、使用地、销售地。"从本案看,虽然洗钱行为发生地在外省,但是行为人在本地使用犯罪所得,本地属于犯罪结果发生地中所列的一项,故本地警方对洗钱行为人具备管辖权。

【问题3】在2022年,贩毒人员以虚拟货币接收毒资后,对毒资进行了系列"洗白"过程:在境外交易所将虚拟货币售卖,收取与虚拟货币等价的某购物平台储值卡后,贩毒人员再在二手交易网站将所收的储值卡再次售卖,购买储值卡的买家将钱转入贩毒人员的第三方支付平台账户,实现毒资完整的洗白过程。对此,对洗钱犯罪行为的认定,需要认定行为人实施"从黑到白"的完整清洗过程,还是只要行为人实施了完整洗钱过程中的部分行为即可以洗钱罪进行评价?

【著者的观点】贩毒人员以虚拟货币接收毒资之后,上游犯罪即已完成。进行洗钱罪的评价,并不需要行为人必须具备"从黑到白"的完整洗钱行为。行为人只要实施了部分洗钱行为(例如仅将虚拟货币售卖),就可以洗钱罪对其进行法律评价。

【问题4】如何理解《刑法》第191条关于"提供资金账户"的规定?在职务犯罪案件中,如果职务犯罪行为人有"提供资金账户"的行为,能否以自洗钱予以数罪并罚?是否需要依据"提供资金账户"的时间节点结合具体情况进行评定?如果行为人上游犯罪既遂后再将赃款转移至自己名下的其他银行卡账号内,是否属于掩饰、隐瞒资金来源和性质,进而将其认定为自洗钱?

【著者的观点】"提供资金账户"是帮助犯的结构,该行为只适用于"他洗钱"模式,而不适用于"自洗钱"情形。在职务犯罪案件中,在上游犯罪实施过程中,本犯使用自己或他人的账户接收犯罪所得,是实施上游犯罪的"通道",属于上游犯罪的有机组织部分,应仅以上游犯罪予以法律评价,不能既评价为上游犯罪又认定为下游洗钱行为,否则有违"禁止重复评价原则"。如果行为人在上游犯罪既遂后,仅将犯罪所得在自己同名银行账户之间划转,因资金的流向清晰,掩饰、隐瞒的效果有限,一般不宜以"自洗钱"另行评价。如果行为人在上游犯罪既遂后,将犯罪所得转给他人,或者取现,或者通过银证转账转入其同名的第三方存管银行账户,或者转账至其同名保费代缴账户,掩饰、隐瞒资金的来源和性质,可以"自洗钱"另行评价。

【问题 5】在职务犯罪案件的办理过程中,主犯的近亲属或关系密切人等第三人有"提供资金账户"等客观洗钱行为。监察委介入调查后,主犯往往会与第三人建立"攻守同盟",该第三人又往往会辩称不具备主观故意,能否以洗钱罪评价?

【著者的观点】对于第三人实施的"提供资金账户"等洗钱客观行为能否以洗钱进行评价,首先要看其实施时上游犯罪是否既遂。在上游犯罪实施过程中,第三人"提供资金账户"等客观行为是实施上游犯罪的通道,属于上游犯罪的有机组织部分,如果有通谋,应以上游犯罪的共犯评价;在上游犯罪既遂后,近亲属或密切关系人等第三人知道或者应当知道其转移或转换与主犯职业或财产状况明显不符的资产系上游犯罪所得,又实施了《刑法》第 191 条所列的客观行为之一,则其行为可以评价为洗钱,例如"付尚芳洗钱案"。

【问题 6】关于洗钱罪适用第二档法定刑的"情节严重",现在入罪门槛较低(洗钱数额在 10 万元以上的,即可以认定为"情节严重")。在司法实践中,大量洗钱案件的洗钱金额均达到"情节严重",导致在量刑时洗钱行为人的刑期可能高于上游犯罪的刑期,出现上下游犯罪的量刑倒挂现象。这是否违反罪刑均衡原则?

【著者的观点】该问题在 2024 年 8 月 20 日起施行的"两高"《关于办

理洗钱刑事案件适用法律若干问题的解释》中已有考量,洗钱罪"情节严重"的适用数额标准提高至 500 万元,并且还要同时具备一定的情节。目前,具体个案还需要具体分析,按照罪刑均衡原则对上下游犯罪行为人进行量刑。

【问题 7】在走私犯罪中,行为人将走私犯罪所得及收益用于支付下一轮的走私货款,是否可以评价为洗钱?

【著者的观点】上一轮走私犯罪行为已经既遂,行为人用走私犯罪所得及收益再次购私,在客观上具有转移、转换犯罪所得及收益的效果,可以评价为洗钱。但是,在认定走私类洗钱案件时,还应注意"边走私,边洗钱"的整体案件特殊性。

【问题 8】如何理解《刑法修正案(十一)》颁布之后,《刑法》第 191 条"为掩饰、隐瞒……犯罪的所得及其产生的收益的来源和性质"的规定?

【著者的观点】《刑法修正案(十一)》删除了原第 191 条罪状中"明知"的立法表述,这只是降低对洗钱行为对象事实的证明标准,并不影响洗钱罪的主观要件,未改变洗钱罪的主观方面是故意的基础事实。2022 年 11 月,最高人民检察院发布的洗钱犯罪典型案例——"冯某才等人贩卖毒品、洗钱案"中,该术语被解读为"主观上具有掩饰、隐瞒犯罪所得及其产生的收益来源和性质的故意"。

对"为掩饰、隐瞒"术语的理解,直接关系到洗钱罪的刑事立法是否属于目的犯,进而影响到惩治洗钱罪的司法实践。从洗钱罪的本质特征和罪质构造看,无论洗钱行为如何变化发展,其本质都是行为人对犯罪所得和收益的来源和性质进行的"掩饰、隐瞒"。由此可见,掩饰、隐瞒其来源和性质,在本体上就是洗钱罪在客观行为方面的核心要素,不应被重复评定为目的犯中的内容,更不应将洗钱罪推入"目的犯"之范畴。换而言之,"为掩饰、隐瞒"的立法术语,不应当被理解为洗钱罪是"目的犯"之术语标识。

【问题 9】对于推定的主观故意,应该如何审查证据?如何把握高度盖然性标准?在实践中,嫌疑人一般都表示自己不知道是上游犯罪,没有掩饰、隐瞒犯罪所得的目的,对此种情形应当如何审查主观明知?例如,行为人对公司经营行为和模式知情(诸如非法吸收公众存款类案件),但辩解不知道该行为模式是犯罪行为;又例如,在非设关地的走私中,行为人知道走私的货物来源不正,并且有望风的行为,负责查看有无海警船的出现,但辩解不知道货物是否来自境外海域。在类似情形中,可否推定行为人主观明知的成立?

【著者的观点】在"自洗钱"情形下,不存在"主观认识"的证明问题;但是,在"他洗钱"情形下,依然需要证明"主观认识"。关于对主观认知的认定,主要从以下几个板块来收集证据并进行综合审查:行为人所接触的信息;接受他人犯罪所得及其收益的情况,如犯罪所得及其收益的种类,数额,转移、转换方式,交易行为,资金账户的异常情况;行为人与上游犯罪人之间的关系;行为人的认知能力及其供述和辩解;同案人指证和证人证言等情况。但是,有证据证明行为人确实不知道的除外。

【问题10】在审理毒品犯罪案件实践中,行为人对使用他人第三方支付平台账户收取毒资的行为,往往辩称在日常生活中就使用他人账户,这不是为了掩饰、隐瞒。对于这种情形,能否认定其具有掩饰、隐瞒犯罪所得及其产生收益的来源和性质的故意?

【著者的观点】使用他人第三方支付平台账户收取毒资的行为,属于接收毒资的"管道",这是上游犯罪的有机组成部分,应仅以贩卖毒品罪进行法律评价,不能定性为洗钱罪。但是,行为人在使用他人第三方支付平台账户收取毒资之后,又以取现方式支取毒资,或者大额使用毒资等,则属于转换、转移等方式,切断了毒资源于贩卖毒品的来源和性质,可以认定其具有掩饰、隐瞒犯罪所得及其产生收益的来源和性质的故意。

【问题11】某珠宝交易商知道其交易对手的账户因涉嫌法定七类上游犯罪被司法冻结,但仍继续与该交易对手进行买卖交易。据此,可否认定其具有掩饰、隐瞒犯罪所得及其产生收益来源和性质的故意?

【著者的观点】如果行为人有合理抗辩理由证明自己在交易过程中确实不知道其交易对手的账户因涉嫌法定七类上游犯罪被司法冻结,则不能评价为洗钱。

【问题12】将上游犯罪违法所得与合法财产混同后,又存在转账、取现等行为的,是否能认定洗钱行为?

【著者的观点】行为人将上游犯罪违法所得与合法财产混同之后,其将同等金额的上游犯罪所得转账给他人,或者取现,或者通过银证转账转入其同名第三方存管银行账户,或者转账至其同名保费代缴账户的,在有证据查明流出了同等金额的上游犯罪违法所得时,可以评价为自洗钱。

如果是他人实施的,只要证明其知道或者应当知道所提供账户接收的是法定七类上游犯罪所得及其产生的收益,并且存在提供资金账户、转账或取现等《刑法》第191条所列任一行为方式的,就可以评价为他洗钱。

【问题13】为掩饰、隐瞒犯罪,上游犯罪本犯利用第三人账户完成上游犯罪,例如利用第三人账户收取受贿款项,再将犯罪所得转至本人或者他人账户,或者将受贿款项取现给本犯本人,该行为能否认定为洗钱?

【著者的观点】利用第三人账户收取犯罪所得及产生的收益(例如受贿款)之后,上游犯罪已经既遂。如果在这节点之后,将犯罪所得及其产生的收益转至他人账户,或者将其取现,或通过第三方支付平台支付转账方式将其转给本犯,则属于上游犯罪完成之后的"转移"或者"转换"行为方式,掩饰、隐瞒了犯罪所得及其收益的来源和性质,可以评价为自洗钱;如果第三人知道或者应当知道其接收、转账、取现的为法定七类上游犯罪所得及收益,则可以评价为他洗钱。

【问题14】在司法实践中,对于接受犯罪所得及其产生的收益之后的使用、消费行为,应该如何理解?如果大额购买理财产品可以认定洗钱,那么,将受贿的资金用于还房贷、还借款的行为,能否认定为洗钱?

【著者的观点】对于犯罪所得及其产生的收益的使用,如果是不改变其财物形态的日常消耗性生活消费,不宜评价为洗钱。但是,将犯罪所得及其产生的收益用于买房、买保险或者理财产品,则是典型的洗钱行为。将犯罪所得及其收益用于还房贷、还借款的,可以评价为洗钱的行为形态。

【问题15】协助上游犯罪行为人转账的行为人,辩解自己是在帮朋友转账,没有掩饰、隐瞒的目的,而且转账资金的流向链条很明确,起不到掩饰、隐瞒的效果。那么,转账需要达到什么程度,是否一定要"洗白",才能构成洗钱行为?

【著者的观点】"提供资金账户""通过转账或其他支付结算方式转移资金",均是《刑法》第191条所列的洗钱行为方式。在上游犯罪既遂后,如果行为人知道或者应当知道其账户接收的是法定七类上游犯罪所得及其产生的收益,不论其后续是否再进行资金划转、有没有"洗白",均可以评价为洗钱。

【问题16】对于走私洗钱犯罪的犯罪所得及其产生的收益,如何界定?

【著者的观点】根据最高人民法院、最高人民检察院、海关总署印发的《打击非设关地成品油走私专题研讨会会议纪要》(署缉发〔2019〕210号)第1条"关于定罪处罚"的规定,对不构成走私共犯的收购人,向非直接走私人购买走私的成品油的,根据其主观故意,分别依照洗钱罪或者掩饰隐瞒犯罪所得、犯罪所得收益罪定罪处罚。该规定将"走私的成品油"定性为走私犯罪的"犯罪所得",因此"走私的成品油"可以成为洗钱罪的行为对象。据此,对走私洗钱犯罪中犯罪所得及其产生的收益的界定,应采取"总额说",包括在实施走私犯罪过程中直接或间接产生、获得的任何财产,不扣除走私犯罪成本,包括走私货物本身(无论限禁类或普通类)、走私货物变现价款以及走私劳务所得等,以及上述直接转变转化后的财产。

【问题17】在走私犯罪案件中,对于货主销售走私货物的行为,应该如何认定?

【著者的观点】如果货主走私货物的目的是销售谋利,例如走私大量洋酒,其后续销售洋酒的行为,是其走私行为的必然延伸行为,也是走私行为人获取不法利益的必然选择,则应被处于上游犯罪的走私罪所吸收,不能同时再评价为下游的洗钱罪,否则有违"禁止重复评价原则"。但是,如果货主走私的货物是以自用为目的的物品(例如艺术奢侈品等),其将自用的剩余部分进行销售处置,则涉嫌洗钱罪。例如走私入境3000支雪茄,自用1000支,对剩余2000支予以销售处置的行为即涉嫌洗钱罪。

【问题18】在走私犯罪中,二手购私行为可以评价为洗钱。那么,二手购私以后的三手、四手购私行为,是否也可以评价为洗钱?

【著者的观点】二手以及以后的购私行为,只要其知道或者应当知道其购买的系走私货品,即可评价为洗钱。

【问题19】为走私团伙提供资金账户,以收取走私犯罪款项的,应认定为他洗钱犯罪,还是走私罪的共犯?

【著者的观点】根据《刑法》第156条的规定,与走私罪犯通谋,为其提供贷款、资金、账号、发票、证明,或者为其提供运输、保管、邮寄或者其他方便的,以走私罪的共犯论处。有鉴于此,在行为人提供资金账户的情形下,虽然具备洗钱罪的行为形态,但认定是否属于走私罪的共犯,则要看行为人在走私犯罪实施前或实施过程中,是否与主犯就走私犯罪进行通谋:有通谋,则以走私的共犯评价;无通谋,则以下游犯罪进行评价,涉嫌洗钱罪。

【问题 20】贩毒案犯罪嫌疑人将 5 万元的现金毒资用于偿还赌债,是否构成自洗钱?

【著者的观点】上游犯罪是毒品犯罪,5 万元现金是上游犯罪的所得,因而构成自洗钱的"黑钱"。该案的焦点在于,行为人将毒资用于偿还赌债的行为,能否认定为"漂白"黑钱。2021 年 3 月,最高人民检察院、中国人民银行联合发布了 6 个惩治洗钱犯罪典型案例,其中,"林某娜、林某吟等人洗钱案"就涉及毒品犯罪。该案的"典型意义"指出:将毒品犯罪所得及其产生的收益用于公司注册、公司运营、投资房地产等使资金直接"合法化",是上游毒品犯罪分子漂白资金的惯用手法。一般来说,"漂白"资金都是通过正当的商业途径进行的,通常是"从黑到白"。偿还赌债,在一定程度上带有"黑吃黑"的色彩,本案行为人用毒资偿还赌债可以理解为是"从黑到黑"。能否将这种情形理解为"漂白"资金,可以根据前述最高人民检察院和中国人民银行联合发布的典型案例及其"典型意义"作出判断。

根据"两高"《关于办理洗钱刑事案件适用法律若干问题的解释》(法释〔2024〕10 号)第 5 条的规定,通过赌博方式,将犯罪所得及其收益转换为赌博收益的,可以认定为"以其他方法掩饰、隐瞒犯罪所得及其收益的来源和性质"。对于本案而言,对上述司法解释规定中"赌博收益"的判断很重要,也即能否将偿还赌债理解为"转换为赌博收益"。我个人认为是可以的,因为赌博收益并不局限于赢得赌博筹码,偿还赌债在实质上也具有取得赌博收益的意义。因此,根据司法解释的规定,可以将偿还赌债的行为理解为"转换为赌博收益"。据此,本案的行为人可以认定为涉嫌构成自洗钱。

【问题 21】贩毒分子将贩毒所得 30 万元用于赌博,血本无归,还倒欠赌博庄家 20 万元,对此能否理解为自洗钱?

【著者的观点】本案的 30 万元是毒品犯罪的所得,符合洗钱罪的行为对象要求。需要注意的是,根据"两高"《关于办理洗钱刑事案件适用法律若干问题的解释》(法释〔2024〕10 号)第 5 条的规定,赌博是进行洗钱的一种方式或者"管道",但是必须是以此方式"将犯罪所得及其收益转换为赌博收益"的,才可以认定为"以其他方法掩饰、隐瞒犯罪所得及其收益的来源和性质",其中核心的行为本质是"转换"。对于本案而言,贩毒分子将赌资用于赌博,不仅血本无归,还倒欠赌博庄家,可谓"真赌博",不存在"转换"赌资的主客观内容,据此,我认为本案的行为人不成立自洗钱。

【问题22】行为人骗取贷款后,将部分资金用于个人购房,可否认定为洗钱罪?

【著者的观点】一方面,在体系性位置上,骗取贷款罪属于破坏金融管理秩序罪,构成洗钱罪的上游犯罪;另一方面,购置房产属于大额消费,在司法实践中是非常典型的洗钱手段。因此,就上游犯罪和洗钱手段来看,本案是可以认定洗钱罪的。但是,我们在认定时还需要把握一条"红线":购置房产是否属于上游犯罪的有机组成部分,以免对该行为进行重复评价。例如,"挪用公款归个人使用",是挪用公款罪的客观构成要件之一。其中,虽然以购买房屋、理财产品和贵重金属等典型的洗钱方式进行个人使用,在行为方面符合自洗钱的罪质构造,但这种归个人使用的情形是成立挪用公款罪的组成部分,已经被上游犯罪评价完毕,不应再被认定为洗钱罪,否则有违"禁止重复评价原则"。与之不同,在骗取贷款罪中,骗取来的贷款的用途可能是生产经营,也可能是个人挥霍,不一定是上游犯罪的有机组成部分。据此,我认为,既然这不属于上游犯罪的有机组成部分,就可以单独评价为自洗钱。

【问题23】在确定上游犯罪以后,对于黑社会性质组织的组织者将在经营活动中利用欺行霸市或者违规手段获得的收益用于购置动产或不动产的行为,能否认定为自洗钱?

【著者的观点】购置动产或者不动产,是典型的洗钱手法。只要上游犯罪是黑社会性质组织或者其成员实施的,就符合洗钱罪上游犯罪的法定七种类型,所得及其产生的收益就具备洗钱罪的行为对象属性,我认为可以认定为自洗钱。

【问题24】上游犯罪嫌疑人借用他人的账户,用于接收其受贿资金。其中,借用他人账户的行为发生在受贿过程中,而非受贿结束后。在这种情形下,上游犯罪嫌疑人是否构成自洗钱?提供账户的人是否构成他洗钱?

【著者的观点】对于提供资金账户的行为,需要区分两种情形认定:对于自洗钱而言，提供资金账户是上游犯罪的有机组成部分，不能单独评价；对于他洗钱而言，提供资金账户是非常典型的洗钱手段，其司法证明的难点在于行为人的主观认识是否成立。同时，在时空特征上，洗钱罪必须发生在上游犯罪完成之后，而不是正在进行之中。

【问题 25】支付结算型和买卖外汇型的非法经营所侵害的法益都有金融管理秩序。但是，《刑法》第 225 条关于非法经营罪的体系性位置处于"扰乱市场秩序罪"章节。那么，对此类行为能否认定为洗钱罪的上游犯罪？

【著者的观点】关于上游犯罪的认定，应当采取"行为说"，而不是"罪名说"。对于支付结算和买卖外汇这两种情形的非法经营形态，金融管理秩序并不是唯一被侵害的法益，故多数观点从审慎的角度出发，认为这两种情形的非法经营行为难以成立洗钱罪的上游犯罪。

【问题 26】出租、出借、出售银行卡给他人用于"跑分"（帮助上游的网络赌博、电信诈骗等转移资金），或者本人用自己银行卡参与"跑分"，仅构成帮助信息网络犯罪活动罪，不构成妨害信用卡管理罪的，能否作为洗钱罪的上游犯罪？

【著者的观点】如果"跑分"行为的主体不是黑社会性质组织或者恐怖组织的成员，考虑到帮助信息网络犯罪活动罪并不属于洗钱罪适用的法定七类上游犯罪，则不能认定其属于洗钱罪的上游犯罪，只能考虑适用《刑法》第 312 条的掩饰、隐瞒犯罪所得、犯罪所得收益罪。

【问题 27】当"白钱"与"黑钱"混同时，怎样认定洗钱数额？例如，甲受贿 100 万元，让行贿人直接将 100 万元打入其叔叔乙的银行账户。甲平时也将自己的合法收入和违法收入直接打入乙的账户，截止到 2022 年 1 月，乙的账户中总共有甲的资金 200 万元。后来，甲让乙将 60 万元打入丙的银行账户，用于其与丙的共同项目投资。因无法确定该 60 万元是甲的受贿款，还是甲的合法收入或者违法收入，该 60 万元能否认定为甲的洗钱数额？

【著者的观点】设立洗钱罪的目的在于遏制行为人转移或者转换犯罪所得及其产生的收益，进而将"黑钱"漂白。在本案中，该 60 万元是混同资金，从银行账户转出后投资，则具有"洗白"功效，故应当认为该 60 万元是甲的洗钱数额。虽然金钱是种类物，汇入账户的"大池子"后就难以一笔笔地对应,但只要有银行流水等证据能够证明"黑钱"注入该账户,并且有同等金额的资金出账,加之有其他间接证据印证,在"白钱"与"黑钱"混同的情况下,可以认定相应的洗钱数额。

【问题28】行贿人向国家工作人员赠送了一套房产,国家工作人员让被告人代持。行贿人与被告人一起去开发商处,行贿人交钱,房子登记在被告人的名下。被告人构成洗钱罪,还是掩饰、隐瞒犯罪所得、犯罪所得收益罪?

【著者的观点】代持房产和登记在自己名下,属于掩饰、隐瞒的客观行为,这没有异议。但是,认定是洗钱罪,还是掩饰、隐瞒犯罪所得、犯罪所得收益罪的关键,在于被告人是否知道或者应当知道房产源于贪污贿赂犯罪等法定七类上游犯罪,这也是司法证据方面的最大难点。至于能否推定被告人具备主观认知,主要取决于被告人与国家工作人员的关系的密切程度等情形。在无法推定成立主观认知时,可以适用掩饰、隐瞒犯罪所得、犯罪所得收益罪来"兜底"。"两高"《关于办理洗钱刑事案件适用法律若干问题的解释》(法释〔2024〕10号)第3条列举了可以认定被告人知道或者应当知道系犯罪所得及其收益的情形,并明确规定"有证据证明行为人确实不知道的除外"。如果本案被告人与国家工作人员关系密切,可以参考"付尚芳洗钱案"。

【问题29】案例一:甲帮助乙购买制毒原材料,以"埋包"方式交易购买麻黄素,并制出105克毒品。在将毒品出售后,所获毒资通过一款名为"芝麻开门"的虚拟货币交易软件,转入甲与乙名下的账户。二人累计进行24笔USDT(泰达币)交易,兑换人民币13.98万元。

案例二:2022年3月,丙(另案处理)通过视频、语音、通话等方式,远程指导甲、乙制出冰毒,并将毒品出售。后来,甲先后多次通过"欧易"平台收取泰达币(毒资),并将泰达币转至乙的账户,由乙将其变现,最后交付给甲。

能否认定上述两个案件中的被告人(甲和乙)构成自洗钱?

【著者的观点】被告人使用泰达币等虚拟货币收受毒资的行为,属于贩卖毒品罪的"管道"和有机组成部分,不能重复评价而认定为洗钱罪。但是,上述两个案件的被告人均将泰达币兑换为人民币或者变现,这属于"转换"的洗钱手段,而且发生在上游犯罪既遂之后,此时,行为已经不属于上游犯罪的组成部分,可以认定为自洗钱。

【问题 30】2021 年 3 月之后,甲、乙通过资金掮客拉到两份几千万元定期存款,后在存款企业不知情的情况下,使用虚假印章骗取银行开具定期存单并进行质押换取银行承兑汇票。由于相关的质押换取银行承兑汇票的前提是存在真实的购销合同,为确保犯罪的顺利实施,甲、乙等人以自己控制的公司为供应商,签署虚假购销合同,骗取银行开具承兑汇票,而后由朱某等人为其进行票据承兑。资金贴现后转入甲实际控制的公司和个人账户。对此,甲的行为是否涉嫌掩饰、隐瞒金融犯罪所得,通过转账、贴现方式转移资金,进而符合《刑法修正案(十一)》规定的自洗钱情形?

【著者的观点】在自洗钱入罪后,在司法认定时不需要考虑证明主观认知等以往的难点问题,容易导致打击范围相对较大。实际上,在认定自洗钱时,应当依认定下游犯罪的模式来进行,在符合洗钱罪构成要件的前提下,还需要考虑一个非常重要的因素,即它是不是上游犯罪的不可缺少的组成部分,这是一条认定"红线",否则有违"禁止重复评价原则"。

在本案中,行为人在骗取票据承兑之后,利用行为人的资金账户接受赃款,这实际上是上游犯罪骗取行为的自然延伸,属于上游犯罪所不可缺少的组成部分。在这种情况下,不应当再对这个行为进行重复评价。有鉴于此,从这个逻辑分析来看,在本案中,上游犯罪是骗取票据承兑,转入所谓的"自洗钱人"的账户的行为,是骗取票据承兑之后一个不可缺少的组成部分,已经被上游犯罪评价完毕,就不应当再以洗钱罪来认定。

【问题 31】洗钱罪没有设置数额的入罪标准,而洗钱罪的上游犯罪(例如贪污贿赂犯罪、破坏金融管理秩序犯罪、金融诈骗犯罪等)都存在入罪数额标准,因此在实践中可能存在这种情况:上游犯罪没有达到相应入罪数额标准而不入刑,但下游的洗钱罪却成立。这也就是说,在上游犯罪不成立的情况下,依然可以成立洗钱罪。另外,在我国部分地区,上游犯罪为毒品犯罪的洗钱犯罪案件占比很高,有些毒品犯罪案件的洗钱金额只有 30 多元,仅仅是洗钱行为人提供第三方支付平台账号给毒贩以收取毒资,然后用于使用消费。对此,在入罪定性上,检察机关与中国人民银行的分歧也很大。那么,应当如何看待洗钱罪的入罪金额标准?

【著者的观点】对于洗钱罪,《刑法》第 191 条一直没有规定入罪门槛条件。但是,从反洗钱的罪名体系出发,考虑到《刑法》第 312 条的掩饰、隐瞒犯罪所得、犯罪所得收益罪是洗钱犯罪的普通罪名,过去在司法机关对洗钱罪进行入罪认定时,可以参考 2015 年最高人民法院《关于审理掩饰、隐瞒犯罪所得、犯罪所得收益刑事案件适用法律若干问题的解释》(法释〔2015〕11 号)规定的入罪门槛条件,即第 1 条第 1 款第 1 项关于"掩饰、隐瞒犯罪所得及其产生的收益价值三千元至一万元以上"的规定。据此,从程序上看,即便上游犯罪没有定罪入刑,如果符合构成要件,对下游犯罪也可认定为《刑法》第 191 条的洗钱罪,但入罪的洗钱数额应当掌握在 3000 元以上。如果上游犯罪的涉案金额只有几十块钱,则不满足入罪的门槛条件,一般不构成洗钱罪。

需要注意的是,2021 年 4 月,最高人民法院修正了 2015 年颁行的上述司法解释,取消了《刑法》第 312 条关于两档法定刑数额标准的规定。但是,同时规定:"人民法院审理掩饰、隐瞒犯罪所得、犯罪所得收益刑事案件,应综合考虑上游犯罪的性质、掩饰、隐瞒犯罪所得及其收益的情节、后果及社会危害程度等,依法定罪处罚。"从反洗钱罪名的体系解释立场出发,这依然适用于对《刑法》第 191 条洗钱罪关于入罪门槛条件的理解。

【问题 32】 作为洗钱罪的法定七类上游犯罪之一,贪污贿赂犯罪是否并不局限于贪污罪和受贿罪,挪用公款罪可否成为洗钱罪的上游犯罪? 在上游犯罪为挪用公款罪的洗钱案件中,如何区分"用"和"洗"?

【著者的观点】 所谓的贪污贿赂犯罪,一般是指刑法分则第八章的"贪污贿赂罪"。《刑法》第 384 条的挪用公款罪,在体系性位置上属于分则第八章,所以该罪作为洗钱罪的上游犯罪是没有疑问的。至于贪污贿赂犯罪是否仅限于刑法分则第八章的具体罪名,则存在一定的争议。比如,《刑法》第 163 条的非国家工作人员受贿罪、《刑法》第 164 条的对非国家工作人员行贿罪,位于刑法分则第三章"破坏社会主义市场经济秩序罪"的第三节"妨害对公司、企业的管理秩序罪",而不在第八章"贪污贿赂罪"。但是,根据 2008 年最高人民法院、最高人民检察院《关于办理商业贿赂刑事案件适用法律若干问题的意见》(法发〔2008〕33 号)第 1 条的规定,《刑法》第 163 条的非国家工作人员受贿罪和第 164 条的对非国家工作人员行贿罪,都属于商业贿赂犯罪的范畴。据此,我认为,第 163 条的非国家工作人员受贿罪、第 164 条的对非国家工作人员行贿罪,是可以列入贪污贿赂犯罪而成为洗钱罪上游犯罪的。对于洗钱罪上游犯罪的理解，应该采取"行为说"，而不是"罪名说"，不宜局限在刑法分则特定的某一章或者某一节，否则会人为地缩小洗钱罪的司法适用范围。

至于"用"和"洗"的区分，只要把"黑钱"投入流通，使得犯罪财产进入合法的经济循环之中，在德国等国家，就被认为是非常典型的洗钱的手段。但是，我国的刑事立法存在定量因素，所以很多司法机关工作人员提出疑问：把少量"黑钱"投入日常消费，例如行为人将贩毒所得资金用于购买牙刷、牙膏等，能否认定为洗钱？从生活和情理角度看，通常不应把这种情形理解为洗钱。按照我的理解，洗钱存在一个动态的"漂白"行为：行为人将"黑钱"投入流通，实施掩饰、隐瞒、转移、转换等动态的"漂白"行为，切断了"黑钱"的来源和性质，这类似于"化学反应"。在这种情形下，本犯的后续处置行为就表现为完全有别于上游犯罪的行为特征，不再是上游犯罪的自然延伸，超出了传统赃物犯罪的特征，已经具备了洗钱的本质属性，这就叫"洗"。

【问题33】行为人在2014年用受贿所得的10万元与家庭的其他收入一起购买了一辆小轿车，登记在其外甥名下。在2022年又将该车变更到其妹夫名下，但车辆一直由行为人使用。至于为何将车辆登记或者变更到他人名下，行为人辩称是担心车辆违章记录。对于这种情形，能否认定行为人构成自洗钱？

【著者的观点】购车行为发生在受贿既遂之后，属于典型的洗钱行为方式，因此我个人认为，行为人可以成立自洗钱。但是，由于案件涉及资金的混同，洗钱数额不能以车辆的实际价值来认定，只能认定为受贿所得的10万元。

【问题34】张三曾向李四行贿500万元。李四为了逃避调查，企图通过退还受贿款的方式掩盖其受贿事实，遂将300万元受贿款退还给张三。在收取李四退回的300万元受贿款后，张三将100万元藏匿在其兄张二家，又将180万元藏匿在其姐姐家，另20万元放在自己家中。张二因担心"放在家里不安全"，在征得张三同意后，将其藏匿的100万元存入银行。在讯问过程中，张三称其原计划在李四凑齐另外200万元受贿款后一并退还单位。在本案中，能否认定张三构成洗钱罪？

【著者的观点】张三藏匿资金的行为不符合洗钱罪的客观构成要件。

在实践中,行为人对违法所得及其产生的收益的处置方式,包括以下两类:第一类,行为人对"黑钱"实施获取、持有、窝藏等后续处置行为,并没有实施动态"漂白"行为,"黑钱"还处于上游犯罪实施后的"物理反应"之自然延伸状态,符合传统赃物犯罪的特征,属于不可罚的事后行为;第二类,行为人对"黑钱"实施掩饰、隐瞒、转移、转换等动态"漂白"行为,切断来源和性质,使其呈现"化学反应",表现为完全有别于上游犯罪的行为特征,不再是上游犯罪的自然延伸,属于洗钱行为。在语义学上,"藏匿"只是在物理意义上的静态处置行为,不涉及资金来源和性质的变化。在本案中,张三仅对 300 万元受贿款实施获取、窝藏等后续处置行为,没有实行动态"漂白"行为,没有切断对"黑钱"的来源和性质,没有使其呈现"化学反应",故不应认定为洗钱行为。

需要指出的是,张二将资金存入银行的行为,从表面上看似乎属于涉及金融系统的资金流通活动,但实质上并非如此。在本案中,张三与张二的直接交接对象为 100 万元现金,张二因担心"放在家里不安全"而存入银行,结合基本文义和一般人的社会生活逻辑,此处的"不安全"是指家中存放大额现金可能引盗贼入室行窃,而非司法机关追查犯罪、追缴犯罪所得及其产生的收益的活动,这与张三将现金藏匿于其兄张二家中的掩饰、隐瞒意图相去甚远,故不宜被认定为利用金融机构清洗犯罪所得及其产生的收益的洗钱行为。因此,张二将资金存入银行的行为,并不影响前述对张三藏匿资金的行为不构成洗钱罪的认定。

【问题 35】王五在从事走私生意的过程中,为向境外供应商支付走私物的货款,将境内买家支付的人民币货款转换为 USTD(泰达币),随即将泰达币转移至境外供应商提供的虚拟货币钱包。在本案中,对于王五跨境转移虚拟货币并支付给境外供应商的行为,能否认定为洗钱罪?

【著者的观点】王五将涉案走私货款转换成虚拟货币并支付给境外供应商的行为,属于走私犯罪的有机组成部分,不应重复评价为洗钱行为。

第一,从交易模式看,王五跨境转移虚拟货币的行为,属于走私犯罪的组成部分。尽管跨境转移资产是非常典型的洗钱行为手段,但不能仅以此表象就认定行为构成洗钱罪,还需要判断其是否属于上游犯罪完成之后所实施的掩饰、隐瞒犯罪所得及其产生的收益的来源和性质之行为。倘若行为人所实施的跨境转移资产行为属于上游犯罪所不可缺少的组成部分,则不能评价为洗钱行为。

在本案中,王五跨境转移的虚拟货币完全用于向境外供应商支付走私物的货款,这一行为仿佛是洗钱行为手段中的跨境转移资产,但在本质上只是以相对隐蔽的手段支付走私物的货款,而不是掩饰、隐瞒犯罪所得及其产生的收益的来源和性质。换而言之,如果王五转换成虚拟货币并支付给境外供应商的这种典型的洗钱行为手段,不是用于支付走私物的货款,则可能被独立评价为洗钱。

第二,王五跨境转移虚拟货币的行为已被上游犯罪所评价,不宜重复评价为洗钱行为。所谓"禁止重复评价原则",是指在定罪量刑时,禁止对同一犯罪构成事实予以二次或二次以上的法律评价。具体到自洗钱,上游犯罪行为人所实施的掩饰、隐瞒行为,只有与上游犯罪不形成"同一犯罪构成事实"时,才可能认定为自洗钱。在本案中,王五将虚拟货币转移给境外供应商的行为是支付走私货款的行为,与走私犯罪形成"同一犯罪构成事实",已被走私犯罪评价完毕,不应再同时被认定为洗钱行为,否则有违"禁止重复评价原则"。

第三,从典型案例看,2022年11月,最高人民检察院发布了5件检察机关惩治洗钱犯罪典型案例,在"冯某才等人贩卖毒品、洗钱案"的"典型意义"中指出:"认定上游犯罪和自洗钱犯罪,都应当符合各自独立的犯罪构成,上游犯罪行为人完成上游犯罪并取得或控制犯罪所得后,进一步实施的掩饰、隐瞒犯罪所得及其产生的收益的来源和性质的行为,属于自洗钱行为。上游犯罪实施过程中的接收、接受资金行为,属于上游犯罪的完成行为,是上游犯罪既遂的必要条件,不宜重复认定为洗钱行为……"在本案中,王五跨境转移虚拟货币的行为发生在上游犯罪实施过程中,属于走私犯罪的必备环节行为,是完成走私犯罪的必要条件,而不是在完成走私犯罪之后实施的掩饰、隐瞒行为,不符合前述最高人民检察院在典型案例中所提及的时空特征要件,即"上游犯罪行为人完成上游犯罪并取得或控制犯罪所得后,进一步实施的掩饰、隐瞒犯罪所得及其产生的收益的来源和性质的行为"。

后　　记

　　反洗钱是我的一个带有"学术标签"的研究领域,肇始于2007年,我从洗钱罪的微观层面切入,寻求早期关于金融犯罪宏观叙事研究之后的深入挖掘。截止到2012年,我在《中外法学》《比较法研究》《政治与法律》等核心期刊上,陆续地发表了10余篇关于反洗钱的论文;后又在中国法制出版社的支持下,于2012年出版拙作《反洗钱:概念与规范诠释》。从研究内容和背景看,前述我对于反洗钱的"第一季"研究,主要聚焦在洗钱的本质解析、域外比较、概念诠释和规范求证,也没有脱离当时我国反洗钱的特殊历史时期。例如,在2006年,我国颁行《反洗钱法》,《刑法修正案(六)》对我国反洗钱罪名体系进行完善;同年11月,我国接受最具权威性的反洗钱政府间国际组织"金融行动特别工作组"(FATF,我将之形象地称为"胖F")对我国反洗钱工作的第三轮互评估实地考察,并且在2007年6月成为FATF的成员。这是我国反洗钱起步和发展的"第一个春天"。

　　鉴于洗钱日趋严峻的发展态势和危害性,在国内和国际的新形势下,反洗钱成为一个突出的新型重大问题。2017年4月,中央全面深化改革领导小组将"完善反洗钱、反恐怖融资、反逃税监管体制机制"列为深化改革的重点任务,这是在顶层设计层面将反洗钱纳入国家治理体系和治理能力现代化的系统,反洗钱由此成为维护我国总体国家安全的重要内容。与此同时,从国际环境看,在国际社会将反洗钱提升到维护国际政治稳定的战略高度而通力合作的框架下,2019年4月,FATF发布了中国反洗钱和反恐怖融资的第四轮互评估报告,这是一场关于我国反洗钱工作的国际"大考",也是一次全面的"外部体检"。根据FATF的互评估程序规则,我国在该轮互评估结果公布后进入强化的后续程序,需要对标改进互评估中存在的问题。

面对上述的国内外双重背景,为了在立法中落实关于完善反洗钱法律制度的顶层设计要求,并且履行我国对反洗钱国际互评估的后续整改义务,《刑法修正案(十一)》对洗钱罪进行了重大的修订,这是在国内顶层设计要求和国际外在压力下的刑事立法反应。同时,在司法实务层面,在提高反洗钱的"政治站位"认识之后,我国多个有关部门协作配合,全面深化推进反洗钱工作,形成惩治洗钱罪的工作合力,我国打击洗钱罪的司法效果得到明显的提升。可以说,随着《刑法修正案(十一)》将自洗钱入罪的立法发展和当前强化打击洗钱罪的实践需要,惩治洗钱罪由此成为理论界与实务部门的热点问题,与2006年相比,我国反洗钱工作可谓进入了深度发展的"第二个春天"。但与此同时,在我国和国际社会强化打击洗钱罪的大背景下,理论界和实务界的认识并不统一,特别是自洗钱的入罪给洗钱罪的传统司法适用带来了前所未有的新挑战,甚至存在一些理解误区,这就需要我们结合刑事立法目的和刑法教义学理论来解析司法适用的难点。有鉴于此,2020年我以问题意识为导向开启了反洗钱的"第二季"研究。

需要提及的是,在2021年,承蒙最高人民法院党组的批准,并且经过全国人大常委会的任命,我在最高人民法院刑事审判第三庭挂职副庭长。在此期间,我有幸牵头主持制定"两高"《关于办理洗钱刑事案件适用法律若干问题的解释》,了解到全国各地实务部门反馈上来的诸多亟待解决的司法认定问题并收集了大量第一手的数据资料。此外,我接受最高人民检察院、公安部、中国人民银行反洗钱局、中国反洗钱监测分析中心、济南和乌鲁木齐等地分行或中心支行、海关总署、上海市人民检察院等多家省级人民检察院、江西省高级人民法院等多家高级人民法院、北京市公安局、海南省公安厅、国家检察官学院、国家法官学院以及广州市、湛江市、珠海市、肇庆市、南通市、连云港市等地的人民检察院和金融机构的邀请,分别为它们举办的各种反洗钱同堂培训班做了百余次的专题讲座,同时进行闭门会议讨论,倾听来自实践部门的许多有益见解和关注点,并且提供自己的观点,以期助力合力惩治洗钱罪的司法适用。这也体现在本书的附录四"关于洗钱罪司法适用的座谈和调研问题问答集"中。

正是依托我所充分了解的反洗钱实务部门最为关心的焦点问题，从2021年至今，我在《法学评论》《法学家》《政治与法律》《中国刑事法杂志》《国家检察官学院学报》等核心期刊上陆续发表了10余篇关于反洗钱的学术论文。为了将我对洗钱罪的最新研究成果体系化，从今年3月起，在以上论文和讲课的基础上，我全力投入本书的撰写工作。

从本书的出发点和具体内容看，我力求从理论联系实务、国际与国内相结合的多维视角阐述洗钱罪的代际演变、国内外反洗钱的认识发展与法律规制、司法适用现状、基本概念、构成特征、司法认定难点等问题，力图在准确勾勒出洗钱罪刑事法律规制的国内外大背景、基本理论和司法认定的底蕴上，仔细剖析洗钱罪的时代脉络特点，特别是解析自洗钱入罪后的理论与认定问题，揭示洗钱罪立法完善的重点方向和平衡点，并且以此为基础解决在司法适用中的具体问题，丰富和挖掘洗钱罪研究的具体内容，期冀将我国对洗钱罪的研究推向一个更高的维度。

本书的出版凝结着许多好心人的关心。在北京大学法学院党政班子和学术委员会的支持下，本书被列入2023年"法学院学术著作出版资助计划"，减少了我在出版前的周折。我所指导的博士研究生马文博、安汇玉、雷昌宇、王宣亿等同学，对本书的某些图表、附录进行了技术性的处理。在此，我对上述老师和学生的帮助和支持，表示衷心的谢意！同时，我也要特别感谢北京大学出版社的编辑们，本书的快捷出版离不开他们辛勤和专业的工作。

最后，我在为本书即将付梓而略感欣慰之际，更企盼本书能得到广大专家学者和读者的指津，以求自己的研究能对我国反洗钱的理论与实践有所裨益，这也是我未来开展"反洗钱与金融合规研究"的动力源泉和问题富矿。

王　新

2023年7月29日

谨识于北京大学法学院陈明楼305室

Email: xin.wang@pku.edu.cn

另附本人关于反洗钱研究的学术成果细目

本人关于反洗钱研究的学术成果细目

1.《反洗钱:概念与规范诠释》,中国法制出版社2012年版。

2.《洗钱罪的基础问题辨析——兼与张明楷教授商榷》,载《法学评论》2023年第3期。

3.《洗钱罪的司法认定难点》,载《国家检察官学院学报》2022年第6期。该文被《经济犯罪侦查研究》2022年第4期全文转载。

4.《国际社会反洗钱法律规制概览与启示》,载《人民检察》2022年第19期。

5.《盗刷信用卡并转移犯罪所得的司法认定》,载《人民检察》2022年第6期。

6. "The Criminal Legislative Progress of China's AML from a Historical and Judicial Perspective", *The Company Lawyer*, Issue 1, 2022.

7.《自洗钱入罪后的司法适用问题》,载《政治与法律》2021年第11期。

8. "China's AML Criminal Legislation and Judicial Effectiveness", 24 *Journal of Money Laundering Control*, 2021.

9.《总体国家安全观下我国反洗钱的刑事法律规制》,载《法学家》2021年第3期。

10.《〈刑法修正案(十一)〉对洗钱罪的立法发展和辐射影响》,载《中国刑事法杂志》2021年第2期。

11.《网络洗钱犯罪的刑事规制》,载《中国检察官》2021年第14期。

12.《自洗钱与上游犯罪的竞合适用》,载《检察日报》2021年10月13日,第3版。

13.《自洗钱犯罪:传统赃物罪理论有新解》,载《检察日报》2021年5月12日,第3版。

14.《自洗钱入罪的意义与司法适用》,载《检察日报》2021年3月25日,第3版。

15.《洗钱犯罪的演变与实践认定中的两个问题》,《检察日报》2020年9月10日,第3版。

16.《论英国反洗钱立法对我国的借鉴》,载《甘肃政法学院学报》2012年第4期。

17.《零适用的审判现状:审视资助恐怖活动罪的适用》,载《政治与法律》2012年第7期。该文被《中国社会科学文摘》2012年第11期转载。

18.《德国反洗钱刑事立法述评与启示》,载《河南财经政法大学学报》2012年第1期。

19. "Study on China's Criminal Law Response to Anti-Money Laundering in Light of International Evaluation", 2 *Peking University Journal of Legal Studies*, 2010.

20.《洗钱罪与窝藏、转移、隐瞒毒品、毒赃罪的界限》,载《检察日报》2010年3月8日,第3版。

21.《俄罗斯反洗钱立法对我国的启示》,载《法学杂志》2010年第1期。

22.《探析瑞士反洗钱立法之发展》,载《学海》2009年第4期。

23.《国际视野中的我国反洗钱罪名体系研究》,载《中外法学》2009年第3期。该文被《人大复印报刊资料》中的《刑事法学》2009年第11期全文转载。

24.《追溯美国反洗钱立法之发展》,载《比较法研究》2009年第2期。

25.《竞合抑或全异:辨析洗钱罪与掩饰、隐瞒犯罪所得、犯罪所得利(收)益罪之关系》,载《政治与法律》2009年第1期。该文被《人大复印报刊资料》中的《刑事法学》2009年第6期全文转载。

26.《新论洗钱的发展和危害性》,载《上海财经大学学报》2008年第6期。

27.《加拿大反洗钱刑事立法之研究和借鉴》,载《江苏社会科学》2008年第6期。

28.《司法实践的追问:审视刑罚在遏制洗钱罪中的作用》,载《中国刑事法杂志》2008年第9期。

29.《欧洲反洗钱立法述评——以洗钱的概念为视野》,载《江海学刊》2008年第4期。